◆ 甘肃省高等学校人文社会科学重点研究基地研究成果

◆ "民族地区经济社会发展研究中心"资助

甘肃民族地区
经济社会发展研究

毛锦凰 孙光慧 著

中国社会科学出版社

图书在版编目（CIP）数据

甘肃民族地区经济社会发展研究/毛锦凰，孙光慧著 . —北京：中国社会科学出版社，2017.3

ISBN 978 – 7 – 5203 – 0442 – 9

Ⅰ.①甘…　Ⅱ.①毛…②孙…　Ⅲ.①民族地区经济—经济发展—研究报告—甘肃②民族地区—社会发展—研究报告—甘肃　Ⅳ.①F127.42

中国版本图书馆 CIP 数据核字（2017）第 099342 号

出 版 人	赵剑英
责任编辑	孔继萍
责任校对	郝阳洋
责任印制	李寡寡

出　　版	中国社会科学出版社
社　　址	北京鼓楼西大街甲 158 号
邮　　编	100720
网　　址	http://www.csspw.cn
发 行 部	010 – 84083685
门 市 部	010 – 84029450
经　　销	新华书店及其他书店

印刷装订	北京君升印刷有限公司
版　　次	2017 年 3 月第 1 版
印　　次	2017 年 3 月第 1 次印刷

开　　本	710 × 1000　1/16
印　　张	16.5
插　　页	2
字　　数	275 千字
定　　价	75.00 元

目　录

序　言

　　甘肃省是一个多民族聚居的地区，有汉族、回族、藏族、东乡族、裕固族、保安族、蒙古族、哈萨克族、土族、撒拉族等民族。其中，东乡族、裕固族、保安族是甘肃特有的少数民族。甘肃省有56个民族成分，少数民族人口244万人，占全省总人口的9.4%。省内现有甘南、临夏两个民族自治州，有天祝、肃南、肃北、阿克塞、东乡、积石山、张家川7个民族自治县，有39个民族乡。回族主要聚居在临夏回族自治州和张家川回族自治县，散居在兰州、平凉、定西、白银等地市；藏族主要聚居在甘南藏族自治州和河西走廊祁连山的东、中段地区；东乡族、保安族、撒拉族主要分布在临夏回族自治州境内；裕固族、蒙古族、哈萨克族主要分布在河西走廊祁连山的中、西段地区。甘肃省86个县、市、区中，除少数民族聚居的21个县、市外，其余65个县、市、区中均有散居的少数民族。

　　"十二五"时期，全省各民族地区认真贯彻落实党中央、国务院和省委、省政府重大决策部署，积极应对经济下行压力、各类自然灾害频发、发展改革任务艰巨等复杂局面，狠抓稳增长、促改革、调结构、惠民生、防风险等一系列政策措施落实，形成了经济总量保持快速增长、扶贫攻坚全力推进、社会事业长足进步、特色优势产业加快发展、生态文明建设稳步推进、群众生产生活水平不断改善、民族团结更加巩固的新局面。

　　本书作为甘肃省人文社会科学重点研究基地——民族地区经济社会发展研究中心的系列成果之一，以2011—2014年甘肃省21个少数民族自治县市的统计数据为基础，综合运用多种统计和计量分析方法，对21个少数民族自治县市的经济社会发展、人口问题、环境和资源等问题进行了全面而深入的分析，为甘肃省"十三五"时期民族地区经济社会发展提供了新的视角。

"十三五"时期，甘肃省民族地区将迎来诸多新的发展机遇："一带一路"、西部大开发、打赢脱贫攻坚战、创新驱动发展等战略的实施，进一步加速了全面建成小康社会的进程，为民族地区经济社会加快发展、群众增收致富带来了千载难逢的契机；党中央、国务院和省委、省政府高度重视少数民族和民族地区发展，制定了一系列扶持政策，政策叠加效应逐步凸显，本书综合运用各种科学的研究方法，对目前存在的问题开展深入、综合的分析，全方位寻找其解决方法，为甘肃省民族地区在"十三五"时期实现又好又快发展提供理论指导。

孙光慧

甘肃省人文社会科学重点研究基地

——民族地区经济社会发展研究中心　主任

2016 年 2 月 1 日于西北民族大学

第 一 章

甘肃民族地区"十二五"期间经济发展情况分析

近年来,甘肃民族地区经济发展保持较快增长,人民生活水平有了较大提高,但与全省其他地区相比,少数民族地区仍处在相对落后和欠发达地位,甘肃省各少数民族自治州及自治县之间的经济发展水平也参差不齐,以下将从经济规模、经济结构、经济增速等方面进行分析。

第一节 甘肃民族地区(自治区、自治州、自治县)的经济规模

经济规模即经济总量,主要用来反映一个国家或地区的经济总量发展水平,通常使用国内生产总值(GDP)以及人均 GDP 来衡量地区经济发展的总体规模水平。甘肃省 21 个少数民族自治县市,2011—2014 年 GDP 总量及人均 GDP 排序如表 1.1 所示。

表 1.1　　　　　"十二五"时期甘肃民族地区经济总量　　　　单位:万元

地区	2011 年	2012 年	2013 年	2014 年
张家川县	177129	207970	220869	250205
天祝县	289880	393080	457759	437593
肃南县	193927	233956	286272	301424
肃北县	250528	376164	435378	341496

地区	2011 年	2012 年	2013 年	2014 年
阿克塞县	87427	112663	130847	150705
临夏市	321766	380313	443209	568028
临夏县	188183	222923	264602	312959
康乐县	107582	131228	153256	182568
永靖县	287279	329421	310551	361941
广河县	108878	128208	145347	174250
和政县	84689	101558	114055	140414
东乡县	97882	119574	127197	150854
积石山县	84808	99795	119496	139064
合作市	190772	235053	254960	313690
临潭县	101453	121891	140828	167913
卓尼县	89149	106966	120488	143295
舟曲县	89724	108215	118955	139706
迭部县	65673	79079	89824	101551
玛曲县	115028	124326	135876	131834
碌曲县	58698	70922	83722	92055
夏河县	104660	120972	141522	158335

数据来源：根据《甘肃发展年鉴》（2012—2015）整理所得。

"十二五"时期，甘肃民族地区经济总量从 2011 年的 310 亿元增长到 2014 年的 476 亿元，年均增长 13.4%，快于全省 9% 的年均增长速度。其中年均增速前五位的依次是临夏市（19.13%）、阿克塞县（18.09%）、康乐县（17.43%）、临夏县（16.58%）以及和政县（16.45%），2011 年国内生产总值前五位的依次是临夏市、天祝县、永靖县、肃北县、肃南县，2014 年国内生产总值前五位的依次是临夏市、天祝县、永靖县、肃北县、合作市，肃南县由 2011 年的第五位下降为 2014 年的第七位，2014 年国内生产总值后五位的依次为舟曲县、积石山县、玛曲县、迭部县、碌曲县，这些县相对其他县市自然条件恶劣，经济发展水平低下，经济规模相对较小。

除了经济规模，甘肃民族地区人均 GDP 差异性也较大（见表 1.2）。

表1.2　　　　　　"十二五"时期甘肃民族地区人均GDP　　　　　单位：元

地区	2011年	2012年	2013年	2014年
甘肃省	19578.78	21920.82	24516.84	26389.04
张家川县	6114.22	7171.38	7587.39	8591.41
天祝县	16507.97	22308.74	26307.99	25005.31
肃南县	57205.60	68810.59	83705.26	87623.26
肃北县	167018.67	250776.00	288329.80	226156.29
阿克塞县	84064.42	108329.81	125814.42	143528.57
临夏市	11641.33	13690.17	15879.94	20215.07
临夏县	5725.07	6736.87	7948.39	9333.23
康乐县	4570.18	5541.72	6431.22	7604.31
永靖县	15889.33	18149.92	17044.51	19749.50
广河县	4729.71	5519.07	6203.46	7364.58
和政县	4536.10	5404.90	6031.46	7366.52
东乡县	3405.78	4118.70	4344.16	5101.31
积石山县	3573.87	4180.77	4976.93	5750.40
合作市	20963.96	25466.20	27438.95	33730.11
临潭县	7465.27	8936.29	10263.01	12176.43
卓尼县	8783.15	10456.11	11707.30	13858.32
舟曲县	6907.16	8292.34	9059.65	10583.79
迭部县	12605.18	15149.23	17130.87	19196.79
玛曲县	20838.41	22320.65	24100.04	23210.21
碌曲县	16350.42	19591.71	22955.77	24879.73
夏河县	12029.89	13825.37	16053.22	17830.52

数据来源：根据《甘肃发展年鉴》（2012—2015）整理所得。

　　从人均GDP来看，"十二五"时期肃北县、阿克塞县、肃南县和合作市的人均GDP高于全省平均水平。2014年，最高的肃北县人均GDP是全省平均水平的8.6倍，是最低的东乡县的44倍。从甘肃民族地区经济总量和人均GDP来看，民族地区受到人口数量差异较大的因素影响，其人均GDP和经济总量排名并不一致，肃北县和阿克塞县人均GDP较高的主要原因是人口较少，两个县的人口都在 1 万人左右，使人均 GDP 水平较高。而临夏市的平均经济总量在"十二五"时期最大，但人均 GDP 在 2014 年只排在第九位，而且低于全省的平均水平。

综合考虑甘肃民族地区经济规模的总体情况，可以得出：甘肃民族地区受到地域及人口因素的影响，发展水平较为落后，平均水平过低，与全省乃至全国的发展水平差距较大，县域层面的发展不平衡，差异较大。

第二节　甘肃民族地区(自治县)的经济结构

经济结构指国民经济的组成要素及这些要素的构成方式，是国民经济各个要素在特定的关联方式和比例关系下所结成的有机整体。经济结构是一个由许多系统构成的多层次、多因素的复合体。影响经济结构形成的因素很多，最主要的是社会对最终产品的需求，而科学技术进步对经济结构的变化也有重要影响。一个国家的经济结构是否合理，主要看它是否建立在合理的经济可能性之上。结构合理就能充分发挥经济优势，有利于国民经济各部门的协调发展。经济结构状况是衡量国家和地区经济发展水平的重要尺度。不同经济体制、不同经济发展趋向的国家和地区，经济结构状况差异甚大。经济结构有广义与狭义之分。广义指生产方式的结构，包括生产力结构和生产关系结构。狭义单指生产力或生产关系结构。经济结构是一个由许多系统构成的多层次、多因素的复合体，存在多重分析角度。本书对甘肃民族地区经济结构的分析主要选取产业结构作为切入点，分析甘肃民族地区经济结构水平。

三次产业结构和比例是反映一个国家或地区产业结构和层次的主要指标。根据配第—克拉克定律，不同产业间相对收入的差异，会促使劳动力向能够获得更高收入的部门移动，随着人均国民收入水平的提高，劳动力首先由第一产业向第二产业移动；当人均国民收入水平进一步提高时，劳动力便向第三产业移动。结果，劳动力在产业间的分布呈现出第一产业人数减少、第二产业和第三产业人数增加的格局。[1] 从产业结构的角度来

---

[1]　苏东水：《产业经济学》，高等教育出版社 2015 年版。

看，第一产业国民收入和劳动力的相对比重逐渐下降；第二产业国民收入和劳动力的相对比重上升，经济进一步发展，第三产业国民收入和劳动力的相对比重也开始上升。可见，产业结构的变化就是随着经济的发展，第一产业比重逐渐降低，第二产业和第三产业不断上升的过程。从我国和各地区产业结构的变化趋势来看，也大致沿着配第—克拉克定律演变，但这一过程在全国区域之间存在较大的差异性，这也说明各地区的工业化水平和速度存在高低不一。

表 1.3　　　　　　2014 年甘肃民族地区三次产业比重　　　　　单位:%

地区	第一产业	第二产业	第三产业
全国	9.20	42.60	48.20
甘肃省	13.18	42.80	44.02
张家川县	24.49	17.19	58.32
天祝县	13.56	51.28	35.16
肃南县	14.94	63.39	21.67
肃北县	1.32	79.46	19.22
阿克塞县	3.41	67.05	29.54
临夏市	5.72	19.91	74.37
临夏县	21.91	17.06	61.03
康乐县	26.24	13.84	59.93
永靖县	15.45	52.55	32.00
广河县	17.23	21.86	60.92
和政县	26.58	21.03	52.39
东乡县	26.74	20.17	53.09
积石山县	24.55	11.76	63.69
合作市	6.00	22.49	71.51
临潭县	18.14	16.77	65.09
卓尼县	25.95	22.89	51.16
舟曲县	25.54	20.21	54.25
迭部县	22.24	25.90	51.86
玛曲县	33.58	24.20	42.21
碌曲县	28.57	34.54	36.90
夏河县	26.86	20.96	52.18

数据来源：根据《中国统计年鉴》（2015 年）和《甘肃发展年鉴》（2015 年）整理。

从表 1.3 来看，2014 年甘肃民族地区三次产业结构与全国及全省的产业结构存在较大差距，2014 年第一、第二、第三产业占 GDP 比重的平均水平为 19.48 : 30.69 : 49.83，除第三产业比重大于全国及全省占比之外，第一产业占比也远远大于全国及全省水平，第二产业占比小于全国及全省水平，说明甘肃民族地区三次产业结构整体上落后于全国及全省产业结构演变水平。具体从第一、第二、第三产业的占比来进行分析（见图 1.1、图 1.2 及图 1.3）。

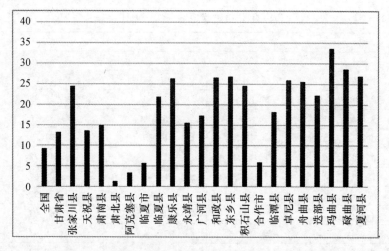

图 1.1　2014 年甘肃民族地区第一产业占 GDP 比重

数据来源：根据《中国统计年鉴》（2015 年）和《甘肃发展年鉴》（2015 年）整理。

从图 1.1 来看，甘肃省 21 个少数民族自治县市第一产业占比较大，除了肃北县、阿克塞县、临夏市和合作市以外，其他各县市均高于全国（9.20）和全省（13.18）同期水平。第一产业占比最大的玛曲县、碌曲县、夏河县、东乡县主要以农牧业为主。而在占比较小的四个县市中，肃北县和阿克塞县由于人口较少，第一产业作为劳动密集型产业对人口数量的要求较高，因此，这两个县市的第一产业占比较低；临夏市和合作市作为临夏州和甘南州的州政府所在地，主要以城市为主，农业占比相对也较小。总之，甘肃民族地区第一产业占比总体上还是比较高的，产业结构的合理化和高级化远远低于全国及全省水平。

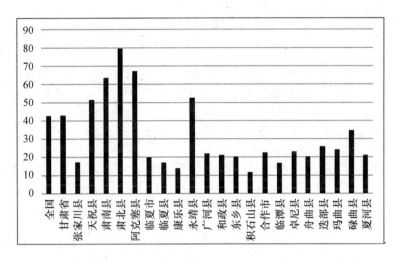

图 1.2　2014 年甘肃民族地区第二产业占 GDP 比重

数据来源：根据《中国统计年鉴》（2015 年）和《甘肃发展年鉴》（2015 年）整理。

伴随着工业革命的不断深入和工业化的推进，第二产业在一个国家或地区的 GDP 中占比越来越大，并且呈现出以下变化趋势：第二产业的增加值和就业人数占国民生产总值和全部劳动力的比重，在 20 世纪 60 年代以前，大多数国家都是上升的。但进入 60 年代以后，美、英等发达国家工业部门增加值和就业人数在国民生产总值和全部劳动力中的比重开始下降，其中传统工业的下降趋势更为明显。而在大多数发展中国家，工业部门增加值和就业人数在国民生产总值和全部劳动力中的比重不断上升。因此就我国第二产业发展情况来看，仍然呈现不断上升的趋势。从图 1.2 来看，2014 年只有肃北县、阿克塞县、肃南县、永靖县和天祝县的第二产业占比大于全国（42.60）水平和全省（42.80）水平，其余县市均小于全国和全省水平，说明甘肃民族地区的工业化水平较低。第二产业占比最高的是肃北县，主要是依靠资源优势发展新能源产业和矿产资源产业。在"十二五"时期，一大批能源资源企业发展速度较快，像博伦公司石煤提矾余热发电、镁科技 3 万吨高活性氧化镁、石洞沟银铅锌矿、北东金矿金选厂等一批重点矿业开发项目相继建成投产，完成银玄煤矿、谦和公司煤矿资源整合工作；龙源马鬃山公婆泉 5 万千瓦风电、中节能马鬃山第二风电场 20 万千瓦风电项目建成运营，党河上游三级、四级、五级水电站以及青羊沟水电站、黄土湾水电站投入运行，新增水电装机 10.89 万千瓦。工业增加值完成 25.6 亿元，年均增长 11.31%。这些依托本县资源能源优势产业的发展是第二产业发展的重点。阿克塞县的发展模式与肃北县较为相似，也是依靠资源能源产业和新能源产业的发展，尤其是风电、光电、光热等新能源产业的蓬勃发展给肃北县经济发展注入了活力。第二产业占比较低的民族地区主要集中在临夏，临夏市、张家川县、临夏县、临潭县、康乐县和积石山县，这 5 个县市第二产业占比不到 20%，远远低于全国及全省水平。一方面这些县市缺乏工业基础，另一方面受自然条件的限制，现代工业发展缓慢，再加上生态环境脆弱，工业发展较为落后。整体来看，甘肃民族地区第二产业发展参差不齐，差距较大。

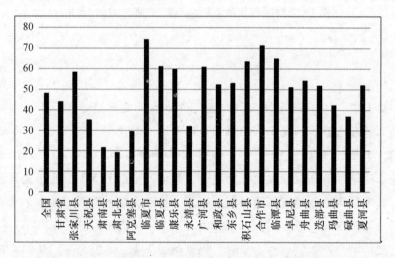

图 1.3　2014 年甘肃民族地区第三产业占 GDP 比重

数据来源：根据《中国统计年鉴》（2015 年）和《甘肃发展年鉴》（2015 年）整理。

从图 1.3 来看，21 个少数民族县市中，有 14 个县市的第三产业占比高于全国（48.20）及全省（44.02）水平，尤其是临夏市、合作市、临潭县、积石山县、临夏县、广河县第三产业占比都在 60% 以上，临夏市和合作市的第三产业占比超过 70%；而第三产业发展水平较低的肃南县和肃北县只有 20% 左右，第三产业发展水平差距较为明显。

整体来看，甘肃民族地区产业结构仍存在较大的发展差距，产业内部和产业之间不合理现象较为突出。

一是第一产业重,第二、第三产业轻。第一产业在国民经济中所占份额较大,经济效益较差;第二产业基础薄弱,质量不高,附加值低,劳动密集型和资源密集型企业比重过大,经济效益低下;第三产业增长缓慢,现代化程度低。

二是各产业内部结构不合理。甘肃民族地区第一产生以种植业和畜牧业为主,粮食作物、经济作物、饲料作物合理多元的种植结构尚未形成,农业产业化进展缓慢,农业中龙头生产和加工企业太少,农产品加工业发展落后,农业附加值提升缓慢。工业结构中,轻工业过轻、重工业过重,轻、重工业比例严重失调,居民生活必需品大部分靠区外输入。同时,工业部门结构又以能源、原材料工业和初级产品加工业为主,制造业明显落后,产品附加值低。第三产业中,新型服务业如咨询、策划、租赁发展滞后,知识密集型服务业比重小,新的经济增长点如旅游业发展不足。

三是主导产业缺乏,支柱产业脆弱,产业链条短,结构前倾。甘肃民族地区主导产业缺乏,主要生产部门为采掘、能源、建材、原材料工业及农牧业等初级产品,这些部门对自然条件依赖性强,持续发展具有局限性,发展不稳定,作为经济支柱是脆弱的。甘肃民族地区产业经济是依靠本地区资源优势发展起来的,开发和加工程度非常低,初级产品多,一般低档产品多,综合利用少,深加工产品少,高科技产品少,附加增值能力低,产业重心停留在初级产品上,产业链条短,结构前倾。

四是产业关联度弱,组织松散。甘肃民族地区产业经济发展水平低,产业之间、企业之间专业化协作程度差,未形成有序的产业组织,省属企业与民族地区企业之间、轻工业与重工业之间、基础工业与加工工业之间产业关联度不高,甚至相互脱离。这种关联度不高的实质是各产业、各部门之间经济关系的割裂和比例失调,导致地区经济不能专业化、协作化、规模化,不能形成以支柱产业为中心的相互协作配套体系。

第三节 甘肃民族地区(自治县)的经济效率及增长速度

甘肃省民族地区经济长期发展缓慢,经济发展的起点低,所以形势较为严峻。但由于民族地区人口较少，经济效率相对较高。

表1.4 2014 年甘肃民族地区经济效率比较

地区	就业人数（人）	GDP（万元）	经济效率值（万元/人/年）	排名
肃北县	6025	341496	56.6798	1
肃南县	5905	301424	51.0456	2
阿克塞县	4974	150705	30.2986	3
天祝县	14880	437593	29.4081	4
临夏县	11529	312959	27.1454	5
夏河县	6089	158335	26.0035	6
玛曲县	5155	131834	25.5740	7
碌曲县	4179	92055	22.0280	8
临潭县	8387	167913	20.0206	9
合作市	16321	313690	19.2200	10
张家川县	13470	250205	18.5750	11
康乐县	9951	182568	18.3467	12
广河县	10045	174250	17.3469	13
临夏市	34318	568028	16.552	14
积石山县	8950	139064	15.5379	15
和政县	9059	140414	15.4999	16
舟曲县	9386	139706	14.8845	17
卓尼县	9929	143295	14.4320	18
永靖县	27028	361941	13.3913	19
东乡县	12414	150854	12.1519	20
迭部县	8708	101551	11.6618	21
甘肃省	15198600	68368200	4.4983	

数据来源：根据《甘肃发展年鉴》（2015 年）整理。

从表1.4 可以看出，甘肃民族地区经济总量较小，2014 年民族地区 GDP 总量只占到全省的 1.56%，但由于人口少，民族地区的经济效率相对较高，2014 年 21 个县市的经济效率都远远高于全省的平均水平，最高的肃北县、肃南县和阿克塞县都是人口最少的县，经济效率也相对较高，

2014 年民族地区经济效率平均水平为 22.66，高于全省的 4.50。在工业化时代，工业的发展已成为一个地区或国家经济发展的主要动力，因此除了总经济效率之外，工业经济效率的大小也是衡量甘肃民族地区经济发展的主要衡量指标。

表 1.5 2014 年甘肃民族地区工业经济效率比较

地区	第二产业就业人数（人）	第二产业增加值（万元）	工业经济效率值（万元/人/年）	排名
阿克塞县	448	101044	225.5446	1
肃北县	2025	271368	134.0089	2
碌曲县	341	31793	93.2346	3
迭部县	541	26305	48.6229	4
合作市	1552	70539	45.4504	5
肃南县	5570	191065	34.3025	6
张家川县	1481	43013	29.0432	7
夏河县	1156	33187	28.7085	8
天祝县	8550	224397	26.2453	9
玛曲县	1637	31910	19.4930	10
卓尼县	3073	32804	10.6749	11
永靖县	25950	190185	7.3289	12
临潭县	4248	28164	6.6299	13
临夏市	18660	113108	6.0615	14
广河县	11001	38086	3.4620	15
东乡县	9693	30428	3.1392	16
舟曲县	10733	28236	2.6308	17
积石山县	9515	16358	1.7192	18
康乐县	16528	25261	1.5284	19
临夏县	37183	53381	1.4356	20
和政县	20981	29528	1.4074	21
甘肃省	2447100	29248600	11.9524	

数据来源：根据《甘肃发展年鉴》（2015 年）整理。

从表 1.5 可以看出，2014 年甘肃省 21 个少数民族县市中，有接近一半的县市工业经济效率大于全省的工业经济效率水平（11.9524），但从整体来看，民族地区经济发展的差距较大。如总经济效率最高的肃北县是经济效率最低的迭部县的 5 倍左右，工业经济效率最高的阿克塞县是最低的和政县的 160 倍左右。经济发展差距大、部分县市效率低下、经济发展动力不足等仍然是制约民族地区经济发展的主要障碍。

经济发展速度主要是比较 GDP 年平均增长率以及构成 GDP 的三大产业的增长情况，一个地区较长一段时期内经济发展速度的快慢代表着这段时期国民经济运转状况的好坏，并且可以预示在未来一段时间内经济发展的大致走向及其在全国总体经济中地位的升降。2014 年甘肃民族地区的三大产业发展速度如表 1.6 所示。

表 1.6　　　　2014 年甘肃民族地区 GDP 及三大产业发展速度　　　单位:%

地区	GDP 发展速度	第一产业发展速度	第二产业发展速度	第三产业发展速度	排名
临夏市	28.16	-1.10	21.05	33.29	1
和政县	23.11	6.47	25.38	32.66	2
合作市	23.03	6.32	19.42	25.89	3
广河县	19.88	5.28	-3.79	37.40	4
临潭县	19.23	2.41	18.72	25.09	5
康乐县	19.12	2.92	28.75	25.61	6
卓尼县	18.92	7.61	-4.96	42.57	7
东乡县	18.59	8.30	27.15	21.30	8
临夏县	18.27	8.40	23.98	20.66	9
舟曲县	17.44	6.45	9.71	26.94	10
永靖县	16.54	5.31	10.87	34.82	11
积石山县	16.37	11.92	7.89	19.95	12
阿克塞县	15.17	8.57	18.32	9.33	13
张家川县	13.28	8.34	34.71	10.22	14
迭部县	13.05	8.55	-14.46	37.61	15
夏河县	11.88	5.75	-7.83	26.52	16
碌曲县	9.95	6.64	-4.35	31.53	17
肃南县	5.29	5.70	2.48	36.86	18

地区	GDP 发展速度	第一产业发展速度	第二产业发展速度	第三产业发展速度	排名
玛曲县	-2.97	7.46	-25.64	7.51	19
天祝县	-4.41	9.31	-15.00	10.32	20
肃北县	-21.56	3.45	-28.06	21.97	21
甘肃省	7.99	6.63	4.33	14.94	

数据来源：根据《甘肃发展年鉴》（2015 年）整理。

从表1.6来看，大部分县市第二产业对 GDP 的整体发展速度影响较大，像 GDP 增速前三位的临夏市、和政县和合作市，GDP 的增长主要来自第二产业和第三产业的发展；GDP 发展速度排名靠后的玛曲县、天祝县和肃北县，也是由于第二产业发展速度缓慢所致。从 GDP 发展速度上来看，2014 年 21 个少数民族县市的发展速度差异性也较大，GDP 发展速度最快的临夏市比发展速度最慢的肃北县高出近 50%。由于长期以来，甘肃民族地区经济总量过小，绝对差距一直在变大，所以对甘肃民族地区来讲，如何在现有的基础上加快民族地区第二、第三产业的发展是经济增速提升的关键环节。

第四节 甘肃民族地区（自治县）的产业发展状况

西部大开发战略实施以来，国家建设的重点开始向民族地区倾斜，也为少数民族地区的发展注入了活力。"十二五"期间，在国家和各地区各项经济发展政策及产业结构优化调整政策的大力支持和引导下，民族地区各产业均得到了较大发展，在产业规模不断扩大的同时，产业布局和产业结构也有了显著改善，产业竞争力得到了显著提升。

民族地区充分利用区位、人文和民族风情优势，在发展传统的畜牧业的同时，大力发展地方工业和以旅游、商贸为主的第三产业，形成以商贸为主，清真食品、民族特需用品加工、文化和农业旅游为补充的产业发展格局。

一　河西民族地区产业状况

甘肃河西（走廊）民族地区主要包括阿克塞县、肃北县、肃南县和天祝县。甘肃的河西走廊位于祁连山以北，北山以南，东起乌鞘岭，西至甘新交界，是一块自东向西、由南而北倾斜的狭长地带。海拔在1000—1500米，长1000余公里，宽由几公里到几百公里不等。河西走廊地势平坦，机耕条件好，光照充足，水资源丰富，是著名的戈壁绿洲，农业发展前景广阔，是甘肃主要的商品粮基地，而且土地资源、矿产资源、能源资源、水资源和动植物资源丰富，地处河西的民族地区也形成了独特的特色产业。

阿克塞县处于柴达木盆地荒漠与河西走廊荒漠包围之中，地形呈狭长状，以当金山口为界，西部有阿尔金山脉横贯，东部有祁连山山地区域的党河南山、赛什腾山、吐尔根达坂山等山脉，均呈西北—东南走向分布。由山区到盆地中心，大体可以分为山岳地貌、丘陵地貌、平原地貌三种地貌类型。阿克塞境内水资源比较丰富，主要河流有大、小哈尔腾河以及安南坝河、旗里克河、苏干河、西盖苏河、加仁布里河、努呼图河8条主要内陆河，流域面积大于200平方公里以上的有大、小哈尔腾河以及安南坝河和旗里克河，大、小哈尔腾河中、下游河水全部渗入戈壁成潜流，出露于花海子，注入大、小苏干湖，丰富的土地和水资源具有发展农牧业的特殊优势，以传统畜牧业发展为抓手，逐步转变成为农、畜并重的现代化农业生产格局，形成了粮、经、草三元种植结构。将农业生产由单一的以农补牧、以牧促农，逐步向高效、特色现代农业转变，彻底改变了本地长期以来蔬菜靠外部调入的历史，填补了农业生产空白。截至2013年年底，农作物播种面积达8299亩，粮、经、草比例调整为16∶28∶56，种植业由粮食型转为经济型。阿克塞县畜牧业实现了单纯数量型发展到数量质量并举的转变，通过引进牛羊等优良品种，饲养方式也由传统粗放的散养方式向设施精养的方向转变。2014年，良种羊覆盖率达91%以上。阿克塞哈萨克族自治县矿产资源丰富，有金、铜、铁、石棉、水晶、蛇纹岩、云母、芒硝等金属、非金属矿藏40多种。特别是石棉储量最大，约4500万吨以上，年产量20万吨左右，占中国石棉产销量的一半，已成为阿克塞县的支柱产业，在以"工业强县"作为发展县域经济的首要战略指引下，以工业转型发展为目标，紧紧围绕"3341"项目工程及中心工作，工业经济实现了快速发展，经济实力明显增强，工业园区产业集聚效应日益凸显，经济发展活力不断增加。已经形成了以石棉开采加工、矿山机械、化工、包装材料、非金属矿物研究开发、饮食服务等为一体的产业发展模式，成为拉动经济快速发展的有力支撑。

肃北蒙古族自治县隶属酒泉市，位于甘肃省西北部，河西走廊西端南北两侧，县域分南山和北山两个不相连的区域，总面积66748平方公里，周边与一个国家、三个省（区）、三个县市接壤。2014年，肃北县户籍人口11741人，其中蒙古族4446人，占37.9%；汉族6936人，占59.1%；回族、藏族、满族、裕固族等其他民族359人，占3%。

肃北县有丰富的农牧业资源、矿产资源和新能源，尤其是风能资源，肃北县风能总储量达2000万千瓦，可开发量1000万千瓦以上。祁连山浅山地带及山口区风能密度为50—200瓦/平方米，马鬃山区150—200瓦/平方米，为甘肃省风能密度最大的地区之一。祁连山区浅山地带及各山口有效风速在2000—6300小时，马鬃山区在5000—6300小时，北山和南山各山口平均每天可利用的有效风速小时数在10小时以上，为肃北发展风电产业提供了机遇。

在工业强县和农牧业现代化的指导下，肃北县加大资源勘察力度，加快资源优势转化步伐，狠抓矿业秩序，"十二五"期间累计开工建设工业项目96个，其中，投资亿元以上23个，投资千万元以上73个。2014年完成工业增加值25.6亿元，是2010年的1.71倍，年均增长11.31%。同时，借助丰富的农牧业资源，"十二五"时期肃北县建成牧农业科技示范园区、党城湾镇农业科技示范园区、党城湾镇设施养殖小区，形成了辐射带动面积1万亩集畜牧业养殖加工销售、草产业培育基地、现代农业示范种植等为一体的多功能现代牧农示范园区。累计新建牧区棚圈273座，维修牧区棚圈211座，新建农区棚圈126座，发放各类惠农资金1075万元，发放草原生态补奖资金3.3亿元。林权、水权改革及土地确权等各项工作顺利完成，林下经济、千亩李广杏基地效益初显，建成农牧民专业合作社25个，培育市级示范合作社4个，为"十三五"时期肃北县农牧业发展奠定了基础。

肃南裕固族自治县隶属张掖市，是中国唯一的裕固族自治县，地处河西走廊中部、祁连山北麓，东西长 650 公里，南北宽 120—200 公里，总面积 2.38 万平方公里（2014 年）。肃南裕固族自治县土地分为四块，主要南界为青海省，西与西北连酒泉、嘉峪关市，北靠高台、临泽、民乐县和甘州区，明花区在高台县西部，皇城区在山丹县东部，大泉沟乡在民乐县中南部。截至 2014 年，肃南裕固族自治县共 37579 人，其中农牧业人口 2.55 万人，占 68%；少数民族人口 2.12 万人，占 56.5%；裕固族人口 1.02 万人，占 27%。

　　截至 2014 年，肃南裕固族自治县有草原 170 万公顷，耕地 7 万亩，是甘肃高山细毛羊基地县；金属矿和非金属矿 31 种，分布在 262 处；河流 33 条，总流域面积 2.15 万平方公里，年出境水量 43 亿立方米，水能蕴藏量 204 万千瓦。祁连山横贯全境，冰川总储量 159 亿立方米，有水源涵养林 33 万公顷，是河西地区乃至内蒙古西部的"生命线"和"绿色水库"。借助本县特色资源，肃南县形成了四大特色优势产业。一是生态工业发展良好。2014 年全年实现工业增加值 18.65 亿元，增长 11.2%，实施工业项目 46 项，完成工业固定资产投资 16 亿元，增长 20%。新增规模以上工业企业 2 家，总数达到 25 家。完成 14 户煤矿兼并重组工作，依法关闭年产 3 万吨及以下小煤矿 19 户，淘汰煤炭落后产能 31 万吨，松木滩、小柳沟等 4 户无主尾矿库隐患治理工程全面完成。企业降耗增效明显，规模以上工业万元增加值能耗下降 3.5%，单位工业增加值用水量下降 5.5%，工业用水循环利用率不断提高。通过市场化运作，引导企业投资 1800 万元建成大河循环经济工业园区自流水供水工程，有效降低了企业生产成本。二是文化旅游快速发展。玉水苑和冰沟丹霞成功创建国家 4A 级旅游景区，全县国家 4A 级景区达到 5 家。县城游客接待服务中心、康乐草原游客服务中心、马蹄寺至金塔寺道路等旅游基础设施项目建成使用。积极承办中国甘肃丝绸之路国际旅游博览会暨第四届祁连玉文化博览会、丝绸之路国际生态产业博览会暨绿色有机产品（张掖）交易会等重大节会活动，举办裕固族风情节、赛马大会等特色文化旅游活动，全年接待游客 218.5 万人次，实现综合收入 7.5 亿元，分别增长 52.9% 和 63.7%。文化旅游产业融合发展，主导作用日益凸显。三是绿色畜牧加快转型。通过设立绿色畜牧业发展基金，通过奖励扶持、贴息贷款等手段带动传统畜牧业向现代畜牧业转变。积极推进畜产品加工企业改造升级，草原惠成牛羊肉精深加工改扩建项目完成车间主体，皇家牧场绿色食品开发生产线扩建工程完成前期工作。新建8个养殖小区、2000座共20多万平方米的养殖暖棚，建成储草棚160座，舍饲、半舍饲养殖率达到65%以上。推进规模化经营，年内流转草原86万亩、土地2.3万亩，新组建专业合作社57家，出栏牛羊58万头（只），组织化销售细羊毛720吨。四是新兴产业稳步推进。着力推进祁连玉等产业多元化发展，珠峰公司5万吨高纯氧化镁生产线完成基建工程，恒盛、奥建等公司祁连玉石产业开发项目稳步实施，东圣矿业白银雕刻厂建成并筹备生产，山东中能一期50兆瓦光伏发电项目并网发电，年内新增水电装机容量14.32万千瓦。玉石开发企业证照办理工作取得实质性进展，埪钰等5个祁连玉开发企业取得采（探）矿权，红石嘴、含水沟等4个蛇纹岩矿采矿权公开挂牌出让。与专业勘探机构合作，对玉石梁等4个矿区开展玉石资源勘察工作。玉水苑基本建成，商业化运营初步启动，入驻玉石经销客商103户，引进玉石加工企业13户。

天祝县地处甘肃省中部，在武威市南部，位于河西走廊和祁连山东端，东连景泰县，西邻青海省海北州门源县、海东市互助县、海东市乐都区，南接永登县，北靠凉州区、古浪县，西北与肃南县交界，总面积7149平方公里，截至2014年有17.5万人。天祝县境内共有藏族、汉族、土族、回族、蒙古族等28个民族，其中少数民族占总人口的37.1%，藏族占少数民族人口的97.14%。

立足资源优势，天祝县形成了"十大产业链"。一是依托炭山岭片区煤炭资源优势，着力培育发展煤化工产业，化解过剩产能，提升煤炭资源综合利用率；二是依托现有碳化硅规模优势，培育发展新兴碳材精深加工产业，逐步将原材料产能转化为精深加工和战略性新兴产能，扭转天祝县碳化硅处于廉价原料基地的不利局面；三是依托丰富的石灰石资源，培育发展以百万吨蓄能式电石为主的精细化工产业，从根本上改变石灰石资源利用率低、粗放经营的落后现状；四是充分利用离全国大城市群最近的藏区、最近的高原牧区等旅游资源和区位优势，引进理念超前、特色鲜明、管理先进的旅游企业，把旅游产业打造成拉动经济发展的支柱产业和加快农牧民脱贫步伐的富民产业；五是紧紧抓住武威建设甘肃国际陆港的有利机遇，依托以白牦牛为主的特色农畜产品资源优势，强力推行出口农畜产品标准化生产技术规程，并通过深度开发加工，挖掘价值亮点，打造高端农畜产品地方特色权威品牌，提高农畜产品附加值，创建高端市场精品系列农畜产品供应基地；六是依托现有的藏医药资源优势和独特的区位条件，发展"公司＋基地＋农户"的产业化运作模式，打造集藏药材种植加工、研发生产、医疗培训、资本运营、市场营销多位一体的藏医药产业体系，全力推进藏医药产业链发展；七是依托丰富、优质、无污染的高原纯净天然泉水资源，引进国内知名企业，着力开发高中低档矿泉水系列产品，大力推动矿泉水产业发展；八是依托富集的风光电资源，引进风光电企业，实施松山滩百万千瓦级风电基地建设和分布式光伏发电项目，加快新能源开发步伐，填补天祝县新能源开发利用的空白；九是依托稀土、萤石等国家战略性资源，引进有实力的企业，在保护好生态环境的基础上，使矿产资源得到有效开发，带动农牧民转产就业，增收致富，使资源优势转化为经济优势；十是依托华夏文明传承创新区建设和"一带一路"倡议的机遇，充分发挥独特的地域特征和深厚的人文底蕴优势，全方位挖掘、整理、保护和传承华锐传统民族文化，全力打造以华锐藏文化为主的民族文化产业。

二　甘肃中部民族地区产业状况

甘肃中部地区的民族县主要是天水的张家川。张家川回族自治县隶属天水市，位于甘肃省东南部，天水市东北部，东接陕西省陇县，南邻清水县，西连秦安县，北毗华亭、庄浪县。总面积 1311.8 平方公里，人口29.12 万人，其中回族 20.69 万人，占 69%，其他民族有汉族、满族、藏族、蒙古族等。

张家川回族自治县紧紧围绕特色优势产业、民族工业、"三大富民产业"和文化旅游业，创新发展思路，统筹利用资源，精心打好生态牌、民族牌、清洁牌和特色牌，推进民族特色产业大发展。加快转变农业生产、经营和资源利用方式，提高农业质量效益和竞争力；推动粮经饲统筹，农林牧渔结合，种养加一体，第一、第二、第三产业融合发展；坚持政策不变、投入不减、力度不弱；走布局合理、产出高效、产品安全、资源节约、环境友好的农业现代化道路。

一是特色农业发展潜力巨大。深入推进"335"现代农业发展计划，优化种植业结构。推进实施示范园区创建、粮食稳定增长、特色产业提升、农业科技推广、农机装备促进、经营机制创新"六大工程"。形成了"一乡一业"产业对接和"一村一品"产业培育，因地制宜扩大全膜玉米、马铃薯、大麻、中药材、苹果等特色优势产业规模，推进蔬菜产业设施栽培，发展高原夏菜等无公害农业和绿色生态农业。支持具备条件的乡镇、贫困村发展特色优质林果产业和林下经济，引导发展休闲农业、观光农业、生态农业等多元化发展模式。注重野生动植物资源培育开发，大力发展名特优新农产品。

二是大力发展草食畜牧业。实施现代畜牧业全产业链工程，做好品种繁育改良、动物疫病防控、集中育肥加工和饲草料生产服务，壮大龙头企业、养殖场小区、家庭农场和养殖专业合作社。推进畜禽良种化、养殖设施化、生产规范化、防疫制度化、粪污无害化。加快发展牛羊规模养殖业，落实基础母牛扩群增量扶持政策。依托太极天胶生产线，发展胶源驴产业。通过免费防疫、免费改良、以奖代补、贷款贴息、完善互助基金等措施，不断加快标准化规模养殖基地建设，建成东部基础母牛繁育示范区和省级现代畜牧产业示范区，构建"一带两区三基地"的产业格局。推广人工种草、青贮饲草、农作物秸秆饲料化利用，提高"张家川红花牛"的种源供给和生产能力，努力建设国家特色肉牛产业大县和陇东南畜牧大县。到"十二五"末，畜禽饲养量达到279.86万头（匹、只），畜牧业总产值达到4.32亿元，畜牧业收入年递增11%以上。

三是构建现代农业产业体系。建立农业投入稳定增长机制，发展农业适度规模经营，规范引导土地流转，完善土地流转服务体系，到"十二五"末，累计土地流转面积达到12万亩，土地流转率达到21.4%。完善落实资本金补助、税收返还、融资担保、规费减免等政策措施，提高农机具购置补贴和粮食补贴效率，积极推广农业保险，培育发展家庭农场、农民合作社、农业公司、生态农庄等新型经营主体，壮大特色产业基地，大力发展现代农业园区。积极发展农村股份合作经济，推行政府、龙头企业、金融机构、科研机构、农民合作社、农户"六位一体"经营模式，推进农业机械化作业、标准化生产、信息化管理、品牌化运营。推行产加销一体化经营方式，扶持发展产业链条长、产品附加值高、市场竞争力强、品牌影响大的重点龙头企业，新发展县级龙头企业10家，到"十二五”末，全县重点龙头企业总数达到 28 家。加强农业社会化服务体系建设，大力发展“互联网＋农业”，培育以电子商务为主要手段的新型流通业态。建立健全农产品质量安全监管体系，加强农业技术人员管理培训，强化农业执法，确保农产品质量安全。加强气象、病虫害防治及动物疫病防控等防灾减灾、应急救援综合能力建设。加强粮食储备设施建设，规划建设大中型粮库，全面完成龙山镇标准化粮油仓容建设。深化供销合作社综合改革，构建组织服务、农资服务、农产品购销、农业合作金融、农业合作保险、农业科技、农村产权等综合服务体系。

三　临夏甘南民族地区产业状况

临夏回族自治州包括临夏市、临夏县、康乐县、永靖县、广河县、和政县、东乡县、积石山县，截至 2014 年，有人口 200.4 万人。临夏州境内有回族、汉族、东乡族、保安族、撒拉族、土族、藏族等 31 个民族，少数民族人口占总人口的 59.2%。其中，东乡族和保安族是以临夏为主要聚居区的两个少数民族。

从经济发展看，临夏州经济社会发展的各项指标均较靠后，发展相对落后，但其中也有着自身的特色和优势，近年凭借自然资源、区位资源、文化资源等优势资源，全州经济体系中不断出现了一些增长速度较快、带动能力较强、后发优势较明显的发展亮点，有些还进一步发展成为全省乃至全国较知名的特色优势行业。这些特色优势行业虽然数量有限，规模尚不大，但却是经济体系中最活跃的因子和增长极，是进一步发挥临夏州经济发展的后发优势、释放赶超效应、缩小发展差距的中坚力量。

依托临夏特有的资源优势，形成了以清真产业、农牧业、商业和新兴产业为主体的产业体系。依托临夏清真品牌优势，坚持打民族牌、走特色路，大力发展清真产业。编制清真产业发展规划，以发展清真食品为重点，全力争取清真食品国际认证代理权，制定完善的行业规范和生产标准，组建成立清真食品行业协会，筹办清真产业发展高峰论坛，实施全国清真牛羊肉生产供应基地建设规划，力争临夏州清真牛羊肉直供北京等大市场；围绕发展穆斯林用品加工业，扶持发展和引进穆斯林服饰、生活用品、宗教用品加工企业，开发门类齐全、品种多样、批量生产的特色产品，加快建设穆斯林用品专业街区，积极开拓国内和中东、中亚穆斯林市

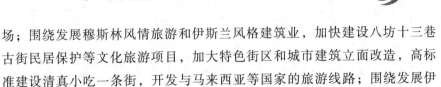

场；围绕发展穆斯林风情旅游和伊斯兰风格建筑业，加快建设八坊十三巷古街民居保护等文化旅游项目，加大特色街区和城市建筑立面改造，高标准建设清真小吃一条街，开发与马来西亚等国家的旅游线路；围绕发展伊斯兰金融业，发挥临夏民间资本充裕的优势，组建成立穆斯林银行等金融机构。

加快发展"农牧稳州"产业。坚持打绿色牌、产业化推进、链条式开发，依托各县市优势，谋划建设一批绿色产业园，积极引进油菜、花椒、核桃、中药材、牛羊肉、乳制品、畜产品精深加工项目，扶持龙头企业推动科技创新、研发产品、延伸链条、扩大产能；加大土地流转力度，鼓励经营权向家庭农场、合作社和种养大户流转，鼓励发展合作经济，鼓励引导工商资本到农村发展现代种养业和农产品加工业，扶持发展规模化、专业化、现代化经营，提升农业产业化水平。

突出发展商旅首位产业。高标准建设一批商贸物流市场，认真实施两大旅游区规划，争取将黄河三峡大旅游区创建为国家 5A 级景区，着力谋划引进文化旅游项目，加快景区景点和旅游基础设施建设，打造"一线五园十个特色小镇（街区）"为主的自驾游线路和临夏盆地地质走廊，推进旅游整体开发和连线开发；加大旅游产品开发力度，加强与外地旅行社的对接合作，促进旅游向产业化方向发展。

扶持发展富民多元产业。进一步放开搞活非公经济，扶持发展客货运输、文化娱乐、餐饮服务、家政服务、门店超市等个体经济，不断壮大第三产业。落实扶持创办小微企业政策措施，鼓励引导全民创业就业，支持发展五小行业和劳动密集型产业，重点发展以牛肉拉面、东乡手抓为主的清真连锁小餐馆。

积极培育战略新兴产业。推进水电资源链式开发和装备制造业发展，切实加大招商引资力度，大力引进风光发电、生物医药、养生养老、彩印包装等企业，力争开工大河家二级电站、太极镇生态养生基地、厦门循环经济工业园等项目。

民族用品产业。临夏州目前生产民族用品主要产品为回族帽、藏礼帽及民族服饰，主要销往省内、青海、宁夏、浙江、新疆等地区。民族用品生产日益成为临夏州最有特色、最具比较优势的产业，现已成为临夏州经济发展重要引擎和支撑，对临夏州经济可持续发展和带动少数民族群众增收致富方面的贡献率显著提高。

甘南藏族自治州是我国十个藏族自治州之一，位于甘肃省西南部，地处青藏高原东北边缘与黄土高原西部过渡地段，是藏、汉文化的交汇带，是黄河、长江的水源涵养区和补给区，甘南南与四川阿坝州相连，西南与青海黄南州、果洛州接壤，东部和北部与陇南市、定西市、临夏州毗邻，地理坐标位于东经100°46′—104°44′，北纬33°06′—36°10′。下辖合作和临潭、卓尼、迭部、舟曲、夏河、玛曲、碌曲七县一市，总面积4.5万平方公里，总人口73.07万人，藏族占54.2%。甘南州地方民族工业已初步形成了以水电能源、畜产品加工、建材、采矿冶炼、藏医药、山野珍品等为主的体系。有藏族、汉族、回族、土族、蒙古族等24个民族。州府合作市位于甘肃西南部，地处甘、青、川三省交界处，是州委、州政府驻地，也是全州政治、经济、文化、科技和金融中心。

（1）畜牧资源。甘南草原是青藏高原天然草场中自然载蓄能力较高、放牧性较强的草场，全州草场面积4084万亩，占土地总面积的70.28%，其中可利用草原面积3843万亩，主要分布在合作、夏河、碌曲和玛曲四县市，临潭、卓尼两县次之，迭部和舟曲两县分布较少。甘南属于典型的高原地貌，年平均温度低，年降水量在400—800毫米，适合寒温带植物的生长，形成以草甸植被为主的草场。

（2）水利资源。由于高寒阴湿，降水充沛，甘南州水力资源极为丰富，水力资源理论蕴藏量361.27万千瓦，占甘肃省水能理论蕴藏量的20%，其中可开发利用的水能资源为247.1万千瓦，占全省可开发量的22.4%。目前，甘南州水电装机容量达到101.26万千瓦，占全州可开发量的41%，水能资源开发潜力大，发展前景广阔。

（3）矿产资源。甘南州境内发现的各类矿产有45种，已基本探明储量的矿产有23种，有14种矿产储量位于甘肃省前五位，金、铀、汞、泥炭、铋等矿产资源储量居全省首位。已发现矿产地290余处，包括56处能源矿产地，139处有色金属矿产地，矿产资源储量潜在价值巨大。目前，黄金年产量保持在3.7吨，居全省首位。

（4）旅游资源。甘南州地域辽阔，历史悠久，自然风光、佛教文化和民俗风情交相辉映，文物古迹众多，旅游资源丰富，是集聚吸引力的旅游胜地。在全国旅游资源类型的8个主类、31个亚类、155个基本类型中，甘南州共有 8 个主类、29 个亚类、119 个基本类型的旅游资源，旅游资源主类、亚类和基本类型占全国类型数的比例为 100%、93.5% 和 76.8%。从甘南旅游资源的类型看，人文旅游资源较为丰富，在甘南 119 个基本类型旅游资源中，人文旅游资源基本类型共有 71 个，自然类旅游资源基本类型共有 48 个，分别占全州旅游资源基本类型 59.7% 和 40.3%。人文旅游资源中建筑与设施类旅游资源数量较多，共有 40 个基本类型，占人文旅游资源基本类型的 56.3%；自然旅游资源中地文景观类旅游资源较为丰富，共有 25 个基本类型，占自然旅游资源基本类型的 52.1%。

丰富的资源形成了甘南州特有的特色优势产业，尤其是畜牧产业和高原牧业产业。畜牧业是甘南州的主导产业和特色产业，通过畜禽良种工程项目，甘南的牦牛、藏羊、河曲马、蕨麻猪特有的牲畜品种得到快速发展，同时舍饲畜牧业、退粮还草、种草养蓄，完善州县乡草原、畜牧、兽医服务体系等一系列措施的实行，加快了畜牧业发展的步伐；通过推进农牧互补战略，扶持农畜产品加工龙头企业、畜牧业饲草料基地及加工等产业化项目，促进甘南农牧业产业化进程。

由于工业基础薄弱，甘南州第二产业发展相对薄弱，资金缺乏、技术有限等影响因素众多，加之甘南州本身所处自然环境恶劣、各种资源匮乏，第二产业的发展相对滞后。通过积极地调整产业结构、优化产业发展模式，加大投资力度，发展特色优势产业，形成了以屠宰及肉类加工业、乳制品业、水泥工业和黄金工业、畜产品加工、山野菜珍品开发、藏医药生产、水力发电、有色金属、采选冶炼等为主的工业格局，产业结构基本趋于合理。

第 二 章

甘肃民族地区"十二五"
期间社会发展情况分析

"十二五"期间，甘肃民族地区社会发展各项事业取得了显著成效，各类各级教育发展水平不断提升，社会保障与医疗条件显著改善，居民收入与消费水平显著提高，人口结构和城乡人口比例趋于合理。但与全省及全国相比，甘肃民族地区社会发展还存在较大的差距。本章就甘肃民族地区"十二五"时期社会发展取得的成绩及存在的问题进行分析，为"十三五"时期民族地区社会又好又快发展提供指导。

第一节　甘肃民族地区（自治县）的
教育发展水平

2014 年，甘肃 21 个少数民族自治县市有各类学校 2160 所，各类在校生 57.24 万人，其中高等教育在校生 23736 人，职业教育在校生 8089 人，中学（包括初中和高中）在校生 18.33 万人，小学在校生 28.19 万人，幼儿园在校生 7.58 万人。

一　各级教育现状分析

（一）大中专教育

甘肃民族地区高等教育发展相对落后，大中专院校只有 44 所，其中大专及以上院校只有 1 所，其余都是中专院校，且大部分分布在临夏市和合作市（见表 2.1），在校学生 23736 人，其中大专及以上 11000 人，占 46.34%。

表 2.1   **2014 年甘肃民族地区大中专情况表**

地区	学校数量（个）	在校人数（人）
张家川县	0	0
天祝县	0	0
肃南县	1	541
肃北县	0	0
阿克塞县	0	0
临夏市	14	3821
临夏县	1	329
康乐县	1	333
永靖县	2	584
广河县	1	241
和政县	1	223
东乡县	1	235
积石山县	0	0
合作市	18	16100
临潭县	1	312
卓尼县	1	453
舟曲县	1	354
迭部县	1	210
玛曲县	0	0
碌曲县	0	0
夏河县	0	0

数据来源：根据《甘肃发展年鉴》（2015 年）整理。

在 21 个少数民族自治县市中，8 个自治县没有大中专及以上教育机构，高等教育和职业教育相对落后，已有的县市规模也相对较小，这对于民族地区经济社会发展较为不利，尤其是职业教育资源缺失，导致当地劳动力资源的受教育水平低下，不利于劳动生产率的提高。

（二）中学教育

甘肃民族地区中学教育差距也较为明显，一方面与民族地区各县市人口数量有关，如阿克塞县 2014 年只有 1 所中学，在校人数只有 557 人，这主要是因为阿克塞县人口数量较少；另一方面也与民族地区经济发展水平有关，中学数量较少的县市主要是经济发展相对落后的县市，教育资源和师资力量相对薄弱，为了接受高质量的中学教育，部分人群会选择教育移民。

甘肃民族地区每十万人中中学生人数为 5671 人，全国同期平均为 7454 人，甘肃民族地区是全国平均水平的 76.08%。从总数上来看（见表 2.2），张家川、天祝、临夏县、康乐、永靖和东乡的中学学校数量和在校人数较其他县市多，但从每十万人中中学生人数来看（见图 2.1），甘肃民族地区的差异较大。

表 2.2　　　　　　　2014 年甘肃省民族地区中学情况表

地区	学校数量（个）	在校人数（人）	每十万人中中学生人数（人）
张家川县	20	16694	5732
天祝县	19	12319	7039
肃南县	6	1282	3727
肃北县	2	688	4556
阿克塞县	1	557	5305
临夏市	8	21688	7718
临夏县	18	13443	4009
康乐县	16	14016	5838
永靖县	16	11207	6115
广河县	9	10492	4434
和政县	9	8781	4607
东乡县	17	11942	4038
积石山县	10	11369	4701
合作市	4	9112	9798
临潭县	10	8090	5867
卓尼县	10	7283	7044
舟曲县	6	10675	8087

续表

地区	学校数量（个）	在校人数（人）	每十万人中中学生人数（人）
迭部县	5	4073	7699
玛曲县	2	2557	4502
碌曲县	2	2717	7343
夏河县	4	4324	4869

数据来源：根据《甘肃发展年鉴》（2015 年）整理。

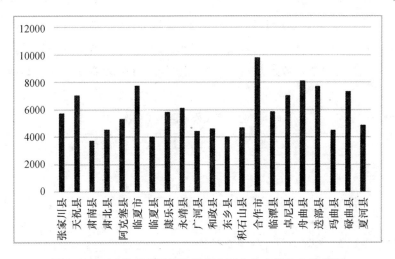

图 2.1　2014 年甘肃民族地区每十万人中中学生人数情况

从图 2.1 来看，只有四个县市每十万人中中学生人数超过全国同期平均水平，合作市每十万人中中学生人数最多，达到 9798 人；舟曲县 8087 人，临夏市 7717 人，迭部县 7699 人，其余县市都低于同期全国平均水平，最低的肃南县只有 3727 人，可见，甘肃民族地区基础阶段教育水平相对较低。

（三）小学教育

近年来，甘肃民族地区在普及义务教育工作方面取得了较大进展，这得益于国家持续不断的投入。从 1985 年起，国家每年拨出 1 亿元作为民族地区普及小学教育的基建专款，帮助民族地区办学经费不足的困难，并设立了少数民族教育补助经费，专门用于民族地区发展教育事业的补助。20 世纪 90 年代以来，我国利用世界银行贷款连续四次实施贫困地区基础教育发展项目，尤其是西部民族地区，对 11 个省、自治区的近 200 个少数民族人口较多的县市安排了近 2 亿美元的软贷款。另外，从 1995 年开始，国家又组织实施"国家贫困地区义务教育工程"，在中央政府投入的 39 亿元工程专款中，有 22 亿元投向属于"普九"困难较大的少数民族人口集中地 9 个省、自治区，1997 年又设立了"国家义务教育人民助学金"，年累计资助少数民族 1.3 亿元，优先用于经济困难的少数民族家庭的适龄学生就学。

目前，在初等教育方面，甘肃省 21 个少数民族自治县市小学学校数共 1514 所，在校人数共 17.7 万人，在学校数量和学生人数方面最多的依次为张家川县、临夏县、康乐县、积石山县和东乡县，阿克塞县、肃北县和肃南县无论是学校数还是在校人数都比较少（见表 2.3、图 2.2）。

表 2.3 　　　　　　　　2014 年甘肃省民族地区小学情况表

地区	学校数量（个）	在校人数（人）	每十万人中小学生人数（人）
张家川县	192	25024	8593
天祝县	82	10888	6222
肃南县	5	1703	4951
肃北县	2	667	4417
阿克塞县	1	812	7733
临夏市	46	21240	7559
临夏县	152	26184	7809
康乐县	129	22751	9476
永靖县	90	11276	6153
广河县	96	23872	10089
和政县	72	18013	9450
东乡县	136	31090	10513
积石山县	138	24919	10304
合作市	14	8391	9023
临潭县	113	12187	8838
卓尼县	89	8487	8208
舟曲县	42	12314	9329
迭部县	51	5240	9905

续表

地区	学校数量（个）	在校人数（人）	每十万人中小学生人数（人）
玛曲县	10	5598	9856
碌曲县	21	3763	10170
夏河县	33	7477	8420

数据来源：根据《甘肃发展年鉴》（2015 年）整理。

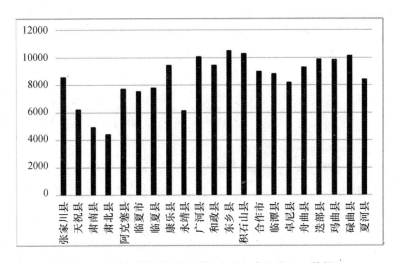

图 2.2 2014 年甘肃民族地区每十万人中小学生人数情况

数据来源：根据《甘肃发展年鉴》（2015 年）整理。

结合表 2.3 和图 2.2 来看，甘肃民族地区每十万人中小学在校人数平均为 8429 人，高于同期全国平均水平 7447 人，分县市来看，大部分县市都高于全国同期水平，这说明国家在基础教育阶段的投入取得了一定的成效，只有肃北、肃南、天祝和永靖每十万人中小学在校人数低于全国平均水平。

（四）职业教育

从表 2.1 来看，承担职业教育的大中专院校主要集中在临夏市和合作市，其他县很少或没有相关的职业教育机构。

甘肃少数民族所处区域在青藏高原与黄土高原的结合部，工业基础薄弱，农牧业发展水平较低，社会经济欠发达。因此，大力发展职业技术教育对于推动民族地区社会经济发展具有非常重要的意义。

1. 促进民族地区社会和谐发展

职业教育是现代教育的重要组成部分，也是与经济建设、劳动就业和社会发展联系最直接、最紧密的教育。大力发展民族地区职业教育，对甘肃民族地区社会和谐发展具有重要作用：能够提高民族成员的文化知识水平，使民族成员能够更加科学地认识自然、认识社会、认识自身，革除民族陋习，提高民族文化道德水准；能够增强民族成员的法制意识，学会依法办事、依法处理各种矛盾与纠纷，建立平等、尊重、互助、团结的社会关系；能够使民族成员完成政治社会化过程，形成参与民主生活的意识和能力，激发民族成员建设小康社会的积极性、主动性和创造性，更好地实施民族区域自治，更好地实现当家作主的权利；能够在民族成员中开展社会主义教育、民族团结教育，提升民族自豪感，增强民族凝聚力，反对民族分裂，维护祖国统一，维护民族地区政治社会稳定，形成和谐顺畅的社会局面。

2. 促进民族地区经济可持续发展

职业教育是教育与经济直接联系的重要结合点，也是促进民族地区经济可持续发展的重要力量。大力发展民族地区职业教育，对促进甘肃民族地区经济可持续发展具有重要的作用：能够扩大民族成员接受教育的机会，快速提高民族地区劳动者的科学文化素质，培养适合当地经济发展需要的人力资本，增加民族地区人口的就业渠道，有效转移民族地区剩余劳动力，把民族地区丰富的人力资源直接转化为现实的生产力；能够大幅提高民族地区劳动力的技术水平，发展其智能，提高其运用新技术、新工艺、新设备的能力，促进民族地区技术革新；能够培养民族成员的现代劳动观念、劳动态度和职业思想，塑造民族地区劳动者的现代人格，实现劳动者的现代化，使其主动适应现代生产管理要求，提高劳动生产率；能够促进民族地区自然环境资源和人文社会资源得到有效的开发利用，做到人尽其才、物尽其用，充分发掘民族地区人文与自然资源的经济价值。

3. 促进民族文化传承和发展

民族文化是一个族群在独特的天、地、人文系统交互作用下生成和发展的具有本民族特征的符号系统。一个民族的生存与发展源于对自身文化的传承与发展，而民族文化的传承与发展具有实践性的特点，它不能通过知识讲授的方式，而只能通过实践训练的方式，即通过职业技术教育与培训来传承和发展。因此，传承和发展民族传统文化是民族地区职业教育的重要使命。甘肃民族地区职业教育一方面能积极传播和秉承民族传统文化，使民族传统技艺代代相传，促进民族观念、民族意识、民族心理的形成，使民族社会保持稳定的结构关系，保持民族的整体文化特征和特殊性；另一方面又能促进民族成员在民族交往中不断借鉴和学习其他民族的先进文化思想观念，对自己的民族文化进行审视、反省、创新和发展，使之能自觉适应时代发展，并融入现代文明。

4. 促进民族地区科技进步

职业教育是培养各类职业技术人才的摇篮，更是科技学习、科技创新、科技传播和科技应用的重要阵地。甘肃民族地区职业教育在促进民族地区科技进步上，主要表现在以下几个方面：一是大力普及科技知识，培养民族成员的科学精神，破除迷信，使民族地区宗教活动与社会主义建设相适应；二是产学结合，加快传统产业的技术改造，提高产品的科技含量和竞争力，促进民族经济的结构调整和优化；三是进行职业技术培训，提高民族成员的技术水平，建设一支在数量和质量上都能与当地社会经济发展相适应的科技队伍，为民族地区社会经济发展提供技术支持。

二　教育支出情况

近年来，甘肃民族地区加大了对教育的财政支出，2014 年甘肃省教育支出占财政预算支出的 17.67%，达到 344.728 亿元，由于统计数据缺失，甘肃民族地区教育支出情况只有甘南和临夏两个自治州，教育支出占财政支出分别为 14.15% 和 16.91%，均低于全省平均水平，且与 2010 年相比只提高了 1—2 个百分点。另外，甘南藏族自治州的人均教育支出为 824 元，远远低于全国同期平均水平的 1650.51 元，其他民族自治县的教育支出情况相对更低。

从以上分析可以看出，甘肃省民族地区的整体经济发展水平不但远远落后于全国平均水平，部分县市也落后于甘肃平均水平，导致其教育基础设施相对比较落后，影响了民族地区教育发展水平。

三 存在的问题

(一) 基础教育依然薄弱

2010 年以来，虽然大部分自治县都基本普及了九年义务教育，但办学水平和办学效益尚欠缺。不但和东部发达地区差距悬殊，即使是与甘肃省其他地区相比也存在较大的差距。(1) 在少数偏僻农村，还存在"三高三低"的现象，即辍学比例、复读比例和留级比例较高，而入学比例、巩固比例和升学比例相对较低。(2) 民族地区基础教育设施跟不上时代的发展步伐。随着信息科技的发展，东部地区多媒体教学设备全面普及，而甘肃民族地区即使是在教学条件相对较好的城市中小学，达标率也不到30％。这个问题在部分自治县更为突出，由于众多民族中小学分布在山区，交通不便，经济滞后，地方政府无力投资建设新校舍和教学实验仪器，从而制约了基础教育的进一步发展。同时，偏远山区由于学校稀少，许多学生不得不选择寄宿，而一间十余平方米的宿舍要容纳近 15—16 名学生，艰苦的办学条件，薄弱的师资力量，使民族教育公平原则再受拷问。虽然近年来条件有所改善，各级政府不断加大教育投资力度，加强教育基础设施建设，但仍然不能满足教育发展的需求。此外，民族地区中小学师资力量缺乏，教师综合素质普遍不高，如学历、职称和年龄结构不合理。更重要的是，研究者调查结果表明，很多教师的教育理念比较滞后，价值观跟不上时代发展潮流。在外地攻读师范院校的毕业生都不愿意回乡任教，而优秀的年轻老师纷纷跳槽，现有教师队伍素质参差不齐。

(二) 职业教育薄弱，不能适应经济发展需求

甘肃民族地区最需要的是既具备一定的理论基础知识，又动手实践能力强的应用型技术人才。而这也是民族高职院校和中等专业技术学校培养人才的目标。少数民族职业技术教育由于它的实用性和鲜明的针对性，其经济功能对于少数民族地区的经济发展发挥了重要作用，表现在：(1) 职业技术教育可为少数民族地区的企业培训出掌握科学知识和较高生产能力的合格劳动者。(2) 职业技术教育能推动农业生产技术革新，发展农村经济。(3) 是少数民族掌握一门谋生技术，摆脱贫困的一条途径。(4) 使传统民族手工艺技术得以传承，并在市场经济条件下焕发新的生机。但研究调查表明，当前甘肃民族地区职业教育依然薄弱（见表

2.1），不能适应经济发展需求。表现如下：一是有名无实，教学目标和实际教学效果存在较大差距。受师资条件限制，很多课程聘请不到优秀的教师，此外，生源较差也是一个原因。由于理念的偏见，民族地区家长不愿意让子女就读职业技术学校，认为读普通中学考上大学才是正道。二是发展滞后。职业技术教育是从西方国家引进的，我国由于起步较晚，职业技术教育落后于西方发达国家，而民族地区则明显落后于内地，就甘肃省民族地区职业技术教育而言，它的发展速度远远赶不上民族经济发展的步伐。通过调查甘肃民族地区几所职业技术学院，学校领导普遍反映少数民族地区发展职业教育任重而道远，发展过程中面临生源、师资等一系列的困难。

（三）教学质量低，办学效益差

首先，甘肃民族地区学校的教学质量普遍较低，除了师资力量等因素的制约外，教育资源配置不合理是其深层次的原因。最明显的就是高投入、低产出现象严重。还有教育重复建设较多，使教育资源"供求"关系矛盾尖锐，阻碍了当地民族教育的进一步发展。此外，由于涉及多方面的利益，民族地区教育体制改革的实施并不理想。部分地方还存在管理体制陈旧，管理观念落后的现象。如在办学方面还是依赖于国家包办，办学经费来源较单一。个人和社会办学力量不足，多渠道的经费筹建制度没有在甘肃民族地区建立起来。

（四）民族教育中"民族特色"缺失

在早期的传统教育中，教育与生存环境是一体的，其教育模式并未从社会中剥离，而是嵌入生存环境之中。而在传统教育向现代教育的过渡阶段，民族教育引入现代教育理念在教育内容、课程设置及教学结构的设置中，"服从"于全国模式，忽视民族与地方特色。现阶段的民族教学无论是在教学形式还是在教学方法上，都忽视民族学生的民族心理特征、文化差异、教育基础等，而采取"一刀切"的形式主义做法。这种做法没有充分考虑民族地区教育发展的特殊性，使教育活动和民族地区社会发展实际脱节，失去了民族教育实践中那些特色东西。以职业技术教育为例，如果多数学生从学校所学的知识，在回到原生活环境中无法发挥作用，学生将面临缺乏生产实践经验和致富技能的尴尬局面，继而挫伤少数民族学生接受教育的积极性。

无视甘肃当地民族和发达地区经济发展现状、文化背景、风俗习惯的差异，盲目模仿或照搬先进地区的教育发展模式，结果造成水土不服。不但没有使民族教育得以有效发展，反而挫伤了民族地区人们发展民族教育事业的积极性。

第二节　甘肃民族地区（自治县）的医疗卫生发展水平

"十二五"期间，在党和政府的有效领导和全国各族人民的共同努力下，少数民族地区的医疗卫生事业得到了较快发展，进入了医疗卫生事业发展的新时期，但与此同时也存在诸多不利条件。在深入分析甘肃民族地区医疗卫生事业发展相关统计数据的基础上，探索其医疗卫生发展策略，建立起与其经济文化发展相适应的医疗卫生发展模式，对于保护甘肃民族地区群众健康、维护社会安定、促进经济社会发展具有重大意义。

一　医疗卫生发展现状

表2.4　　　　　　　　甘肃民族地区每万人床位数　　　　　张/万人

地区	2011 年	2012 年	2013 年	2014 年
甘肃	35.09	38.40	46.30	44.10
张家川县	41.42	41.38	41.22	41.20
天祝县	38.72	38.25	42.36	44.40
肃南县	113.27	118.82	112.28	117.44
肃北县	62.00	76.67	103.97	98.68
阿克塞县	78.85	78.85	78.85	78.10
临夏市	57.56	66.56	67.79	89.22
临夏县	32.61	32.40	32.83	39.54
康乐县	22.39	22.26	25.51	32.24
永靖县	33.19	38.57	41.82	52.44
广河县	18.03	20.88	21.17	33.60
和政县	36.48	37.95	24.48	48.58

续表

地区	2011 年	2012 年	2013 年	2014 年
东乡县	18.34	14.29	14.17	14.03
积石山县	12.47	12.61	14.62	31.14
合作市	70.88	69.88	69.42	65.59
临潭县	34.22	29.33	29.15	30.09
卓尼县	23.25	24.05	23.71	28.05
舟曲县	28.25	28.66	26.05	28.94
迭部县	21.11	39.08	47.11	46.69
玛曲县	35.51	39.14	41.86	38.38
碌曲县	54.32	53.87	72.11	71.08
夏河县	23.56	46.29	45.94	45.61

数据来源：根据《甘肃发展年鉴》（2015 年）整理。

从表2.4来看，2014年甘肃民族地区近一半每万人拥有的床位数低于甘肃平均水平，10个民族自治县低于甘肃平均水平，最低的东乡县每万人只有14.03张床位，医疗卫生条件相对较差。但从2011年到2014年，大部分县市的医疗条件得到了很好的改善，大部分县市每万人拥有的床位数都在不断增加，像肃南县是甘肃省平均水平的近3倍，肃北县和临夏市也远远高于甘肃省平均水平。

二 医疗卫生事业发展存在的问题

（一）医疗人才匮乏

民族地区大都处于地理位置偏远、气候恶劣、经济落后的地带，甘肃民族地区也是如此。这些历史和现实因素造成高学历的医护人员就业时往往选择经济发达地区，而当地人在传统思想观念的影响下学医的人数较少，仅有的学医人员要么学艺不精，要么留在了外地，在本地从事医疗卫生事业的人才少之又少。近年来国家对西部地区的医疗卫生扶持力度很大，给予了很多先进的医疗设备，有些甚至比省会兰州的还要先进，但由于医务人员不会使用，造成大量先进设备长时间闲置，因此提高医疗队伍素质迫在眉睫。

（二）群众就医保健意识淡薄

民族地区由于历史发展等因素，群众思想观念落后，就医保健意识淡薄，一般情况下没有去医院做定期检查的意识，往往病情严重之后才选择去医院。另外，大多数民族地区宗教氛围浓厚，长期影响下人们患上不常见的病后经常先用迷信的方法来"医治"，这在很大程度上耽误了患者的病情。同时，由于医疗水平有限，当地群众对本地医院的信任感很低，宁可到外地医治也不愿在当地看病。长此以往就形成了"到外就医"的恶性循环，当地的医生丧失了实践的机会，也增加了当地群众就医的成本。

（三）市场医疗环境混乱

由于很多民族地区医院的医疗水平低下及长期在人们心中形成的思维定式，很多当地人在生病后往往不去正规医院，而是选择私营诊所就诊，而私营诊所的治疗水平及药物本身的安全性很难得到保障，尤其是在偏远的农牧区，很多私营诊所是没有营业执照的，从事医务工作的医护人员也大多没有受过正规的医学教育，绝大部分都是"自学成才"。另外，由于民族的差异性和风俗习惯，比如夏河县在藏医学的影响下，很多当地群众更加信赖藏医药，因此也导致了一些人贩卖藏药，而其来源和配药的合理性难以得到保障，这些情况导致夏河县医疗环境的混乱。

第三节　甘肃民族地区（自治县）的文化发展水平

作为欠发达的西部民族地区，如何朝着全面建设小康社会的目标，重新审视文化传统，迅速调整文化战略，在社会主义市场经济条件下做大做强具有特色的文化产业，提升文化产品的市场竞争力，繁荣社会主义文化，是摆在甘肃民族地区各族人民面前的一个严峻的课题。

一　甘肃民族地区文化发展现状

（一）传统文化产业

1. 媒体传播文化产业发展

据甘肃民族地区统计数据，甘肃民族地区期刊只有一种（印数 1000 册），报纸三种，为临夏回族自治州的《临夏日报》（印数 899.69 万份）和甘南藏族自治州两种《甘南日报》《合作日报》（印数共 294.04 万份）。

甘肃民族地区大众传播已形成以党的报纸、杂志、人民广播电台和电视台为主体的传播体系，即使是少数民族文字报刊也多为党报性质，在传播的总体思路上确定国家对于少数民族地区经济建设、文化建设、社会稳定以及民族团结的全局观念，在传播内容上以主流社会价值观为主体。多民族地区语言文字的报刊、广播电视等大众传媒所承载的信息宣传引导色彩比较浓厚，而依托媒体传播形成的文化产业几乎无从谈起。

2. 民族歌舞演艺、花儿等地方特色艺术为主的文化产业发展

甘肃民族地区共有艺术表演团体 14 个，艺术表演场所 5 个。在民族文化交流加强以及民族民俗旅游带动下，甘肃民族地区主要依托目前存在的这些艺术表演团体和表演场所，不断挖掘民族歌舞演艺为主的文化产业，进一步促进了民族地区的旅游等相关文化产业的发展。临夏是"河州花儿"的发祥地。"河州花儿"又是临夏文化的一个品牌，近年来，临夏的文化工作者相继出版发行了《红莲花儿红》《红莲花儿美》《河州花儿红》《醉花儿》《俏花儿》《傻女婿》《花儿是我心中的歌》《尕妹妹》《松鸣花儿》等花儿音像制品及花儿系列丛书，这些花儿音像制品的出版与发行在繁荣花儿艺术的同时也繁荣了当地的文化产业。

（二）新兴文化产业状况

甘肃民族地区以媒体传播、文化旅游等为主的传统文化产业在保持了一定发展态势的同时，以网络文化、动漫设计、摄影服务、影视制作为主的新兴文化产业门类开始出现并有所发展。例如，临夏回族自治州涌现了临夏电信网、临夏旅游网、临夏花儿网等经营性的网络文化服务企业和临夏州人民政府网、临夏经济信息网、临夏文化网等公益性的网络文化服务单位，州图书馆及部分县市图书馆开始提供电子图书阅读，临夏州现有各类网站 100 多家。以临夏州峻宇科技有限责任公司为代表、从事动漫设计的 5 家企业业务不断拓展，效益不断提高。从事摄影服务的文化企业不断增多。影视制作是一个高技术、高投入、高风险的产业，甘肃民族地区受各方面因素的制约，还没有制作播出一部真正意义上的电影或电视剧。

（三）民族地区特色文化产业

1. 民族民俗风情旅游产业

甘肃民族地区地域广阔，民族文化深厚，特有自然景观、民俗风情和历史遗迹十分丰富，藏传佛教和穆斯林民俗文化比较丰富，还拥有甘肃特

有民族裕固族、保安族和东乡族文化资源。中国藏传佛教格鲁派六大宗主寺之一的夏河拉卜楞寺以及卓尼禅定寺、郎木寺等百余处佛教寺庙，并有极具特色的宗教节日、民间歌会等群众性传统文化活动及人文景观。由于旅游业的关联性强，通过培育旅游支柱产业，能够带动并促进与旅游业相关产业的发展，对民族地区经济发展作用很大。民族地区旅游业的规模和收入近几年也呈现出持续、快速增长的态势。

2. 以清真食品产业为代表的民族特需用品生产加工产业

我国少数民族的特殊食品和用品，代表着每个民族独特的生活习惯和历史文化内涵。在市场经济形势下，民族特需品是民族传统文化的载体，同时也是民族文化产业发展的重要部分。以清真食品产业发展为例，甘肃省的清真食品餐饮、生产加工、销售经营企业增长迅速，成为民族经济的主要组成部分，对民族地区的经济和社会发展起到了重要的促进作用，初步形成了"各级政府高度重视，优惠政策效果显著；食品种类日益丰富，产业体系初步形成；产业规模不断扩大，综合效益逐年提高；管理规章不断完善，市场竞争公平有序"[①] 的清真食品生产良好局面。甘肃省是中国穆斯林的主要聚居区之一，拥有丰富的发展清真食品产业的硬件和软件资源，但"目前全球清真食品贸易总额超过 2 万亿美元，但中国清真食品出口额尚不足 1 亿美元，这不仅反映出未来清真食品产业在全球具有广阔的市场机遇和空间，也反映出了我国清真食品产业在国际认可度、品牌价值、产业链、附加值和研发创新等方面的不足和差距"[②]。

3. 民族地区扶持特色文化产业

相对而言，甘肃民族地区在许多方面和全省发展水平有一定差距。第一产业发展缓慢，第二产业结构单一。以旅游、商贸流通为主的第三产业虽有一定发展，但总体上受市场发育不够、对外开放水平不高、消费不足等因素的制约，社会事业整体水平相对落后。所以，甘肃民族地区在非优势传统产业上与其他地区"比拼"，没有优势，难度很大。近年来，甘肃民族地区依托优势文化资源，大力扶持特色文化产业，颇有成就。例如，临夏回族自治州以临夏州境内出土的丰富多彩的各类彩陶文化为资源，开

---

① 《甘肃省清真食品和穆斯林用品产业发展指导意见（2015—2020）》。

② 中华人民共和国商务部统计数据。

发研制系列工艺品彩陶和仿旧彩陶，产品销往北京、西安、广州、新疆等地，并远销美国、日本、加拿大等国家以及中国香港特区，显示出较强的市场影响力，年产值达 50 万元以上。临夏的砖雕产业经过这两年的发展，由最初的零散的、作坊式的生产，如今已形成临夏能成古典建筑装饰公司、临夏神韵砖雕有限公司等一批文化产业龙头企业，年产量可达 4 万平方米，总产值达 3.68 亿元以上，产品销往其他省区，部分产品远销国外，成为地方经济增长的一个新亮点。甘南藏族自治州则把藏医药发展作为特色文化产业做大做强。近年来，甘南州委、州政府将发展藏医药工作列入甘南经济发展的五大优势资源之一，投入大量资金建成州属藏医药研究院附属藏医院业务综合楼和藏医药浴中心楼。甘南佛阁藏药有限公司作为国内第一家通过 GMP 认证的藏药企业，处于全国藏药生产企业的领先地位，内设藏药散剂、水丸、胶囊等多条生产线，注册商标"雪羚"品牌，现有洁白丸等 20 个品种，25 个批准文号，其中有多个品种被列为国家中药保护品种；有 9 个品种被列入国家基本药品目录，有 11 个产品获得国药准字号，品牌知名度不断提高。

二 甘肃民族地区文化产业发展优势

（一）文化产业赖以存在和发展的文化资源丰富

甘肃民族地区地域辽阔、民族聚集，民族文化产业有形物质资源和无形精神资源丰富多彩、独具特色，经济与社会价值极高，可开发潜力大。有形物质资源中自然景观方面有草原景观、森林景观、河流湖泊景观和沙漠景观等多种自然景观资源；历史文物古迹方面有古寺院、石窟、近现代重要史迹、近现代表性建筑等特色鲜明的文化遗产资源；还拥有独具特色的民族饮食、服饰、工艺文化资源。同时，在无形精神文化资源领域里有内容丰富，特点鲜明的民族民俗、演艺娱乐、体育、医疗、文学美术文化资源。如果能以优势文化资源的整合与开发为契机，将这些地域、民族文化资源转化为经济资源，大力发展文化产业，民族地区就可以更好更快地实现跨越式发展。

（二）国家和政府层面的大力倡导和扶持为民族地区文化产业的发展提供了发展机遇

党的十七大报告指出："当今时代，文化越来越成为民族凝聚力和创造力的重要源泉，越来越成为综合国力竞争的重要因素。"落实到甘肃具体的发展，国务院办公厅《关于进一步支持甘肃经济社会发展的若干意见》在支持甘肃的发展总体要求等重大问题上突出了文化因素，为甘肃走出一条符合自身实际、具有地方特色的跨越式文化发展道路指引了方向、提出了要求。《意见》就甘肃民族地区的特色文化产业提出："积极发展高原草原旅游、回藏风情旅游，打造九色甘南香巴拉和临夏穆斯林风情旅游品牌。积极推进清真食品、民族特需用品生产加工基地建设。扶持保安、撒拉等人口较少民族发展。加强和政县古动物化石保护，提升古动物化石博物馆展示服务水平。"国家的大力倡导和扶持为民族地区文化产业的发展提供了千载难逢的机遇。

（三）民族文化产业发展的滞后性使其发展具有"后发优势"

甘肃民族地区文化产业发展具有很突出的优势，但仍处在起步、探索、培育和发展的初级阶段，还存在着诸如规模小、档次低、分散、雷同等许多问题。例如，民族地区报业的整体发展仍处在摸索阶段，处于较为封闭的区域化办报模式，媒体经营收入单一，还谈不上能够产生经济和社会效益的文化产业。民族地区经济发展滞后，相应的科技、文化综合实力不够，所以，使文化产业的发展跟不上科技发展的速度，文化产品中的科技成分较低，也在一定程度上影响了民族地区文化产业的发展。而这种民族文化产业发展的滞后性反之使其具有"后发优势"。民族地区作为现代化进程的后来者，其"后发优势"在于可以借鉴发达地区的成功经验，跃过先行者在现代化进程的一些早期阶段，以缩短现代化的历程，并能在现代化进程中得到发达地区技术、资金等各方面的帮助与支持。

三　甘肃民族地区文化产业发展存在的问题

（一）文化产业化的认识不足

长期以来，甘肃民族地区的经济开发主要还是以农业、畜牧业等第一产业开发为主。对于文化，发展观念老化、认识不足，仅仅把它看成是精神产品，过分强调文化发展的事业属性和文化产品的意识形态属性，忽视乃至排斥文化发展的产业属性和文化产品作为商品的一般属性，把文化只当成花钱的事业，忽视了"文化也是生产力"，少有从产业化角度来谋求文化发展，也未能像进行经济体制改革那样大胆进行文化体制改革，制约

了文化产业的发展。

（二）民族文化产业发展的软硬件不足

虽然国家和政府层面上出台了一系列支持甘肃民族地区文化产业发展的指导意见，但具体执行政府的文化产业发展政策和措施不够明朗。而且甘肃民族地区整体的社会经济条件也不利于文化产业的发展。具体到民族地区文化产业发展，文化产业投入严重不足，人民文化消费能力偏低，产业组织化、规模化程度低，缺乏真正有竞争力、集约化的大型文化企业，经营、管理水平低下，技术发展和文化创新能力不足，缺乏对外合作与竞争的经验，文化产业的资源配置机制不健全，缺乏有效的投资、融资体系，人才结构不合理，缺乏熟悉文化产业以及适应当代发展趋势的文化经营者和新兴技术人才，相关法规严重滞后，没有形成规范、有序的市场环境。

（三）现代化、城市化对民族文化独特性的冲击

文化生态学家认为，文化本身也是一种生态现象。不同的自然环境、气候也都影响着特定地域、民族的生存方式、思维方式，对该民族的文化产生重要影响。但随着现代化和城市化进程的加速，文化之间的趋同性也在加速，民族文化在现代化进程中逐步被瓦解。例如，甘肃省临夏回族自治州临夏市的"八坊"是一片浓缩穆斯林建筑、文化、社会和经济特点的商业、饮食、民俗历史的回族聚居区。"八坊文化"承载着众多的文化元素。第一，它是古代中国城市规划和管理中保留下的"坊"，中国古老的"坊"在城市化和现代化过程中被改造殆尽，在"八坊"人们可以感受到过去人们的生活音像；第二，在"八坊"这块不足一平方公里的地方，街巷密布，纵横交错，道道相通，巷巷相连，曲折迂回；第三，"八坊"是中国清真寺最密集的地区，是清真寺文化的大观园；第四，在"八坊"能感受到最浓郁的回族民俗；第五，"八坊"周边还体现着回族的商业文化。所以，这片独特的文化空间应该是临夏市打造"特色回坊"的文化基地和文化宝库。但遗憾的是，在目前城市化的过程中，这一片文化空间的存在面临着危机。所以，现代化、城市化过程中对民族文化的瓦解威胁着民族文化产业的丰富性和独特性。

民族地区往往都具有独特的文化资源优势，甘肃民族地区也不例外，但民族地区文化产业起步较晚，总体发展滞后，存在着基础不扎实、缺乏

品牌意识、科技含量不高、市场体系不健全、人才严重短缺、产业发展资金投入不足等问题，亟待扬长避短，跨越发展。

甘肃民族地区社会经济要得到进一步的发展，需要强力推动产业结构调整，培育新的可持续性发展产业和经济增长点。囿于诸多因素制约，甘肃民族地区已不大可能再走沿海乡村和小城镇的传统工业化道路，势必要探索一条科学发展的新路。而当前，我国政府已逐步认识到发展文化产业是将文化作为经济发展的重要资源，也是加强社会主义精神文明建设、提升国家"软实力"的重要途径的重要性。胡锦涛总书记在十七大报告中就提出，要"大力发展文化产业，实施重大文化产业项目带动战略，加快文化产业基地和区域性特色文化产业群建设，培育文化产业骨干企业和战略投资者，繁荣文化市场，增强国际竞争力"。国家的总体发展规划和战略性发展目标为甘肃民族地区的产业发展指出了发展方向。

第四节　甘肃民族地区（自治县）的社会保障水平

社会保障是国家面向全体社会成员实施各项保障措施，以经济手段解决社会和政治问题的重大制度安排，是维护社会稳定，促进社会公平，实现人们美好生活的基本社会保障制度[1]，特别是在我国少数民族的经济欠发达地区，人们的生活水平较为低下，甚至部分人群陷入贫困，更需要完善的社会保障制度。甘肃民族地区大多数都属于贫困地区，收入来源单一，生活水平尚未得到有效提高。因此，建立健全甘肃民族地区社会保障制度，对于我国实现"两个一百年"的宏伟目标，全面建成小康社会具有重要的战略意义。

"十二五"期间甘肃民族地区的社会保障事业与发展水平取得了巨大进步。以甘南藏族自治州和临夏回族自治州为例，分析"十二五"期间甘肃民族地区社会保障发展情况。

---

① 黄能建：《社会保障理论与实务》，改革出版社 1995 年版，第 13 页。

一 甘肃民族地区社会保障发展现状

（一）社会服务水平较低

表 2.5 **2014 年甘肃民族地区社会服务基本情况**

地区	社会服务民政经费（元/人）	农村传统救济（人/万人）	养老服务机构数（个/万人）	养老服务年末收留抚养人数（人/万人）	养老服务床位数（张/万人）	社区服务中心单位数（个/万人）
甘肃省	468.9069	13.1200	0.1320	7.8374	34.1781	0.3806
甘南	711.1126	1.7811	0.1297	7.6681	8.1022	0.1447
临夏	692.9317	0.0000	0.1552	5.6998	0.0000	0.5643

数据来源：根据《甘肃发展年鉴》（2015 年）整理。

从表 2.5 来看，甘肃民族地区（以甘南和临夏为例）社会服务水平较甘肃省来看较低；而在经费方面，民族地区每人在社会服务方面的投入经费高于甘肃省平均水平，说明国家和甘肃省对民族地区社会服务的投入力度较大。但从农村传统救济、养老服务机构数、养老服务年末收留抚养人数、养老服务床位数和社区服务中心单位数几个指标来看，都远远低于甘肃省平均水平。

（二）社会福利水平低下

甘肃民族地区社会福利水平相对较低，尤其是人口较少的民族自治县，而且在"十二五"期间变化不大（见表 2.6 和表 2.7）

表 2.6 **甘肃民族地区社会福利单位数** 单位：个

地区	2011 年	2012 年	2013 年	2014 年
张家川县	12	8	8	8
天祝县	1	1	2	2
肃南县	2	2	1	1

续表

地区	2011 年	2012 年	2013 年	2014 年
肃北县	1	1	1	1
阿克塞县	1	1	1	1
临夏市	8	8	8	8
临夏县	2	3	4	4
康乐县	2	1	3	4
永靖县	5	6	5	5
广河县	1	1	1	1
和政县	2	2	1	1
东乡县	2	2	2	3
积石山县	1	1	2	2
合作市	—	—	1	1
临潭县	1	1	1	1
卓尼县	3	3	3	3
舟曲县	2	2	2	4
迭部县	—	3	3	3
玛曲县		1	1	1
碌曲县	1	1	6	7
夏河县	3	3	3	3

数据来源：根据《甘肃发展年鉴》（2012—2015 年）整理。

从表 2.6 来看，甘肃民族地区的社会福利单位远远低于甘肃省平均水平，部分县市从 2011 年至 2014 年没有增加社会福利性单位。

表 2.7　　　　　　甘肃民族地区社会福利性床位数　　　　　张/万人

地区	2011 年	2012 年	2013 年	2014 年
甘肃省	35.10	38.40	46.30	44.10
张家川县	4.38	6.14	6.11	6.35
天祝县	17.43	20.66	28.74	22.74
肃南县	13.27	22.65	35.09	34.88
肃北县	33.33	20.00	33.11	33.11

续表

地区	2011 年	2012 年	2013 年	2014 年
阿克塞县	38.46	38.46	38.46	38.10
临夏市	8.32	8.64	16.66	42.71
临夏县	0.61	4.38	4.81	4.77
康乐县	0.55	1.48	8.64	5.50
永靖县	4.92	4.30	4.39	10.69
广河县	5.00	4.13	4.10	4.23
和政县	1.82	1.81	6.35	6.30
东乡县	8.52	8.44	8.37	15.25
积石山县	1.73	1.76	1.83	1.90
合作市	0.00	0.00	8.61	4.30
临潭县	2.94	2.93	2.92	2.90
卓尼县	4.24	4.20	4.18	3.38
舟曲县	5.85	6.21	11.42	17.12
迭部县	0.00	30.65	30.51	18.90
玛曲县	0.00	5.39	5.32	5.28
碌曲县	13.37	13.26	23.03	28.11
夏河县	6.44	6.40	6.81	6.76

数据来源：根据《甘肃发展年鉴》（2012—2015 年）整理。

从表 2.7 来看，甘肃民族地区大部分县市的社会福利每万人床位数小于甘肃省平均水平，只有人口较少的阿克塞县、肃南县、肃北县每万人社会福利床位数与甘肃省平均水平相当，这也说明甘肃民族地区在社会福利方面的硬件投入不足。

（三）社会保障投入和水平较低

由于县域数据的缺失，本章选取甘南和临夏两个自治州与甘肃省的平均水平作比较（见表 2.8）。从社会保障的经费投入来看，甘南和临夏的人均经费投入都大于甘肃省的平均水平，说明甘肃省民族地区在社会保障方面的投入较多。但在农村传统救济方面，甘南和临夏低于全省的平均水平；在养老服务机构方面，与甘肃省的平均水平相当；而每万人养老服务床位数与甘肃省平均水平相比较低，尤其是临夏回族自治州，这说明在民族地区的养老服务设施还有待加强。

表 2.8　　　　　　　2014 年甘肃民族地区各类社会保障情况

地区	社会服务民政经费（元/人）	农村传统救济（人/万人）	养老服务机构数（个/万人）	养老服务年末收留抚养人数（人/万人）	养老服务床位数（张/万人）	社区服务中心单位数（个/万人）
甘肃省	468.9069	13.1200	0.1320	7.8374	34.1781	0.3806
甘南州	711.1126	1.7811	0.1297	7.6681	8.1022	0.1447
临夏州	692.9317	—	0.1552	5.6998	—	0.5643

数据来源：根据《甘肃发展年鉴》（2015 年）整理。

二　制约甘肃民族地区农村社会保障体系发展的因素

甘肃民族地区社会保障水平低下，有自身经济发展水平的原因，也与人们对社会保险等保障措施认识不足有关，主要有以下几个方面的制约因素。

（一）社会保障投入对政府财政依赖性较强

甘肃省少数民族农村地区经济落后，收入水平和人民生活水平较低，社会保障更多地体现为对人民群众生存权的保障，以新型农村合作医疗和农村最低生活保障为主体，福利性保障措施几乎为零，保障层次较低，保障方式以社会统筹为主，财政资金为社保基金主体。从新型农村合作医疗来看，依然停留在大病统筹的层次，其主要目的是防止农民因病致贫、因病返贫，对农民更高层的医疗福利保障较少；从资金筹集的渠道来看，各级财政转移支付占到新型农村合作医疗基金的 80%，中央财政补贴更是占到了 40%，对财政的依赖较大。农村最低生活保障完全由财政资金支持，除了省财政之外，其余部分由市州、县区市财政负担。民族地区财政收入水平较低，势必对当地社会保障产生影响，较低的财政收入水平对社会保障的实施程度无疑具有很大的限制。

（二）工伤保险等意识淡薄

工伤保险意识淡薄导致自发输出的农民工工伤保险状况较为落后。民族地区劳动力转移以自发输出为主。调查发现，大部分农民工依靠自身血缘或地缘关系输出之后，并未和雇佣方签订劳动合同，劳动关系不明晰，雇佣方为了节约成本并未缴纳相应的工伤保险，农民工自身也不了解工伤保险，或者了解之后害怕企业主以缴纳工伤保险为借口克扣工资，主观上缴纳工伤保险的积极性不高。一旦发生工伤事故，农民工往往求助无门，而雇佣方往往推诿责任或寻求私了，在这个过程中农民工处于劣势，无法通过合法手段保障自己的权益，往往就会陷入困境。

（三）社会救济覆盖率较低

由于在执行最低生活保障制度时受制于各地地方财政收入水平，在具体落实这一制度时往往遵循"应保尽保"的原则，势必有一部分贫困人口遗漏在制度之外。由于在衡量农民收入时要纳入实物收入、外出劳动力收入，而这一部分收入难以衡量，造成在有些地方对政策标准落实不到位，农村最低生活保障实行"一刀切"，以年龄或其他非收入标准作为衡量是否属于低保人群，大量低收入甚至是绝对贫困人口并未纳入低保范畴。

（四）社会优抚方式单一

以临夏县为例，甘肃省少数民族农村地区目前社会优抚方式仍然停留在资金补贴的层次，虽然这是最为直接的优抚方式，但是存在一定的问题。政策不稳定，一茬干部一套政策，政策变化快且不切合实际；政策落实中打折扣，如在优待金标准确定、优待金兑现等方面，存在减标准、降档次、打折扣、拖时限的现象。大部分优抚对象文化水平较低、缺乏一技之长，并且有一部分年龄较大、身患残疾，单纯从资金上解决他们的生活困难程度是很有限的。

第五节 甘肃民族地区（自治县）的消费水平

一 消费的研究现状

（一）城乡居民消费水平的研究

关于消费水平的研究，主要从价值指标和实物指标来进行分析，一是从量的方面反映消费状况，消费水平的高低首先表现为消费者拥有消费品量的多少，尤其当人们对基本生存资料的消费需求还没有得到充分满足，还无暇顾及消费质量的时候，人均消费水平就具有特别重要的意义。但也有观点认为，消费水平的衡量是消费数量和消费质量的统一，只有在消费数量和质量相统一的基础上，才能对消费水平做出正确的评价和比较，即不能离开消费质量单独考虑消费数量，因此消费水平衡量的指标应该包括价值量指标和实物量指标两大类。一是价值量指标，价值量指标是从价值量的视角反映消费者拥有的消费水平，主要指标有：（1）人均货币收入，该指标是考察消费者拥有消费品的基本指标。使用该指标不仅要观察名义货币收入，还要重点考察剔除物价变动的实际货币收入。（2）人均国内生产总值。人均国内生产总值是拥有消费品的宏观指标，代表了国内总体消费水平和能力。（3）人均非商品支出，该指标主要从价值角度反映消费者服务消费量的规模和水平。二是实物指标，主要用人均拥有的物质消费品包括劳务来表示。

（二）城乡居民消费结构的研究

"消费结构"一词虽然被广泛应用，但学界对其确切定义有不同的认识，具有代表性的观点有：人们在消费过程中所消费的不同类型消费资料的比例关系；在消费行为过程中，各类消费品和劳务在数量上各自所占的百分比及其相互之间的配合、替代诸比例关系；在需求和供给的矛盾运动中形成的各类消费资料（劳务）在消费支出总额中所占的比例及其相互关系；人们生活消费过程中各种社会因素、自然因素内部以及社会因素与自然因素之间的相互关系和数量比例的总和。这些观点为人们深入研究消费结构奠定了基础，但这些定义也存在一些不足，把消费结构的概念仅仅规定为比例关系，既没有反映其内涵，也没有反映对质的要求及其质与量的相互协调性。

消费结构应包括质与量两个方面的统一。消费结构的质包括消费品本身的质量、生活消费中各种消费品的相互协调状况、消费环境和消费者本人享受各种消费品的能力，也包括直接反映生活消费过程中的舒适和便利程度，和人们在心理上、精神上所得到的享受和乐趣。消费结构的量是各种消费对象的实物量和价值量的统一。消费结构从质与量的规定性出发可定义为：人们在生活消费过程中所耗费的各种消费对象的构成及其协调程度。消费结构的变动受多种因素影响，主要包括社会生产力发展水平、社会经济制度、产业结构、消费者的收入水平、消费品价格与消费决策（引导）、人口的社会结构和自然结构所决定的需求结构、消费者心理和消费行为、自然环境。而研究消费结构有一个必不可少的指标就是恩格尔系数，恩格尔系数指的是食品支出占家庭总支出的比重，其计算公式为：恩格尔系数 = 食物支出金额/总支出金额。

恩格尔系数的大小说明了生活水平的高低，值越大说明生活水平越低越贫困，值越小则说明生活越富裕，恩格尔系数过大，必然影响其他消费支出，特别是影响发展资料、享受资料的增加，限制消费层次和消费质量的提高。恩格尔系数缩小，通常表明人民生活水平提高，消费结构改善。因此，恩格尔系数是衡量居民生活水平高低和消费结构合理程度的一个重要指标，研究城乡居民的消费结构必然要对城乡居民的恩格尔系数进行比较分析。① 就目前我国的情况来看，城镇居民的恩格尔系数从 1978 年的57.5% 下降到 2015 年的 34.8%，下降幅度为 22.7 个百分点，平均每年的下降幅度为 0.6 个百分点；农村居民恩格尔系数由 1978 年的 67.7% 下降到 2015 年的 37.1%，下降幅度为 30.6 个百分点，平均每年下降幅度为0.8 个百分点，高于城镇居民下降速度。由此可以看出，我国城乡居民恩格尔系数呈逐年递减的趋势。改革开放以来，城镇居民恩格尔系数变动幅度相差不大，农村居民恩格尔系数一直高于城镇居民恩格尔系数，但两者之间的差距在逐步缩小，由 1978 年改革开放之初的 10.2 个百分点缩小至2015 年的 2.3 个百分点，这说明城乡之间还是存在一定的差距，但差距呈缩小趋势。

表 2.9 1978—2015 年我国城乡居民家庭的恩格尔系数

年份	城镇居民恩格尔系数（%）	农村居民恩格尔系数（%）
1978	57.5	67.7
1980	56.9	61.8
1985	53.3	57.8
1990	54.2	58.8
1991	53.8	57.6

---

① 参见中华人民共和国国家统计局《统计词典》。

续表

年份	城镇居民恩格尔系数（%）	农村居民恩格尔系数（%）
1992	53.0	57.6
1993	50.3	58.1
1994	50.0	58.9
1995	50.1	58.6
1996	48.8	56.3
1997	46.6	55.1
1998	44.7	53.4
1999	42.1	52.6
2000	39.4	49.1
2001	38.2	47.7
2002	37.7	46.2
2003	37.1	45.6
2004	37.7	47.2
2005	36.7	45.5
2006	35.8	43.0
2007	36.3	43.1
2008	37.9	43.7
2009	36.5	41.0
2010	35.7	41.1
2011	36.3	40.4
2012	36.2	39.3
2013	35.0	37.7
2014	34.2	37.8
2015	34.8	37.1

注：联合国粮农组织恩格尔系数的划分标准：59%以上为绝对贫困；50%—59%为温饱；40%—49%为小康；30%—39%为富裕；30%以下为最富裕。

数据来源：根据《中国统计年鉴》（1979—2016年）整理。

根据联合国粮农组织恩格尔系数的划分标准，我国目前处在30%—39%的区间，即城乡居民生活达到富裕水平，城镇居民于2000年就进入小康社会，但农村居民一直到2012年才进入小康社会，比城镇晚了

12 年。

（三）城乡居民消费行为的研究

"十三五"规划建议提出，今后五年，要在提高发展平衡性、包容性、可持续性的基础上，到 2020 年国内生产总值和城乡居民人均收入比 2010 年翻一番。要明显加大消费对经济增长的贡献，发挥消费对经济增长的基础作用，着力扩大居民消费，引导消费朝着智能、绿色、健康、安全方向转变，以扩大服务消费为重点带动消费结构升级。为此，需要分析消费结构及消费行为，找准着力点和梗阻点，为政策制定提供参考。

从亚当·斯密提出有效需求理论到马尔萨斯阐述有效需求再到凯恩斯政府干预论，有关消费需求的理论研究跨度较大。Bailey（1971）提出公共提供的商品和服务相当于为私人消费提供 θ 个单位的商品，政府支出和私人消费呈互补关系。Barro（1981）拓展了 Bailey 的研究，通过建立一般均衡模型进行分析，结论显示从长期看政府支出对居民消费产生了一定的挤出效应。Porter（1990）提出竞争优势理论，认为一个国家需要实现具有稳定消费需求的消费型社会，消费拉动型经济增长方式才是真正健康可持续的增长方式。Rostow（1990）将一国经济增长分为传统社会、起飞前提条件形成、起飞、走向成熟、大众消费时代五个阶段，认为消费型社会是一国经济发展最终要达到的目标。

自从凯恩斯提出消费函数理论后，产生了杜森贝利的相对收入假说、弗里德曼的持久收入假说、莫迪利安尼的生命周期理论以及霍尔的随机游走消费理论等一系列消费理论。几乎所有消费理论都强调收入对消费的影响，但在影响方式和影响途径上差异很大，其中关于消费倾向的争论是核心问题。Carroll（1996）指出，很多经济学家都直觉地认为消费函数是凹的，低收入者的边际消费倾向要高于高收入者。余永定和李军（2000）提出，中国居民消费行为有两个重要特点，一是居民的消费支出安排具有显著的阶段性；二是在其生命的不同阶段一般都存在一个特定的支出高峰以及一个相应的储蓄目标。朱国林等（2002）认为，相对于低收入者，中等收入者一般收入较为稳定，对制度变迁的承受力更强，预防性储蓄倾向较低，从而具有较高的边际消费倾向；高收入阶层边际消费倾向明显较低，这一方面是由于其基本消费需求已处于饱和状态，另一方面则由于高收入者有较高的遗赠性储蓄倾向。樊纲和王小鲁（2004）指出，随着改革开放的不断深化，市场化程度不断加深，收入之外的因素对消费需求将起到更大的作用。贺铿（2005）全面分析我国投资、消费与经济增长的变动轨迹，揭示投资率、消费率与经济增长率的客观关系，得出我国消费的需求效应大于投资的需求效应，要把消费作为稳定经济的重要力量，保证它对经济增长的贡献率呈上升趋势。许永兵（2006）通过数学模型验证了三大需求与经济增长的关系，指出三大需求的变化与经济增长均呈正向密切相关关系，消费需求还是阻止经济剧烈波动的稳定力量。臧旭恒、裴春霞（2007）认为，我国居民有较强的预防性储蓄动机，尤其在经济转型时期，很多关系国计民生的诸如教育、医疗、社保等领域的改革还存在相当程度的不确定性，而这种不确定性对低收入者有更大的影响，从而他们有更强的预防性储蓄动机。杭斌和郭香俊（2009）通过对 1997—2007 年中国 26 个省（直辖市）城镇居民调查数据的研究发现，习惯形成和收入不确定性都是导致中国城镇居民高储蓄现象的重要原因。

改革开放以来，我国城乡居民消费行为阶段性变化较大。尤其是2007 年美国次贷危机之后，我国以外需为主要拉动力的经济发展模式受到严重冲击，政府因此先后出台一系列扩内需促消费的政策，以此稳定经济增长势头。党的十八大以来，在中央"八项规定"等一系列举措下，社会消费行为再次发生较大变化。当前城乡居民消费行为呈现怎样的特点和趋势，民族地区的消费行为是否有新的变化。

二　甘肃民族地区消费水平分析

（一）城镇居民消费水平

表 2. 10　　　　　2011—2014 年甘肃各地区城镇居民

家庭平均每人全年消费性支出　　　　　　　单位：元

地区	2011 年	2012 年	2013 年	2014 年
兰州市	12352.09	14167.90	15716.42	17236.20
嘉峪关市	12983.97	14761.68	15628.20	17153.00
金昌市	16697.73	18754.27	18157.37	19912.20
白银市	12523.62	13906.41	12042.29	13403.10
天水市	9279.69	10469.25	10410.43	12353.40

续表

地区	2011 年	2012 年	2013 年	2014 年
武威市	10101.26	11315.76	13180.05	15162.40
张掖市	11024.09	12486.21	14128.08	15583.30
平凉市	8408.06	10171.91	11497.21	13057.30
酒泉市	14237.47	16627.03	17997.23	19676.00
庆阳市	10681.44	12600.53	13447.47	14607.50
定西市	8981.84	10428.77	8818.07	11321.00
陇南市	8933.08	10152.31	9368.12	11795.10
临夏州	6720.07	7560.12	7665.23	11055.90
甘南州	9233.76	10357.49	11983.28	12020.60
全省均值	11188.57	12847.05	14020.72	15507.00

数据来源：根据《甘肃发展年鉴》（2012—2015 年）整理。

从表 2.10 来看，甘肃民族地区（主要以临夏州和甘南州为例）2011—2014 年城镇居民家庭平均每人全年消费性支出均低于全省平均水平，相比而言临夏州城镇居民家庭平均每人全年消费性支出低于甘南州平均水平，说明甘肃民族地区城镇居民家庭平均每人全年消费性支出水平较低。但由于统计数据的缺失，民族地区各地县城镇居民消费支出数据无法进行比较分析，但总体来看，消费支出低下也是民族地区城镇居民消费水平的主要特征。

（二）农村居民消费水平

表 2.11　　2011—2014 年甘肃民族地区农民生活消费支出情况　　单位：元

地区	2011 年	2012 年	2013 年	2014 年
张家川县	2074	1950	3768	4026
天祝县	2239	2694	3727	4126
肃南县	8422	10492	11870	13354
肃北县	6314	7657	16773	17720
阿克塞县	5983	7527	13553	14907
临夏市	4449	5271	6044	7781

续表

地区	2011 年	2012 年	2013 年	2014 年
临夏县	3220	3484	4107	3849
康乐县	3149	3895	4340	4053
永靖县	3190	3739	4784	4112
广河县	2296	2769	2583	3173
和政县	2516	2970	3207	3434
东乡县	1638	1981	2553	2034
积石山县	2250	2621	3817	3478
合作市	2284	2679	3515	4106
临潭县	2143	2208	3663	3329
卓尼县	1791	1804	2696	2181
舟曲县	2217	2371	2807	3004
迭部县	2385	2451	2947	3176
玛曲县	4509	5134	3122	3758
碌曲县	2274	2366	3390	3209
夏河县	3089	3094	3552	3491
全省均值	2942	3665	4146	4850

数据来源：根据《甘肃发展年鉴》（2012—2015 年）整理。

从表 2.11 来看，2011—2014 年甘肃民族地区农民生活消费支出水平较低，只有肃南、肃北、阿克塞和临夏市一直高于全省的平均水平，其他县市大部分都低于全省的平均水平，并且有扩大的趋势。2011 年农民生活消费支出最低的东乡县仅为支出最高的肃南县的 19.45%，到 2014 年支出最低的东乡县仅为支出最高的肃北县的 11.48%，支出差距在不断拉大，说明甘肃民族地区农村居民人均消费支出水平在各州之间的差距逐步增大。2011 年民族地区有 9 个县市超过了全省的平均水平，但到 2014 年只有 4 个县市（肃南县、肃北县、阿克塞县、临夏市）超过了全省平均水平，这主要是由于部分民族地区农村居民消费支出水平增长缓慢所引起的。

表 2.12　　　2012—2014 年甘肃民族地区农民生活消费支出增长情况　　　单位:%

地区	2012 年	2013 年	2014 年
张家川县	-5.96	93.23	6.85
天祝县	20.30	38.34	10.71
肃南县	24.58	13.13	12.50
肃北县	21.26	119.05	5.65
阿克塞县	25.81	80.06	9.99
临夏市	18.47	14.67	28.74
临夏县	8.20	17.88	-6.28
康乐县	23.70	11.42	-6.61
永靖县	17.23	27.95	-14.05
广河县	20.58	-6.72	22.84
和政县	18.05	7.98	7.08
东乡县	20.93	28.87	-20.33
积石山县	16.51	45.63	-8.88
合作市	17.30	31.21	16.81
临潭县	3.04	65.90	-9.12
卓尼县	0.74	49.45	-19.10
舟曲县	6.92	18.39	7.02
迭部县	2.76	20.24	7.77
玛曲县	13.85	-39.19	20.37
碌曲县	4.03	43.28	-5.34
夏河县	0.16	14.80	-1.72
全省均值	24.57	13.13	16.96

数据来源:根据《甘肃发展年鉴》(2013—2015 年)整理。

从表 2.12 来看,2012—2014 年甘肃民族地区各县市农村居民消费支出基本都呈正增长,但呈现出增长率下降的趋势。2013 年增长尤为迅速,共有 17 个县市的增长速度高于全省平均水平。但到 2014 年增速明显下降,支出水平较高的肃南县、肃北县、阿克塞县和临夏市仍然是增长速度较快的县市。

结合表 2.10 和表 2.11 来看,甘肃民族地区城乡消费支出差距仍然较为显著。以临夏州和甘南州为例，2014 年临夏州农村居民人均消费支出是城镇居民的 36.08%，2014 年甘南州农村居民人均消费支出是城镇居民的 27.30%，可见甘南州城乡消费支出差距大于临夏州城乡收入差距。

三　甘肃民族地区消费结构分析

消费结构一般分衣、食、住、行四个方面，具体包括食品、衣着、居住、家庭用品、交通通信、医疗保健、教育文化娱乐、其他商品与服务等八个类别。由于甘肃省民族地区城镇居民消费支出情况缺乏数据统计，本书城镇居民消费支出情况以临夏州和甘南州为主，并与全省的平均水平进行比较，具体内容包括衣、食、住、行、医疗及教育 6 个方面。

（一）甘肃民族地区各类消费支出情况

表 2.13　2011—2014 年甘肃民族地区城镇居民人均食品类消费支出及比较

单位：元

地区	2011 年	2012 年	2013 年	2014 年
兰州市	4714.47	5281.28	5691.50	6070.00
嘉峪关市	4511.63	5548.11	5712.68	6241.30
金昌市	6046.77	6287.49	5850.74	6158.40
白银市	4337.56	4998.71	4308.23	4747.70
天水市	3503.28	3873.43	3628.89	4287.30
武威市	4129.81	4564.58	4452.59	4966.60
张掖市	3527.04	4042.15	4512.22	4963.40
平凉市	3377.65	3310.48	3813.86	4178.30
酒泉市	4740.66	5408.79	5817.68	6204.30
庆阳市	3732.36	4210.65	4405.47	4728.00
定西市	3154.44	3438.18	3256.32	3803.00
陇南市	4035.09	4241.51	3131.01	3926.70
临夏州	3146.96	3480.07	3126.87	3688.30
甘南州	3424.31	3826.77	4642.51	4350.00
全省均值	4027.29	4465.16	4453.61	4879.53

数据来源：根据《甘肃发展年鉴》（2012—2015 年）整理。

从表 2.13 来看，2011—2014 年，甘肃民族地区（临夏州和甘南州）城镇居民人均食品类消费支出只有 2013 年甘南州城镇居民人均食品类消费支出大于全省平均水平，其他年份都低于全省平均水平，而且 2011—2014 年临夏州城镇居民人均食品类消费支出也低于甘南州，2014 年全省城镇居民人均食品类消费支出最高的嘉峪关市是临夏州的 1.69 倍，可见甘肃民族地区城镇居民的食品类消费支出较低。

表 2.14　2011—2014 年甘肃民族地区农村居民人均食品类消费支出及比较

单位：元

地区	2011 年	2012 年	2013 年	2014 年
张家川县	869	1065	1515	1784
天祝县	1141	1214	1670	1852
肃南县	3229	3979	4324	4839
肃北县	2438	2383	8288	8974
阿克塞县	2960	3139	8467	8824
临夏市	1828	2078	2411	2466
临夏县	1541	1608	1643	1794
康乐县	1142	1148	1277	1210
永靖县	1481	1565	1713	1257
广河县	1338	1432	1086	1231
和政县	1016	1133	1198	1080
东乡县	815	994	1396	956
积石山县	1088	1286	1559	1825
合作市	1323	1495	1855	2040
临潭县	1213	1293	1931	1429
卓尼县	1075	998	1113	901
舟曲县	1329	1426	1639	1707
迭部县	1348	1277	1667	1545
玛曲县	2659	2958	1741	1820
碌曲县	1290	1356	1895	605
夏河县	1651	1586	1781	1544
全省均值	1548	1649	1799	1980

数据来源：根据《甘肃发展年鉴》（2012—2015 年）整理。

从表 2.14 来看，甘肃民族地区农村居民人均食品类消费支出水平差异较大，在 21 个少数民族县市中，有 16 个县市农村居民人均食品类消费支出小于全省的平均水平。最大的肃北县是最小的碌曲县的 14.83 倍，是全省平均水平的 4.53 倍；最小的碌曲县只有全省平均水平的 30.56%，从城乡之间的差距来看（主要比较临夏州和甘南州的平均水平），2014 年临夏州农村居民人均食品类消费支出为 1477 元，城镇居民人均食品类消费支出为 3688 元，城乡之比为 2.5:1；甘南州农村居民人均食品类消费支出 1449 元，城镇居民人均食品类消费支出为 4350 元，城乡之比为 3:1，可见甘南州城乡居民人均食品类消费支出的差距要大于临夏州的支出水平。

从城乡整体来看，2011—2014 年，甘肃民族地区城乡居民人均食品类消费支出见（表 2.13 和表 2.14）总体上呈上升趋势，说明民族地区的生活水平在不断提高，各县市的差距也在逐步缩小。

表 2.15　　　　　　2011—2014 年甘肃民族地区城镇居民

人均衣着类消费支出及比较　　　　　单位：元

地区	2011 年	2012 年	2013 年	2014 年
兰州市	1518.37	1667.52	1867.84	2028.85
嘉峪关市	1577.75	1698.68	1590.42	1811.11
金昌市	2193.72	2261.44	2025.42	2255.06
白银市	2220.61	2283.13	1809.46	2066.41
天水市	1223.79	1418.19	1529.45	1725.33
武威市	1401.55	1612.59	1800.59	2072.20
张掖市	1908.09	2187.86	1990.47	2169.61
平凉市	1193.09	1476.18	1454.97	1254.40
酒泉市	1998.43	2191.80	2405.00	2608.83
庆阳市	1540.70	1758.68	1968.81	2189.30
定西市	1301.99	1458.47	1169.02	1484.34
陇南市	1632.15	1894.87	1217.61	1561.60
临夏州	933.45	1068.13	789.64	1133.91
甘南州	1659.16	1881.23	1894.80	1575.26
全省均值	1593.06	1775.64	1679.54	1852.59

数据来源：根据《甘肃发展年鉴》（2012—2015 年）整理。

从表 2.15 可以看出，民族地区城镇居民人均衣着类消费支出差别不是很大，但相比而言，民族地区支出水平较低，以临夏州和甘南州为例来看，均低于全省的平均水平，这也说明民族地区城镇居民生活水平较低。

2.16 　　　　　　　　　2011—2014 年甘肃民族地区农村居民

人均衣着类消费支出及比较　　　　　单位：元

地区	2011 年	2012 年	2013 年	2014 年
张家川县	129	185	341	361
天祝县	157	238	295	333
肃南县	485	679	978	1103
肃北县	596	721	738	798
阿克塞县	492	604	656	781
临夏市	368	450	582	795
临夏县	240	320	355	364
康乐县	219	292	328	348
永靖县	234	264	346	348
广河县	180	227	290	452
和政县	234	256	249	290
东乡县	81	103	171	182
积石山县	136	153	242	230
合作市	228	274	306	376
临潭县	125	129	345	387
卓尼县	70	175	319	357
舟曲县	129	150	128	153
迭部县	133	173	180	247
玛曲县	545	639	407	334
碌曲县	258	279	337	297
夏河县	285	291	328	305
全省均值	247	303	353	386

数据来源：根据《甘肃发展年鉴》（2012—2015 年）整理。

从表 2.16 来看，甘肃民族地区农村居民人均衣着类消费支出的差异性较大，2014 年甘肃民族地区人均衣着类消费支出最大的肃南县（1103元）是最小的舟曲县（153 元）的 7.21 倍，也远远高出全省的人均水平。2014 年 21 个少数民族地区县市中，有 15 个低于全省平均水平，说明甘肃民族地区农村居民的生活水平相对较低，但从时间序列上来看，还是呈上升趋势。

就城乡居民人均衣着类消费支出情况来看（见表 2.15 和表 2.16），城乡差距依然较大。临夏州农村居民人均衣着类消费支出为 376 元，城镇为 1133.91 元，城乡之比为 3.02:1。甘南州农村居民人均衣着类消费支出为 307 元，城镇为 1575.26 元，城乡之比为 5.13:1，可见甘南州城乡生活水平的差异性交较大。

表 2.17　　　　2011—2014 年甘肃民族地区城镇居民
人均居住消费支出及比较　　　　单位：元

地区	2011 年	2012 年	2013 年	2014 年
兰州市	1206.39	1496.10	1770.49	1950.71
嘉峪关市	1622.39	925.28	1178.67	1347.21
金昌市	1327.11	1178.77	1051.51	1169.06
白银市	1218.56	1056.40	1200.34	1391.19
天水市	855.01	962.33	995.43	1297.49
武威市	1279.28	1432.39	1479.77	1832.50
张掖市	1250.18	1431.83	1677.34	1829.97
平凉市	839.40	1065.66	1296.46	2604.99
酒泉市	1441.58	1203.88	1630.45	1877.22
庆阳市	964.68	1296.09	1207.94	1330.20
定西市	1342.85	1609.52	1092.28	1712.85
陇南市	696.84	792.06	1001.02	1195.50
临夏州	712.14	850.48	900.21	1035.80
甘南州	1066.10	1133.73	1328.49	1695.84
全省均值	1130.18	1173.89	1272.17	1712.18

数据来源：根据《甘肃发展年鉴》（2012—2015 年）整理。

从表 2.17 来看，与全省其他地区相比，2011—2014 年甘肃省民族地区（临夏州和甘南州）城镇居民人均居住消费支出也处在较低水平。尤其是临夏州 2011—2014 年处在全省的平均水平以下，2014 年临夏州城镇居民人均居住消费支出是最高的平凉市的 39.76%。相比较而言，甘南州城镇居民人均居住消费支出高于临夏州。

表 2.18　　　　　2011—2014 年甘肃民族地区农村居民
人均居住消费支出及比较　　　　　单位：元

地区	2011 年	2012 年	2013 年	2014 年
张家川县	552	254	485	497
天祝县	271	364	470	533
肃南县	1993	1974	2701	2974
肃北县	629	919	960	1081
阿克塞县	672	699	801	885
临夏市	902	1004	847	1945
临夏县	548	580	597	367
康乐县	532	793	1391	1129
永靖县	657	761	854	700
广河县	294	481	492	627
和政县	447	621	622	691
东乡县	393	505	543	462
积石山县	552	627	978	444
合作市	243	309	330	405
临潭县	416	285	396	402
卓尼县	413	292	675	265
舟曲县	364	384	401	383
迭部县	328	341	356	376
玛曲县	252	357	98	84
碌曲县	168	211	285	110
夏河县	393	336	358	695
全省均值	597	682	794	883

数据来源：根据《甘肃发展年鉴》（2012—2015 年）整理。

从表 2.15 来看，甘肃民族地区农村居民人均居住消费支出水平普遍低于全省平均水平，2014 年低于全省平均水平的有 16 个县市，最低的玛曲县只有全省平均水平的 9.5%，民族地区县市之间的差距也较大，最高的肃南县是最低的玛曲县的 35 倍多，可见民族地区农村居民的居住环境差异性较大，也是导致民族地区生活水平不高的原因之一。

从城乡居民人均居住消费支出情况来看（见表 2.18 和表 2.19），城乡之间差异也较为明显，2014 年临夏州农村人均居住消费支出为 796 元，城镇为 1035.8 元，城乡之比为 1.3∶1；2014 年甘南农村人均居住消费支出为 340 元，城镇为 1695.84 元，城乡之比为 4.99∶1，造成这种差距的原因主要是甘南州大部分县市属于牧区，居住环境相对较差，农村居民尤其是牧民的居住支出相对较小。

从城乡对比来看，总体上城乡居民人均居住消费开支呈现上升趋势，说明甘肃民族地区城乡居民的生活水平在不断提高，但城乡差异较大，尤其是农牧民的居住环境亟须改善。

表 2.19　2011—2014 年甘肃民族地区城镇居民人均交通通信消费支出及比较　　单位：元

地区	2011 年	2012 年	2013 年	2014 年
兰州市	1455.82	1567.00	1590.11	1880.43
嘉峪关市	1564.10	2288.33	2658.68	1030.04
金昌市	1672.39	2917.50	3021.51	1477.49
白银市	1440.93	2153.84	1450.45	1531.68
天水市	1307.87	1519.35	1322.26	885.82
武威市	813.97	928.85	1517.93	1739.70
张掖市	863.85	970.90	1519.77	1377.90
平凉市	873.68	1168.77	1313.70	1398.79
酒泉市	1920.56	3053.05	2629.60	2758.33
庆阳市	1192.41	1381.31	1535.02	1811.70
定西市	874.67	1009.69	812.65	765.10
陇南市	724.26	908.90	878.86	1122.80
临夏州	588.07	642.37	755.24	915.01

续表

地区	2011 年	2012 年	2013 年	2014 年
甘南州	905.55	961.26	1220.70	1304.67
全省均值	1157.01	1533.65	1587.61	1428.53

数据来源：根据《甘肃发展年鉴》（2012—2015 年）整理。

从表 2.19 来看，2011—2014 年甘肃民族地区（临夏州和甘南州）城镇居民人均交通通信支出较全省平均水平低，尤其是临夏州，2014 年临夏州城镇居民人均交通通信消费支出只有全省最高的酒泉市的 33%，说明人们的出行还是较为不便的。

表 2.20 　　　　2011—2014 年甘肃民族地区农村居民

人均交通通信消费支出及比较 　　　单位：元

地区	2011 年	2012 年	2013 年	2014 年
张家川县	63	149	178	186
天祝县	212	211	363	368
肃南县	470	1923	941	1076
肃北县	787	1811	1506	1694
阿克塞县	245	1091	1148	1517
临夏市	231	447	394	611
临夏县	128	286	223	198
康乐县	44	397	88	90
永靖县	109	259	312	314
广河县	10	290	45	128
和政县	12	387	36	61
东乡县	12	135	15	25
积石山县	58	166	90	109
合作市	40	320	206	252
临潭县	55	283	78	85
卓尼县	9	162	124	139
舟曲县	36	173	108	150
迭部县	133	171	146	154

续表

地区	2011 年	2012 年	2013 年	2014 年
玛曲县	106	459	92	141
碌曲县	154	320	132	352
夏河县	61	457	74	67
全省均值	293	327	367	415

数据来源：根据《甘肃发展年鉴》（2012—2015 年）整理。

从表 2.20 来看，甘肃民族地区农村居民人均交通通信消费支出也较为低下，2014 年 21 个县市中有 17 个县市低于全省平均水平，最低的东乡县只有全省平均水平的 6%；民族地区之间的差距也较大，2014 年农村居民人均交通通信消费支出最高的肃北县是最低的东乡县的 67.76 倍。交通基础设施和通信设施也是农村居民生活水平的主要衡量指标，因此，甘肃民族地区农村居民在交通通信等方面的建设还亟待加强。

从城乡居民人均交通通信消费支出的情况来看（见表 2.19 和表 2.20），城乡差距也较为明显，2014 年临夏州城乡居民人均交通通信消费支出比为 4.5∶1，甘南州城乡之比为 7.8∶1，可见由交通基础设施所带来的民族地区城乡生活水平的差异性还是较为突出的，这也是甘肃民族地区当前和今后要着力解决的制约经济社会发展的重要问题之一。

表 2.21　　　　　　2011—2014 年甘肃民族地区城镇居民
人均医疗保健消费支出及比较　　　　　单位：元

地区	2011 年	2012 年	2013 年	2014 年
兰州市	986.29	1177.36	1162.69	1296.45
嘉峪关市	552.03	635.26	906.07	1030.04
金昌市	1070.65	1436.53	1324.22	3147.36
白银市	470.25	560.89	675.07	766.21
天水市	605.01	685.80	724.07	1355.40
武威市	683.37	755.57	968.67	1085.40
张掖市	928.78	1066.54	1251.49	2147.65
平凉市	707.09	986.51	1324.85	1318.85

续表

地区	2011 年	2012 年	2013 年	2014 年
酒泉市	1229.97	1565.93	1327.45	1410.52
庆阳市	1172.08	1143.67	1638.15	1491.50
定西市	596.92	776.67	517.09	1133.58
陇南市	334.52	392.99	904.01	1015.80
临夏州	356.26	388.67	825.91	781.33
甘南州	435.01	564.06	561.47	573.23
全省均值	723.45	866.89	1007.94	1325.24

数据来源：根据《甘肃发展年鉴》（2012—2015 年）整理。

从表 2.21 来看，甘肃省民族地区（临夏州和甘南州）城镇居民人均医疗保健消费支出水平也较低，2011—2014 年均低于全省平均水平，2014 年支出水平最低的甘南州只有最高的金昌市的 18.2%，这说明民族地区城镇居民的医疗保健状况相对较差，这也与民族地区医疗基础设施建设落后与不足有关。

表 2.22　　　　　　2011—2014 年甘肃民族地区农村居民

人均医疗保健消费支出及比较　　　　单位：元

地区	2011 年	2012 年	2013 年	2014 年
张家川县	155	142	375	403
天祝县	151	243	408	464
肃南县	1328	524	1402	1593
肃北县	814	366	1873	1872
阿克塞县	789	512	1146	1135
临夏市	364	588	709	599
临夏县	266	196	404	396
康乐县	304	745	582	592
永靖县	216	302	505	510
广河县	245	118	306	321
和政县	332	302	428	508
东乡县	136	92	189	145

续表

地区	2011 年	2012 年	2013 年	2014 年
积石山县	145	199	374	252
合作市	252	109	395	489
临潭县	212	33	467	524
卓尼县	103	84	144	161
舟曲县	157	67	209	275
迭部县	180	60	225	299
玛曲县	406	91	299	490
碌曲县	292	51	496	741
夏河县	374	123	462	394
全省均值	367	436	599	629

数据来源：根据《甘肃发展年鉴》（2012—2015 年）整理。

从表 2.22 来看，甘肃民族地区农村居民人均医疗保健消费支出的差异性更大。2014 年 21 个县市中有 17 个县市低于全省平均水平，最低的东乡县只有全省的 23.05%。而且民族地区之间的差距也较大，2014 年东乡县只有民族县市人均医疗保健消费支出最高的肃北县的 7.75%，可见民族地区农村医疗保健水平较为低下也是甘肃民族地区经济社会发展过程中的突出问题。

从城乡居民人均医疗保健消费支出变化情况来看，总体上呈现不断改善的趋势，但城乡之间的差距还是比较明显的，2014 年临夏州城乡居民人均医疗保健消费支出比为 1.88：1，甘南州为 1.36：1，甘南州的城乡差距相对略小。

表 2.23　　　　　2011—2014 年甘肃民族地区城镇居民
人均教育文化消费支出及比较　　　　单位：元

地区	2011 年	2012 年	2013 年	2014 年
兰州市	1301.33	1485.87	1787.44	2007.29
嘉峪关市	1639.40	1876.47	2346.33	2557.50
金昌市	2604.32	2860.58	2773.99	3357.96
白银市	1248.98	1419.67	1274.72	1456.20

续表

地区	2011 年	2012 年	2013 年	2014 年
天水市	997.55	1116.75	1156.65	1552.20
武威市	1062.82	1206.00	1901.69	2229.80
张掖市	1284.49	1378.37	1933.08	1723.42
平凉市	648.98	1097.93	1154.04	1152.91
酒泉市	1418.22	1637.49	2294.15	2646.96
庆阳市	964.63	1390.39	1347.01	1601.30
定西市	840.09	1004.54	1040.71	1257.68
陇南市	527.96	623.38	1065.12	1550.20
临夏州	417.37	498.64	436.70	725.16
甘南州	823.40	872.82	1019.76	1100.32
全省均值	1127.11	1319.21	1537.96	1779.92

数据来源：根据《甘肃发展年鉴》（2012—2015 年）整理。

从表 2.23 可以看出，甘肃民族地区（临夏州和甘南州）城镇居民在教育文化方面的支出与全省的差距也较为显著，2011—2014 年两州总体上均低于全省的平均水平，临夏州只有全省平均水平的 40.74%，只有全省最高的 21.60%，这说明在教育文化方面，民族地区还较为落后。

表 2.24

2011—2014 年甘肃民族地区农村居民

人均教育文化消费支出及比较 单位：元

地区	2011 年	2012 年	2013 年	2014 年
张家川县	169	40	475	388
天祝县	172	254	257	274
肃南县	462	669	627	732
肃北县	330	669	461	486
阿克塞县	458	802	550	782
临夏市	418	289	434	712
临夏县	192	137	501	363
康乐县	618	106	304	315
永靖县	234	145	462	390
广河县	98	56	156	137

地区	2011 年	2012 年	2013 年	2014 年
和政县	263	16	329	409
东乡县	93	12	55	45
积石山县	177	80	262	301
合作市	92	47	135	176
临潭县	56	98	134	150
卓尼县	63	11	95	106
舟曲县	65	42	165	174
迭部县	49	153	61	91
玛曲县	89	157	129	205
碌曲县	64	93	83	118
夏河县	110	79	170	123
全省均值	339	398	513	530

数据来源：根据《甘肃发展年鉴》（2012—2015 年）整理。

从表 2.24 来看，甘肃民族地区农村居民人均教育文化消费支出也不容乐观，2014 年 21 个县市中有 18 个低于全省平均水平，其中最低的东乡县只有全省平均水平的 8.5%，最高的阿克塞县是最低的东乡县的 17.37 倍，民族地区之间的差距明显。因此，民族地区教育文化事业发展落后重点在农牧区，提高民族地区受教育水平也将是甘肃民族地区发展过程中的重点任务之一。

从表 2.23 和表 2.24 来看，甘肃民族地区城乡人均教育文化支出差距依然明显，临夏城乡居民人均教育文化消费支出比为 2.17∶1，甘南州为 7.69∶1，相比而言，甘南州城乡之间的教育文化支出差距更大。在这种差距的背后是民族地区受教育程度和精神文明建设的差异，因此，教育文化事业也是甘肃民族地区今后发展的重点，尤其是农村地区。

（二）甘肃民族地区消费倾向及恩格尔系数比较

消费倾向是指一定消费者群体（如儿童、妇女、青年、中年、老年人）在不同时期对商品需求的变动趋向，它取决于购买力水平、商品供应品种和社会风尚等。1936 年凯恩斯在其《就业、利息和货币通论》一书中首先使用"消费倾向"一词。他认为消费会随着收入的增加而增加，但消费的增加量一般小于收入的增加量，因而将导致社会消费需求的不足。一定时期某一个地区消费水平的高低反映了该地区生活水平的高低,为此就有了恩格尔系数的应用,从类型上来看分为平均消费倾向和边际消费倾向,为了具体衡量某个地区或国家居民的生活水平,19世纪德国统计学家恩格尔根据统计资料,对消费结构的变化得出一个规律:一个家庭收入越少,家庭收入中(或总支出中)用来购买食物的支出所占的比例就越大,随着家庭收入的增加,家庭收入中(或总支出中)用来购买食物的支出比例则会下降,将这个规律用统计量来表示就是恩格尔系数。[1] 恩格尔系数(Engel's Coefficient)是食品支出总额占个人消费支出总额的比重。推而广之,一个国家越穷,每个国民的平均收入中(或平均支出中)用于购买食物的支出所占比例就越大,随着国家的富裕,这个比例呈下降趋势。

表 2.25　2011—2014 年甘肃民族地区城镇居民恩格尔系数变化情况　单位:%

地区	2011 年	2012 年	2013 年	2014 年
兰州市	38	37	36	35
嘉峪关市	35	38	37	36
金昌市	36	34	32	31
白银市	35	36	36	35
天水市	38	37	35	35
武威市	41	40	34	33
张掖市	32	32	32	32
平凉市	40	33	33	32
酒泉市	33	33	32	32
庆阳市	35	33	33	32
定西市	35	33	37	34
陇南市	45	42	33	33
临夏州	47	46	41	33
甘南州	37	37	39	36
全省均值	36	35	32	31

说明:联合国粮农组织恩格尔系数的划分标准:59%以上为绝对贫困;50%—59%为温饱;40%—49%为小康;30%—39%为富裕;30%以下为最富裕。

数据来源:根据《甘肃发展年鉴》(2012—2015 年)整理。

---

[1] 参见中华人民共和国国家统计局《统计词典》。

从表 2.25 来看，2011—2014 年甘肃民族地区（临夏州和甘南州）城镇居民的恩格尔系数处在较高水平，均高于当年甘肃省的平均水平。但按照恩格尔系数的范围所对应的生活水平来看，2011—2014 年甘南州处在富裕范围之内（30%—39%）；临夏州 2011—2013 年处在小康范围之内（40%—49%），2014 年处在富裕范围之内。相比而言，临夏州城镇居民生活水平和收入水平低于甘南州，而且临夏州和甘南州两个民族地区 2011—2014 年恩格尔系数均大于全省的平均水平，说明甘肃民族地区收入水平和生活水平相比全省平均水平而言较低。

表 2.26　　　　　2011—2014 年甘肃民族地区农村居民
恩格尔系数变化情况　　　　单位：%

地区	2011 年	2012 年	2013 年	2014 年
张家川县	42	55	40	44
天祝县	51	45	45	45
肃南县	38	38	36	36
肃北县	39	31	49	51
阿克塞县	49	42	62	59
临夏市	41	39	40	32
临夏县	48	46	40	47
康乐县	36	29	29	30
永靖县	46	42	36	31
广河县	58	52	42	39
和政县	40	38	37	31
东乡县	50	50	55	47
积石山县	48	49	41	52
合作市	58	56	53	50
临潭县	57	59	53	43
卓尼县	60	55	41	41
舟曲县	60	60	58	57
迭部县	57	52	57	49
玛曲县	59	58	56	48

地区	2011 年	2012 年	2013 年	2014 年
碌曲县	57	57	56	49
夏河县	53	51	50	44

数据来源：根据《甘肃发展年鉴》（2012—2015 年）整理。

　　根据恩格尔系数的取值范围与含义来看，甘肃民族地区农村居民恩格尔系数都比较高，2011 年处于绝对贫困的有 2 个县，温饱阶段的有 9 个县，小康阶段的有 7 个县，富裕阶段的有 3 个县；到 2014 年绝对贫困的已无，温饱阶段的有 5 个县，小康阶段的有 10 个县，富裕阶段的有 6 个县。相比较而言，民族地区农村居民的生活水平变化较大，短短的 4 年时间，绝对贫困基本消除，小康阶段和富裕阶段的县市数量有较大幅度的增加，但总体生活水平与城镇居民相去甚远。

表 2.27　　　　　　　　　2014 年甘肃省城镇消费支出倾向　　　　　　单位：%

地区	食品	衣着	居住	交通通信	医疗保健	教育文化	其他支出
兰州市	35.22	11.77	11.32	10.91	7.52	11.65	11.62
嘉峪关市	36.39	10.56	7.85	6.01	6.01	14.91	18.28
金昌市	30.93	11.33	5.87	7.42	15.81	16.86	11.79
白银市	35.42	15.42	10.38	11.43	5.72	10.86	10.77
天水市	34.71	13.97	10.50	7.17	10.97	12.56	10.12
武威市	32.76	13.67	12.09	11.47	7.16	14.71	8.15
张掖市	31.85	13.92	11.74	8.84	13.78	11.06	8.80
平凉市	32.00	9.61	19.95	10.71	10.10	8.83	8.80
酒泉市	31.53	13.26	9.54	14.02	7.17	13.45	11.03
庆阳市	32.37	14.99	9.11	12.40	10.21	10.96	9.96
定西市	33.59	13.11	15.13	6.76	10.01	11.11	10.20
陇南市	33.29	13.24	10.14	9.52	8.61	13.14	12.06
临夏州	33.36	10.26	24.75	8.28	7.07	6.56	9.74
甘南州	36.19	13.10	14.11	10.85	4.77	9.15	11.82

数据来源：根据《甘肃发展年鉴》（2015 年）整理。

从消费倾向来看（见表2.27），甘肃省及其民族地区都是以食品支出为主，占支出的比例最大，其次就是居住或衣着支出占比较大，交通通信、医疗保健和教育文化支出大体上占比相当。相比而言，甘南州在教育文化方面的支出大于临夏州，而在医疗保健方面则相对支出较少。

表2.28　　　　　　　　2014年甘肃省民族地区农村消费支出倾向　　　　单位:%

地区	食品	衣着	居住	交通通信	医疗保健	教育文化	其他支出
张家川县	44.30	8.97	12.34	4.63	10.00	9.63	10.13
天祝县	44.89	8.07	12.91	8.91	11.24	6.65	7.33
肃南县	36.23	8.26	22.27	8.06	11.93	5.48	7.77
肃北县	50.65	4.51	6.10	9.56	10.56	2.74	15.89
阿克塞县	59.20	5.24	5.94	10.17	7.61	5.25	6.59
临夏市	31.69	10.22	25.00	7.86	7.70	9.16	8.38
临夏县	46.60	9.44	9.52	5.13	10.28	9.44	9.57
康乐县	29.85	8.59	27.86	2.23	14.60	7.78	9.10
永靖县	30.57	8.46	17.02	7.64	12.40	9.48	14.42
广河县	38.78	14.25	19.76	4.05	10.12	4.32	8.71
和政县	31.45	8.44	20.11	1.76	14.80	11.90	11.53
东乡县	47.02	8.95	22.72	1.24	7.13	2.23	10.71
积石山县	52.48	6.62	12.77	3.12	7.24	8.66	9.12
合作市	49.69	9.15	9.87	6.13	11.91	4.27	8.98
临潭县	42.92	11.63	12.08	2.57	15.74	4.51	10.56
卓尼县	41.32	16.35	12.16	6.35	7.40	4.86	11.55
舟曲县	56.81	5.09	12.75	4.98	9.17	5.78	5.41
迭部县	48.63	7.76	11.83	4.85	9.40	2.85	14.66
玛曲县	48.44	8.89	2.23	3.74	13.03	5.46	18.20
碌曲县	18.85	9.25	3.43	10.96	23.09	3.67	30.76
夏河县	44.24	8.73	19.91	1.92	11.29	3.52	10.40

数据来源：根据《甘肃发展年鉴》（2015年）整理。

从表 2.28 可以看出，2014 年甘肃民族地区农村消费倾向依次为食品、居住、衣着、医疗保健、教育文化和交通通信，有些地区食品支出占到了 50% 以上。食品类支出占比最大的是阿克塞县，衣着类支出占比最大的是卓尼县，居住类支出占比最大的是临夏市，交通通信类支出占比最大的是碌曲县，医疗保健类支出占比最大的是碌曲县，教育文化类支出占比最大的是和政县。在这些支出中，我们可以看到像碌曲县等在交通、医疗方面的支出占比较大，说明交通基础设施建设和医疗条件仍然是民族地区经济社会发展的主要制约因素。

结合表 2.27 和表 2.28 来看，甘肃省民族地区城乡之间消费倾向的差异性较大，尤其是在食品类支出、交通类支出和教育文化方面，城镇在交通、居住、衣着、教育文化等方面的支出占比相当，但农村在交通通信、教育文化等方面的支出差异较大。

四　甘肃民族地区消费特点及影响因素

由于地理、历史等原因，甘肃民族地区的 21 个县（市）在社会经济各个领域的发展水平总体偏低。但是，肃北、阿克塞两县由于具有较好的资源优势，加之其人口总量远远低于其他县市，所以人均 GDP、城镇及农村人均收入都远高于全省平均水平，因而消费能力也远高于其他民族地区。但就总体来讲，甘肃民族地区居民消费呈现以下特点：

（1）总体消费能力偏低，消费层次不高。收入水平是影响消费能力的首要因素。在甘肃相对落后的民族地区，除肃南县由于畜牧业发展良好，农牧民收入平均水平高于甘肃全省农村平均水平外，其他地区居民收入水平均低于全省平均水平，这无疑会影响到居民的消费能力。消费层次是消费水平的具体体现。目前我国的总体情况是，居民消费已经由温饱型向小康型转变，消费方式已经由生存型向发展型转变。而在甘肃相对落后的民族地区，由于居民总体收入水平较低，大多数居民还处于温饱型消费阶段，以食品为代表的吃、穿、用等基本生活消费仍占总支出的大部分，对物质产品的需求大多仍停留在较低水平，对高档家电、家具、服装、生活用品及文化、教育、艺术、娱乐等精神消费较少，消费层次普遍较低。

（2）人均消费总量偏低，对经济拉动作用小。国家和甘肃省政府一系列"扩内需、促消费"措施的出台，对甘肃城乡消费品市场产生了一定的推动作用，特别是在"汽车下乡、家电下乡"等各项刺激农村消费措施的推动下，甘肃农村消费品市场也呈现出较快的发展势头。但是在甘肃相对落后的民族地区，除肃南县因为农村畜牧业发展条件好，牧民收入高，农村消费品市场较活跃外，其他地区均表现不佳。以家庭人均生活消费性支出为例，除肃南县远高于全省平均水平外，其他地区人均消费量一直徘徊在较低水平，这必然使其对经济的拉动作用降低。

（3）消费支出结构不甚合理。首先，居民消费中食品消费占总支出的比例偏高。从可获得的最新恩格尔系数的统计资料来看，部分地区恩格尔系数仍居高不下。2011 年甘肃全省城镇居民家庭恩格尔系数为37.38%，农村居民家庭恩格尔系数为42.24%；而临夏州城镇居民家庭恩格尔系数为46.83%，农村居民家庭恩格尔系数为45.86%；甘南州农村居民家庭恩格尔系数为57.58%；张家川县农村居民家庭恩格尔系数为41.89%；天祝县农村居民家庭恩格尔系数为50.95%。其次，与民族文化习俗相关的杂项支出比重较大。例如，甘南藏族在服装佩饰方面的开支占家庭收入的比例很大。由于特殊的环境造就了他们特殊的喜好，牧民们会把自己的主要财富转换为金银珠宝佩戴在身上，以便保存、迁徙。受此传统习惯的影响，一个普通藏族居民的服装及佩饰的价值往往超过万元，个别富裕者甚至达到几十万元甚至百万余元。再比如，藏族、裕固族、蒙古族等民族，由于自然环境和生活方式的原因，长期以来形成好喝酒的习惯，酒的消费量很大。2011 年甘肃省城镇居民家庭平均每人每年白酒消费为 1.59 公斤，啤酒消费量为 3.47 公斤。而据笔者调查，生活在甘南、肃南、肃北、天祝等地的居民，酒类消费量一般少则超出全省平均水平几倍，多则超出数十倍，远高于全省平均水平。这些杂项开支不仅影响了家庭日常消费，而且还影响到子女教育、文化、娱乐、旅游等精神消费投资，从而使其发展型消费受到制约。

（4）消费模式受宗教信仰影响明显。甘肃有伊斯兰教、佛教、天主教、基督教、道教五种宗教，其中以信仰伊斯兰教（包括回族、东乡族、撒拉族、保安族、哈萨克族等）和藏传佛教者居多（有藏族、蒙古族、土族、裕固族等）。宗教对甘肃民族地区人们的思想、文化领域产生了深远影响，也影响着他们的消费行为。首先，信徒用于宗教生活的消费支出占较大的比例。比如在藏传佛教信徒家庭消费中，婚丧嫁娶时的各种宗教活动支出占一定比例，而且佛教信徒们每次去寺院必定布施一些钱财，如果到布达拉宫等一些佛教圣地朝圣，甚至会花费一个家庭多年的积蓄。同样，在一些虔诚的穆斯林的日常生活中也会有固定用于宗教活动的花费，他们中有条件者还会花费巨资去麦加朝圣，有人一生当中甚至会去数次。不同于世俗消费，宗教消费是刚性消费。因此，宗教消费在宗教信仰者的家庭消费中往往占有一个较固定的比例，而且随着收入的增加，宗教消费在一个家庭中的总额还会增加。其次，与宗教教义不相符合的，或与宗教教义中不被提倡的生活内容、生活方式相关的消费受到限制。比如在被誉为"东方小麦加"的临夏回族自治州，因为伊斯兰教宗教教义的禁止性规定，烟、酒及穆斯林禁食、禁用的各类食品和用品的消费量极小，相应地，与伊斯兰教教义不相符的一些娱乐产业的发展及消费也受到较明显的限制。最后，精神消费带有一定的宗教色彩。因为宗教信仰的缘故，少数民族信徒一般会将可任意支配的收入用于宗教旅游、购买宗教书籍及宗教服务等方面。再加上宗教普遍提倡乐善好施、救助弱者的道德观念，有些宗教更把这种行为作为其修道体系中的一个重要组成部分，所以，用于救济帮助他人的社会慈善性消费支出也成为甘肃民族地区居民消费中一个不可忽视的支出项目。

五　甘肃民族地区居民消费状况的思考

正如 2013 年政府工作报告所言："扩大内需的难点和重点在消费，潜力也在消费。扩大居民消费要在提高消费能力、稳定消费预期、增强消费意愿、改善消费环境上下功夫。"针对甘肃民族地区居民消费现状和特点，笔者认为，除了国家从宏观上通过国民收入的再分配等手段提高居民消费能力外，必须针对甘肃民族地区自身特点对症下药、有的放矢。

(1) 大力发展特色产业，提高居民消费能力。消费对经济增长具有拉动作用，反之，经济增长对消费也具有拉动力。甘肃少数民族聚居区虽然自然条件相对较差，但却不乏丰富的特色优势资源。各地政府应当充分利用自身资源优势，制定科学的战略发展规划，通过发展有特色的可持续发展的支柱产业，推动地方经济全面增长，从而全面提升居民消费能力。以甘南藏族自治州为例，两大资源优势为其发展特色产业提供了便利：一是利于畜牧业发展的素有"亚洲第一"之称的天然草场及具有独特的差别化优势的牦牛、藏羊以及"甘加羊""欧拉羊""河曲马""蕨麻猪"等优质特色畜种;二是利于旅游业发展的多样性气候、地形和地貌造就的星罗棋布的自然景观(全州有拉卜楞寺、冶力关景区、大浴沟景区、拉尕山景区、腊子口景区等国家 A 级景区 14 处)以及丰富的少数民族文化人文资源。甘南州政府已经在着手利用自身优势大力发展畜牧业和旅游业。但是,在如何制定更加科学的发展战略,因地制宜,进一步优化产业链,进而实现以畜牧业和旅游业带动其他相关产业,保障当地居民收入水平全面提升等方面还有待于进一步的探索、学习和实践。

(2)严格控制人口数量,提高人口素质,以提升居民消费层次。以肃北、阿克塞两县为例,虽然同属少数民族聚居区,但两县人均 GDP 和居民消费能力均居全省前列,综合分析之后,笔者认为关键与人口数量有关。2011 年肃北、阿克塞两县 GDP 分别仅为 25.05 亿元和 8.7 亿元,但其人口分别只有 1.5 万人和 1.05 万人,所以无论是人均 GDP 还是人均收入均远高于全省平均水平(2011 年全省城镇居民人均可支配收入为 14988 元,农村人均纯收入为 3909 元,肃北县此两项分别为 17698 元和 9350 元,阿克塞县此两项分别为 17800 元和 10000 元),人口仅有 3.09 万人的肃南县也是表现良好,而人均收入最低的临夏州恰恰是人口数量最多的地区。可见,居民收入水平和消费水平的高低,与人口数量有必然的关系。事实也证明,受过良好教育的人与受教育水平低的人在收入上也会有较大的差距。因此,民族地区不仅要继续严格控制人口数量,与此同时,也要通过各种手段进一步提高人口素质。这既是民族地区经济持续发展的保障,也是居民消费层次和生活质量得以提升的保障。

(3)完善社会保障体系,优化消费环境,提高居民消费率。加快完善民族地区社会保障制度,可以从根本上解决消费率低的问题。由于近些年城乡居民教育、住房和医疗等硬性支出高速增长,加之就业、医疗等方面存在不确定性风险,使人们大都缺乏安全感,因而诱发居民预防性存储动机和行为,造成消费率走低。因此在讨论我国当前的低消费率形成的原因时,社会保障制度的不完善往往被人们指为影响消费率提高的重要因素之一。甘肃民族地区由于总体上属于欠发达地区,这一情况更加突出。进一步完善甘肃民族地区医疗、住房、养老等社会保障制度是从根本上降低甘肃民族地区储蓄率从而提高消费率的有效手段之一。良好的消费环境可以有效刺激消费者的购买意愿。目前，甘肃民族地区消费环境面临两个突出的问题：一是消费品市场总体规模小，商业网点少，商品流通体系不健全，缺少系统的服务网络，商品选择性小，服务质量相对较差；二是供求结构失衡，未能满足少数民族特殊文化习俗的需求。这常常使民族地区居民消费常常遭遇"买难"的尴尬，也在很大程度上抑制了消费意愿。因此，优化消费环境，完善商品流通网络，增强居民消费意愿也是提高民族地区消费率的解决之道。

（4）引导人们树立先进的消费观，以优化居民消费结构。一是要引导民族地区居民转变其在短缺经济时代养成的精打细算、储蓄为荣的消费观念，以保证消费对生产的反作用和为经济发展提供持续增长的动力。二是倡导"借钱"消费。收入低是造成消费水平低的主要原因，短期内想要改变民族地区这种现状是不现实的。因此，较现实的做法是大力宣传消费信贷，改变民族地区消费观念，使其接受并习惯"借钱"消费。这是在较短时间内提高民族地区消费水平，使其消费由生存型向发展型消费过渡，并进一步优化消费结构的可行之举。三是对于将金钱过多地用于宗教活动而影响到基本生活消费、子女教育或影响到生活质量的宗教信徒，有关部门和宗教人士应适当予以引导。此外，对一些民族文化习俗中的不良消费习惯应当予以校正。

（5）尊重民族宗教信仰及风俗习惯，以提高居民消费满意度。如前所述，甘肃民族地区有伊斯兰教和佛教两大宗教，民族地区的宗教信徒由于宗教信仰的原因，都有其特殊的风俗习惯，他们在婚丧嫁娶及日常生活中有大量的特殊消费需求，政府和企业对此都应当予以重视。一方面，对少数民族积极健康的消费喜好要积极迎合，比如建立专门的民族用品及服务场所，提供特色服务等，尽力满足少数民族居民的特殊消费需求；另一方面，要注意了解各少数民族的文化禁忌，避免商品宣传及营销手段伤害民族感情，以提高民族地区居民消费满意度，从而促进民族地区消费。

总之，全面提升甘肃民族地区居民消费水平，形成甘肃民族地区居民消费需求和经济增长之间的良性循环，促进甘肃民族地区社会稳定和经济全面发展，保障甘肃全省健康发展、和谐发展。

第六节　甘肃民族地区(自治县)的收入水平

整个"十二五"期间，甘肃民族地区经济较快增长，城镇居民人均可支配收入、农牧民人均纯收入得到较大提高，人民生活得到进一步改善。但相比甘肃其他地区，民族地区城乡居民收入增长仍然缓慢，而且城乡居民收入差距和地区差距仍在不断扩大，这也成为制约民族地区经济社会发展的不利因素。

一　甘肃民族地区城乡居民年人均总收入

表 2.29　　　　2011—2014 年甘肃各地区城镇居民年人均总收入　　单位：元

地区	2011 年	2012 年	2013 年	2014 年
兰州市	17313.98	19823.45	22060.73	24376.10
嘉峪关市	21496.60	24985.72	27469.68	30125.50
金昌市	24171.79	27351.29	26234.38	28942.30
白银市	18053.40	20242.25	19362.22	21356.50
天水市	14040.63	16348.45	18010.42	20274.90
武威市	14210.35	16658.89	19589.69	21674.40
张掖市	13307.99	15451.80	17138.11	18937.60
平凉市	13931.97	16722.15	18419.39	20220.10
酒泉市	19052.37	22198.78	24213.97	26651.30
庆阳市	15188.84	17436.08	20046.06	21800.70
定西市	13282.45	15429.01	16637.21	17216.90
陇南市	13107.28	15040.32	16319.60	17927.70
临夏州	9949.59	11634.96	12994.06	13777.70
甘南州	13552.55	15442.34	16936.62	17565.60
全省均值	16267.37	18498.46	20149.04	22052.40

数据来源：根据《甘肃发展年鉴》(2012—2015 年) 整理。

从表 2.29 来看，2011—2014 年，甘肃民族地区城镇居民年人均总收入呈增长趋势，但民族地区 (临夏州和甘南州) 城镇居民年人均收入均低于甘肃省城镇居民年人均收入的平均水平，2014 年临夏州城镇居民年人均总收入仅为甘肃省最高的嘉峪关市的 45.73%，而且是甘肃省 14 个地州市城镇居民年人均总收入最低的地区，甘南州相对于临夏州较高，但在甘肃省也仅仅排在第 12 位，因此，甘肃民族地区城镇居民年人均总收入相对较低。

表 2.30　　　　　2011—2014 年甘肃民族地区农村居民年人均总收入　　单位：元

地区	2011 年	2012 年	2013 年	2014 年
张家川县	2852.79	3343	3778	4273
天祝县	3199.00	3842	4399	5050
肃南县	8062.02	9469	10705	11972
肃北县	9350.00	14025	16213	18000
阿克塞县	10000.06	15000	17340	19251
临夏市	5369.43	6376	7296	8310
临夏县	2660.18	3165	3637	4157
康乐县	2667.35	3184	3655	4174
永靖县	2698.50	3161	3619	4119
广河县	2893.02	3459	3954	4495
和政县	2520.40	2962	3394	3873
东乡县	2061.65	2413	2755	3130
积石山县	2278.60	2690	3085	3498
合作市	3184.57	3702	4164	4648
临潭县	2801.14	3260	3719	4177
卓尼县	2805.30	3271	3730	4168
舟曲县	3045.99	3601	4089	4675
迭部县	3136.13	3642	4105	4613
玛曲县	4282.57	4798	5317	5959
碌曲县	3824.60	4368	4919	5524
夏河县	3194.86	3707	4175	4637
全省均值	5878	6705	7352	8295

数据来源：根据《甘肃发展年鉴》（2012—2015 年）整理。

从表 2.30 来看，2011—2014 年甘肃民族地区农村居民年人均总收入总体呈上升趋势，但总体水平较低，2014 年 21 个县市中有 17 个县市低于全省平均水平，最低的东乡县只有全省平均水平的 37.73%，最高的阿克塞县是东乡县的 6.15 倍，高于甘肃省平均水平的临夏市、肃南县、肃北县和阿克塞县，除临夏市较高的农村居民年人均总收入是因为临夏市经济发展水平所带动之外，其余三个县都是因为人口较少，使年人均收入水平较高，但总体经济发展水平较低。

从城乡居民年人均总收入水平来看，甘肃民族地区城乡之间的年人均总收入水平差距较大，以临夏和甘南为例，民族地区城乡年人均总收入比也较大，2014 年临夏州城乡居民年人均总收入比为 3.08∶1，与甘肃省城乡居民年人均总收入比（3.53∶1）相当，甘南州城乡居民年人均总收入比为 3.42∶1，城乡收入差距还是比较明显。

二 城乡居民年人均可支配收入和人均纯收入

城镇居民人均可支配收入是指反映居民家庭全部现金收入能用于安排家庭日常生活的那部分收入。它是家庭总收入扣除缴纳的所得税、个人缴纳的社会保障费以及调查户的记账补贴后的收入。其计算公式为可支配收入＝家庭总收入－缴纳的所得税－个人缴纳的社会保障支出－记账补贴。①

表 2.31　　　2011—2014 年甘肃各地区城镇居民年人均可支配收入　　　单位：元

地区	2011 年	2012 年	2013 年	2014 年
兰州市	15952.6	18442.8	20766.8	23030.1
嘉峪关市	18931.3	22005.9	24294.5	26894.0
金昌市	20074.4	23295.1	23786.4	26260.2
白银市	15959.9	18532.7	18279.7	20052.8
天水市	13051.0	15177.3	16892.3	18564.6
武威市	13261.0	15397.4	17368.3	19035.6
张掖市	12399.6	14394.7	15877.4	17385.8
平凉市	13354.6	15505.8	17351.0	19086.1
酒泉市	17265.2	20062.0	22389.2	24650.6
庆阳市	14388.1	16661.5	18760.9	20637.0
定西市	12289.6	14280.8	15723.2	17216.9

---

① 参见中华人民共和国国家统计局《统计词典》。

地区	2011 年	2012 年	2013 年	2014 年
陇南市	12123.6	14076.7	15554.8	17001.3
临夏州	9759.2	11428.4	12616.9	13777.7
甘南州	11801.0	13670.6	15065.0	16420.9
全省均值	14988.7	17156.9	18964.8	20804.0

数据来源：根据《甘肃发展年鉴》（2012—2015 年）整理。

从甘肃民族地区（临夏州和甘南州）城镇居民 2011—2014 年人均可支配收入来看，民族地区处在较低的水平，2014 年临夏州和甘南州处在甘肃省 14 个地州市的倒数第 1 位和倒数第 2 位，2014 年临夏州城镇居民人均可支配收入是最高的嘉峪关市的 51.22%，是全省平均水平的 66.22%，甘南州高于临夏州的人均水平。

农民人均纯收入，指农村住户当年从各个来源得到的总收入相应地扣除所发生的费用后的收入总和。纯收入主要用于再生产投入和当年生活消费支出，也可用于储蓄和各种非义务性支出。"农民人均纯收入"按人口平均的纯收入水平，反映的是一个地区或一个农户农村居民的平均收入水平。计算方法：纯收入 = 总收入 - 家庭经营费用支出 - 税费支出 - 生产性固定资产折旧 - 赠送农村内部亲友，与城镇居民可支配收入相对应。[1]

表 2.32　　　　2011—2014 年甘肃民族地区农村居民人均纯收入　　　单位：元

地区	2011 年	2012 年	2013 年	2014 年
张家川县	2853	3343	3778	4273
天祝县	3199	3842	4399	5050
肃南县	8062	9469	10705	11972
肃北县	9350	14025	16213	18000
阿克塞县	10000	15000	17340	19251
临夏市	5369	6376	7296	8310
临夏县	2660	3165	3637	4157
康乐县	2667	3184	3655	4174

[1]　参见中华人民共和国国家统计局《统计词典》。

地区	2011 年	2012 年	2013 年	2014 年
永靖县	2699	3161	3619	4119
广河县	2893	3459	3954	4495
和政县	2520	2962	3394	3873
东乡县	2062	2413	2755	3130
积石山县	2279	2690	3085	3498
合作市	3185	3702	4164	4648
临潭县	2801	3260	3719	4177
卓尼县	2805	3271	3730	4168
舟曲县	3046	3601	4089	4675
迭部县	3136	3642	4105	4613
玛曲县	4283	4798	5317	5959
碌曲县	3825	4368	4919	5524
夏河县	3195	3707	4175	4637
全省均值	3909	4507	5108	5736

数据来源：根据《甘肃发展年鉴》（2012—2015 年）整理。

从表 2.32 来看，2011—2014 年甘肃民族地区农村居民人均纯收入总体呈上升趋势，但相比而言水平较低，2014 年 21 个县市有 16 个低于全省平均水平，最低的东乡县只有全省的一半左右（54.57%），而且民族地区县市之间差距也较大，2014 年农村居民人均纯收入最高的阿克塞县是东乡县的 6.15 倍，可见甘肃大部分民族地区农村居民人均纯收入还处于较低的水平。

结合表 2.31 和表 2.32 来看，甘肃民族地区城乡之间可支配收入和纯收入还是存在较大差距，2014 年临夏州城乡居民可支配收入与人均纯收入比为 3.08∶1，甘南州城乡居民可支配收入与人均纯收入比为 3.42∶1，同期甘肃省城乡收入比为 3.63∶1，可见，甘肃民族地区城乡收入差距与甘肃省城乡收入差距相当。

三 城乡居民收入结构分析

表 2.33　　　　　　　2014 年甘肃各地州市城镇居民收入结构　　　　单位:%

地区	工资性	经营性	财产性	转移性
兰州市	62.18	4.60	2.50	30.72
嘉峪关市	73.74	4.02	4.60	23.82
金昌市	74.31	9.16	0.79	20.55
白银市	72.98	8.08	0.58	15.01
天水市	75.88	6.56	1.38	12.13
武威市	77.17	6.11	0.86	13.33
张掖市	71.71	6.44	0.99	14.55
平凉市	66.26	7.83	2.42	17.73
酒泉市	67.59	17.59	1.17	16.68
庆阳市	74.84	9.10	1.68	11.72
定西市	73.83	7.50	0.29	10.70
陇南市	73.00	8.54	1.77	9.55
临夏州	57.43	10.62	0.40	13.05
甘南州	80.71	7.24	1.13	5.53
全省均值	65.70	6.11	1.67	23.25

数据来源:根据《甘肃发展年鉴》(2015 年)整理。

从表 2.33 来看,甘肃民族地区(临夏州和甘南州)总共收入中主要以工资性收入为主,经营性收入和财产性收入占比较低,像临夏州财产性收入只占到总收入的 0.40%,说明甘肃民族地区城镇居民的财务拥有量较低,转移性支付收入也较低,说明甘肃民族地区社会保障与社会保险有待进一步加强。

表 2.34　　　　　　2014 年甘肃民族地区农村居民收入结构　　　　单位:%

地区	工资性	经营性	财产性	转移性
张家川县	43.75	47.28	1.59	7.38
天祝县	34.26	47.63	0.26	17.86

续表

地区	工资性	经营性	财产性	转移性
肃南县	21.66	57.52	1.32	19.50
肃北县	6.05	33.71	1.86	58.46
阿克塞县	18.31	47.57	0.99	33.11
临夏市	62.28	20.78	13.27	3.68
临夏县	41.38	44.67	3.22	10.73
康乐县	45.34	45.52	0.99	8.15
永靖县	31.03	44.31	0.56	24.11
广河县	48.16	42.32	1.00	8.52
和政县	40.27	48.11	2.45	9.17
东乡县	31.79	52.14	1.44	14.63
积石山县	49.38	39.82	0.93	9.88
合作市	42.04	48.75	0.09	9.12
临潭县	32.60	51.60	0.46	15.34
卓尼县	27.54	66.66	1.40	4.40
舟曲县	55.95	29.25	0.44	14.35
迭部县	31.55	53.22	1.82	13.41
玛曲县	1.14	69.71	0.36	28.80
碌曲县	12.44	80.52	2.98	4.07
夏河县	19.77	49.82	4.42	25.99
全省均值	31.55	56.94	1.17	10.33

数据来源：根据《甘肃发展年鉴》（2015年）整理。

从表2.34来看，民族地区农村居民主要以经营性收入和工资性收入为主，尤其是牧区，经营性收入占到70%以上，像碌曲县，而财产性收入占比相对较低。民族地区收入结构差异性也较大，这不仅是民族地区不同的空间区位、资源状况等决定的，也表明民族地区农村居民在收入来源方面差距较大，这种差距的背后实际上是民族地区不同特色产业所致，因此，通过分析收入差异也可以了解到民族地区特色优势产业，从而为民族地区发展优势产业提供理论依据。

就城乡差异性来看，城镇居民可支配收入主要以工资性收入为主，而农村居民主要以经营性收入为主,这种收入结构的差异性也为制定民族地区特色产业发展和精准扶贫等政策落地提供理论支撑。

第七节 甘肃民族地区"十二五"
期间人口发展情况分析

民族自治地区是建立在实行民族区域自治的具有自治权利和地位的地方行政单位,包括自治区、自治州和自治县。实际上,在民族自治州或自治州内部还有汉族和其他少数民族的存在,甚至在不少民族自治州或自治县,汉族人口数还多于少数民族人口数。鉴于少数民族自治州或自治县人口分布状况、变动原因及其发展趋势对于民族地区的科学发展乃至国家的长治久安具有重要的影响作用,本章根据我国第六次全国人口普查主要数据公报,结合甘肃省少数民族政策,分析 21 个少数民族县市的人口分布和增长态势。

一 甘肃民族地区"十二五"期间常住人口及变动情况

表 2.35　　　　　**2011—2014 年甘肃民族地区常住人口**　　　单位:万人

地区	2011 年	2012 年	2013 年	2014 年
张家川县	33.30	33.30	33.00	35.47
天祝县	21.50	21.50	21.00	20.83
肃南县	3.70	3.80	4.00	3.81
肃北县	1.20	1.50	1.00	1.20
阿克塞县	0.90	1.00	1.00	1.00
临夏市	24.00	24.00	24.80	25.59
临夏县	38.70	39.00	39.00	41.12
康乐县	26.60	26.80	28.00	28.61
永靖县	20.50	20.60	21.00	20.56
广河县	24.70	24.90	27.00	27.21

续表

地区	2011 年	2012 年	2013 年	2014 年
和政县	20.80	21.00	21.00	22.08
东乡县	28.70	32.40	33.00	35.15
积石山县	25.80	26.00	26.00	27.56
合作市	9.00	9.00	9.20	8.49
临潭县	15.60	15.80	16.00	15.47
卓尼县	10.20	11.00	11.00	10.83
舟曲县	14.10	14.10	14.00	14.07
迭部县	5.90	5.90	6.00	5.66
玛曲县	5.50	5.30	5.00	5.32
碌曲县	3.40	3.50	4.00	3.62
夏河县	8.70	8.90	9.00	8.90
甘肃省	2564.19	2577.55	2582.18	2590.78

数据来源：根据《甘肃发展年鉴》（2012—2015 年）整理。

从表 2.35 来看，甘肃省民族地区常住人口约占全省人口的 13%，民族地区的人口增长速度快于全省平均增长速度，2011—2014 年民族地区常住人口年均增长 1.88%，而甘肃省常住人口年均增长 0.34%。民族地区常住人口密度较小，尤其是肃北县和阿克塞县，2014 年人口密度分别为 0.15 人/平方公里和 0.93 人/平方公里。

二　甘肃民族地区"十二五"期间常住人口家庭户数及变动情况

表 2.36　　　　2011—2014 年甘肃民族地区常住人口家庭户数　　　单位：户

地区	2011 年	2012 年	2013 年	2014 年
张家川县	70467	70587	86140	86520
天祝县	49389	49389	64959	65587
肃南县	14301	14554	14961	15118
肃北县	4905	4985	5020	5083
阿克塞县	15247	15444	15558	15588

续表

地区	2011 年	2012 年	2013 年	2014 年
临夏市	68920	69400	75333	77301
临夏县	81883	82528	112257	113176
康乐县	59178	59300	74381	77191
永靖县	51862	53080	64035	65092
广河县	55922	55936	61471	63083
和政县	46307	46734	63807	63910
东乡县	54978	55574	85947	88783
积石山县	46931	47287	69268	70139
合作市	27600	27949	28499	25935
临潭县	44795	45474	46399	45966
卓尼县	20356	20375	28778	29166
舟曲县	41343	41857	42954	42889
迭部县	16852	16900	17139	16185
玛曲县	11430	12611	16786	16518
碌曲县	9405	9608	9802	9616
夏河县	21828	22088	23015	22654
甘肃省	7929200	8052602	8193210	8286279

数据来源：根据《甘肃发展年鉴》（2012—2015 年）整理。

从表 2.36 来看，甘肃民族地区常住人口家庭户数与常住人口变动相似，年均增长速度快于甘肃省全省年均增长速度。

三　甘肃民族地区"十二五"期间常住人口性别结构及变动情况

表 2.37　　　　2011—2014 年甘肃民族地区常住人口女性占比　　　单位：%

地区	2011 年	2012 年	2013 年	2014 年
张家川县	50.09	50.07	50.06	50.08
天祝县	48.46	48.47	48.46	48.48
肃南县	46.90	46.76	46.75	46.77
肃北县	39.33	39.33	39.09	42.38
阿克塞县	42.31	42.31	42.20	42.22

续表

地区	2011 年	2012 年	2013 年	2014 年
临夏市	49.38	49.39	49.38	49.40
临夏县	49.53	49.53	49.50	49.52
康乐县	50.04	50.04	50.02	50.04
永靖县	48.78	48.76	48.74	48.76
广河县	49.70	49.72	49.70	49.72
和政县	49.44	49.44	49.44	49.46
东乡县	48.50	48.50	48.49	48.51
积石山县	49.73	49.73	49.69	49.71
合作市	48.35	48.32	48.29	48.31
临潭县	48.86	48.83	48.81	48.83
卓尼县	48.28	48.29	48.29	48.31
舟曲县	48.65	48.66	48.67	48.69
迭部县	48.75	48.85	48.78	48.80
玛曲县	46.74	46.68	46.69	46.71
碌曲县	48.47	48.62	48.57	48.59
夏河县	48.62	48.57	48.58	48.60
甘肃省	48.95	48.91	48.93	48.94

数据来源：根据《甘肃发展年鉴》（2012—2015 年）整理。

从表 2.37 来看，甘肃省民族地区常住人口性别比与甘肃省常住人口性别比相似，因此甘肃民族地区男女比例相对协调。

四 甘肃民族地区"十二五"期间常住城乡人口及变动情况

表 2.38 2011 年、2014 年甘肃民族地区常住城乡人口及变动情况

单位：万人；%

地区	2011 年			2014 年		
	城镇	农村	城镇人口比例	城镇	农村	城镇人口比例
张家川县	2.20	31.10	6.61	2.20	31.10	6.61
天祝县	4.20	17.30	19.53	4.40	17.10	20.47
肃南县	1.20	2.50	32.43	1.30	2.50	34.21
肃北县	0.60	0.60	50.00	0.90	0.60	60.00

续表

地区	2011 年			2014 年		
	城镇	农村	城镇人口比例	城镇	农村	城镇人口比例
阿克塞县	0.60	0.30	66.67	0.70	0.30	70.00
临夏市	15.20	9.00	62.81	15.30	9.00	62.96
临夏县	2.60	36.10	6.72	3.20	35.80	8.21
康乐县	2.20	24.40	8.27	2.20	24.60	8.21
永靖县	4.40	16.10	21.46	4.40	16.20	21.36
广河县	3.90	20.80	15.79	3.90	21.00	15.66
和政县	5.30	15.50	25.48	5.40	15.60	25.71
东乡县	1.10	27.60	3.83	4.30	28.10	13.27
积石山县	2.50	23.30	9.69	2.40	23.60	9.23
合作市	5.60	3.50	61.54	5.70	3.50	61.96
临潭县	2.30	13.30	14.74	2.40	13.40	15.19
卓尼县	1.30	8.90	12.75	1.90	9.10	17.27
舟曲县	1.70	12.40	12.06	1.60	12.50	11.35
迭部县	1.90	4.00	32.20	1.80	4.10	30.51
玛曲县	1.70	3.80	30.91	1.40	3.90	26.42
碌曲县	0.60	2.80	17.65	0.70	2.80	20.00
夏河县	1.90	6.80	21.84	2.00	6.90	22.47
甘肃省	952.60	1611.59	37.15	998.80	1578.75	38.75

数据来源:根据《甘肃发展年鉴》(2012—2015 年)整理。

从表 2.38 来看,甘肃民族地区农村人口占比较大,2014 年有 4 个县的城镇人口占比在 10% 以下,9 个县在 20% 以下,只有 4 个县超过 50%,可见民族地区城镇化水平较之全省处于较低水平。

第 三 章

甘肃民族地区"十二五"
期间资源环境分析

资源环境是区域经济发展的重要基础，甘肃民族地区经济社会发展一方面依赖于环境资源提供的生产资料与生活资料，另一方面又受到环境资源的约束，因此分析民族地区环境资源状况的差异性对于经济社会发展具有重要的现实意义。本章对甘肃民族地区的资源环境状况进行描述性分析，为制定促进民族地区经济社会发展政策提供现实依据。

第一节　甘南藏族自治州资源环境分析

一　森林资源

甘南州林区是我国九大林区之一，也是甘肃省最大的天然林区，虽然面积不到全省的 10%，但其林地占全省的 30%，蓄积量占全省的 45%，是青藏高原、西南林区若尔盖湿地生态系统的重要组成部分，也是中国植物区系分区系统的中国—日本、中国—喜马拉雅及青藏高原三个植物亚区的交汇区，生态地位重要而独特。全州林地面积 2588.7 万亩，森林植被覆盖率 20.7%。全州县市属林地面积 1088.21 万亩，其中有林地 279.65 万亩，疏林地 59.44 万亩，灌林地 634.95 万亩，未成林造林地 14.79 万亩，宜林地 99.38 万亩。境内森林主要分布于白龙江、洮河、大夏河流域的山谷地带。林区内蕴藏着极其丰富的野生动植物资源，有野生动物 314 种，属国家重点保护的有大熊猫、黑颈鹤、黑鹳、金雕、雉鹑、雪豹、梅花鹿、天鹅、藏原羚、黑熊、水獭、林麝、盘羊等 143 种，其中黑颈鹤数量达500多只，占全球总量的6.3%；有野生植物1820种，其中属重点保护的有大果青杆、麦吊云杉、岷江柏木、椴树、连香树、星叶草、秦岭冷杉、水曲柳等20余种。此外，自治州境内还分布我国特有的高原泥炭沼泽型湿地801万亩，其中泥炭储量达27.68亿立方米，位居全国第三。广袤的森林和湿地资源不仅是自治州经济社会发展的基础，而且是长江、黄河上游的重点水源涵养区和河源区，是"中华水塔"的重要组成部分。境内孕育黄河、白龙江、洮河、大夏河等干支流120多条，每年为黄河补给的水量分别占到黄河源区总径流量的58.7%，黄河总径流量的18.6%，每年为长江最大支流嘉陵江补给的水量占到嘉陵江干流总径流量的60%，在全省、全国的生态系统中占有十分重要的地位，对于保障长江、黄河流域生态安全，促进经济社会可持续发展具有十分重要的作用。

2010年国务院颁布《全国主体功能区规划》，将玛曲、碌曲、夏河、合作、卓尼、临潭六县市列为甘南黄河重要水源补给生态功能区，将舟曲、迭部两县列为秦巴生物多样性生态功能区，功能定位为：保障国家生态安全的重要区域，人与自然和谐相处的示范区。明确提出以保护和修复生态环境、提供生态产品为首要任务，限制进行大规模高强度工业化城镇化开发，形成环境友好型产业结构的发展方向。这一系列的生态功能定位和发展目标定位，进一步明确了甘南必须要走生态型的文明发展道路，决定了甘南必须要选择生态化的发展模式。

二　矿产资源

甘南州地域广阔，地质构造复杂，矿产类型齐全，产矿条件好，蕴藏着多种多样、规模各异、各具特色的矿产资源，是甘肃省矿产资源较丰富的地区之一。全州区划普查资料表明：全州共发现有铁、铜、铅、锌、贡、锑、金、银、铂族元素、钒、钛、钴、钨、锡、钼、铋、锗、镓、铈、镧、硒、铀、钍、镭、铍、硫、砷、白云岩、硅石、冶金灰岩、化工灰岩、煤、泥炭、大理岩、饰面石料、冰洲石、石墨、绿松石、玛瑙等45种矿种。已经探明的有23种，其中金、铀、砷、汞、铋、泥炭储量为全省第一位；铁、锡为第二位；铅、锑为第三位；铜、硫铁矿为第四位；银、磷为第五位。截至目前，全州累计发现各种矿产地290多处，包括56处能源矿产地，139处有色金属矿产地。其中大型矿床13处，中型矿床 37 处，小型矿床 53 处。已有矿山企业 50 个，其中：贵金属矿山企业 13 个；有色金属矿山企业 10 个；能源矿山企业 2 个；冶金类矿山企业 1 个；矿泉水企业 1 个；建材及非金属矿山企业 23 个。已形成年采原矿石 100 万吨，选矿厂日处理矿石 1500 吨生产能力。企业生产方式由单一的开采原矿向采、选、冶、加工一条龙方向发展。截至 2003 年累计完成矿业工业总产值 7.47 亿元，年均增长率 15.4%，实现利税 4.05 亿元；累计生产黄金 12665.8 千克，实现黄金工业总产值 6.09 亿元，年均增长率达 29.74%；生产硅铁 27636 吨，原煤 49610 吨，水泥 34.95 万吨；采掘锑原矿 1.12 吨，铜原矿 4.72 万吨。国有、集体所有、股份制等多种经济成分并存，多种矿产开发并举的产业格局已初步形成。矿业开发逐步由原始粗放型向规模化、集约型方向发展，取得了明显的经济效益和社会效益。矿业经济已成为增加地方财源，促进全州经济社会发展的一个支柱产业和新的经济增长点。

三　水资源

甘南地处青藏高原东北边缘，平均海拔 3000 米，境内有白龙江、黄河、洮河、大夏河"一江三河"，是黄河、长江干流的重要水源涵养区和补给区，具有"中华水塔"和"黄河蓄水池"之称。州内黄河产水区的面积仅占全省总面积的 7.8%，而水资源占全省水资源量 22.8%。水资源主要分布在黄河干流和洮河流域，分别占州内黄河产水区水资源量的 38.4% 和 54.7%，大夏河水资源量相对较少，占 6.9%。甘南水资源在涵养和补给水源、调节气候、保持水土、维护生物多样性方面发挥着重要作用，在维系黄河流域水资源和生态安全方面发挥着不可替代的作用。

由于甘南州地貌特征复杂多样，气候严寒，自然条件恶劣，气候变化大，降水分布不均匀，加上地理位置的特殊，气候恶劣，该地生态环境很脆弱。特别是近年来，由于全球气温升高、降水量减少等自然因素及人口持续增加、草原过牧、森林多年过度采伐等人为原因，使这里的环境、水资源问题十分突出。一是湿地面积锐减，据中国气象局兰州干旱气象研究所遥感动态监测研究表明，在全球持续变暖的情况下，甘南湿地整体上呈明显萎缩之势。其中，玛曲湿地干涸面积已达 10.2 万平方公里，原有 6.6 万平方公里沼泽湿地已缩小到不足 2 万平方公里；与其相连的四川若尔盖湿地，是黄河上游水源最主要的补充地，但面积也在不断缩小。二是涵养水源能力普遍降低，重要河流水量急剧减少。由于天然草地的退化和林地面积的缩减，地下水位下降，不少江河支流断流、小溪和泉水干涸。由于生态环境恶化，从 20 世纪 80 年代到现在，玛曲段补给黄河的水量减少了 15% 左右，洮河径流量减少了 14.7%，大夏河径流量减少了 31.6%，白龙江径流量减少了 20.6%。三是水污染日趋严重。近年来随着工农业的发展，甘南水资源目前污染严重。例如，大夏河进入临夏州后，在耕地多，村庄密集、机关单位、工业企业、城镇居民聚集区的临夏市遭受严重污染。大夏河在临夏境内流程 90 公里，是临夏境内流程仅次于黄河的河流，是当地生产生活用水的主要来源，仅临夏市用于灌溉的农田就达 4.6 万亩。大夏河水质恶化，使得本来水资源紧缺的临夏各地，又面临着水质型缺水。甘南水资源的日益恶化已经到了不容忽视的程度，如不及时对其加大保护和治理，不仅会影响和制约当地经济的发展，而且也会影响黄河和长江中下游地区的经济发展。

四 旅游资源

在甘南藏族自治州 4.5 万平方公里的土地上，多姿的青山绿水、闻名中外的名胜古迹和自治州本身独具的浓郁古朴的藏民族风情，历史悠久的藏传佛教文化及丰富的民族民间艺术构成了甘南旅游特有的资源优势，旅游资源已成为甘南州经济发展的重要推动力。

（1）奇特的自然景观。甘南与青藏腹地相比，因其海拔高度的骤然提升，自然景象更丰富更壮观，更让人迷恋、令人陶醉，那茫茫无际的黄河首曲草原，仙女宝镜般亮丽的尕海湖，鬼斧神工的则岔石林，神秘莫测的古代城堡八角城，风光秀丽的莲花山、迭山、翠峰山，雄伟险峻的腊子口，深不可测的白石崖溶洞、岗岔溶洞，天然艺术大观园——赤壁幽谷、睡佛望月石、黄河母亲石、六字真言石、令人叹为观止的冶木峡、尕海湖等水域风光，老龙沟、大海沟、黄捻子、大峪沟等森林景观以及桑科草原、甘加草原、尕海候鸟保护区、阿夏沟熊猫栖息地、鸭蛋岛等天然生态旅游景观 60 余处。这些奇特的自然风光再加上独特的高原气候，充满了神奇色彩。

（2）悠久的历史古迹。甘南历史悠久，曾经是古丝绸之路、唐蕃古道的黄金通道，新石器时代在三河一江流域就有人开发这块荒原，随着历史的进程，甘南的羌部逐渐建立自己的部落联盟或依附中原王朝，民族间的交流便逐渐频繁起来。现尚保存较好的各类遗址有汉羌、唐蕃边塞重镇、汉百石县旧址、甘加八角城堡遗址、桑科古城、羊巴古城、明代城墙、华年古城、汉零王国天子珊瑚城遗址、砖瓦窑遗址和中央政治局俄界会议及茨日那村毛主席故居、苏维埃旧址等 90 余处。

（3）浓郁的民俗风情。"三河一江"流域的甘南藏民族，由于生活环境和地理条件的差异，形成了各具特色的民俗风情，以自己独具个性的文化传统和风俗习惯著称于世，而这种文化传统和风俗习惯往往集中体现于丰富多彩的民族节日中。以拉卜楞寺为主的各大寺院正月十三晒佛节、正月十四跳神节、正月十五酥油灯会、七月和十月的大法会、藏戏；每当新年来临，藏族僧俗群众就点起酥油灯，举行焯桑、婚祭等仪式，祝愿吉祥如意；春暖花开的时候，举行祭祀山神的插箭活动；每逢盛夏，又有草原香浪节、赛马会和民族运动会，博峪采花节、黑水沟朝水节、元宵节松棚灯会、莲花山花儿会、万人拔河、插箭节等新颖独特的活动，它们蕴含着与其他藏区既相似又有不同的独特的民俗风情，在这些接连不断的节日里，人们盛装歌舞，纵情欢乐，在悠悠天地、茫茫草地之间，展露自己无拘无束的天性，是真正意义上的回归自然、返璞归真。

（4）神秘的藏传佛教。甘南既是进入青藏高原腹地的首要门户，也是展示藏传佛教和藏族传统文化的第一窗口，素有"小西藏"的美誉。由于历史上西部藏区的数度"灭法"浪潮未能涉及安多"边鄙之地"，省却了佛教"前弘期""后弘期"的挫折，使这里的宗教信徒更原始、更古朴，因而这里的藏传佛教文化更是源远流长、博大精深。这里有佛教格鲁派六大宗主寺之一的夏河拉卜楞寺，寺内六大学院、九十座大小佛殿经堂、上万宗造型各异的佛像，展现着藏传佛教文化的博大精深；有被称为"虎穴仙女"的碌曲郎木寺，其优雅的环境被誉为"东方小瑞士"；还有历史悠久的卓尼禅定寺、贡巴寺等百余座大小寺院。每当低沉浑厚的法号吹响，身着绛红色架装的喇嘛齐集举行盛大法会的时候，那种庄重神秘的气氛，体现着雪域佛教的固有精髓，颇受中外游客的欢迎和青睐。辽阔的地域，悠久的历史，源远流长的藏族传统文化和丰富多彩的民俗风情，构成了甘南香巴拉的丰富的内涵。

（5）丰富的物产、特产。甘南州林木树种繁多，仅木本植物在 400 种以上，主要有杉、松、柏、桦、杨等，特别是云杉、冷杉、油松属于我国特有成分或青藏高原典型的特有树种。野生植物蕨菜、蕨麻、羊肚菌、猴头菌、香菇、木耳、沙棘等是本州的主要特产。药用植物更是不乏珍惜贵重的独有药材，如冬虫夏草、野党参等。不仅是这些，还有农作物、野生动物、矿产资源也是丰富多彩。

甘南州丰富的旅游文化资源和物产、特产资源为发展旅游业及相关产业提供了优势条件，但目前旅游业资源开发程度相对较低，物产、特产资源利用程度不高，经济效益还没有发挥出来。因此，发挥甘南州旅游文化资源的突出优势，将是推动甘南州经济可持续发展的重要推动力。

五　其他特色资源

一是水电资源。地处长江、黄河上游，境内有以黄河、洮河、大夏河、白龙江为代表的 120 多条河流。水电资源理论蕴藏量为 361 万千瓦，占全省的 1724.15 千瓦的 20.94%；可开发量为 215 万千瓦，占全省 1062.54 万千瓦的 22.42%。二是药材资源。甘南州地处青藏高原北半坡，是甘肃省主要的药材区之一。境内蕴藏的纯天然野生中藏药材 850 余种，中藏药材蕴藏量为 5243 万公斤，大多生长在海拔 3000 米以上。经过多年驯化，现已有部分中藏药材进行人工栽培种植阶段。三是畜牧资源。甘南州是甘肃省主要的畜牧业基地，拥有亚高山草甸草场 4084 万亩，占甘南总面积的 70.28%；草地可利用面积 3848 万亩，占草场面积的 94.22%；是青藏高原和甘肃省天然草地中载畜能力较强，耐牧性较强的草场，理论载畜量 621 万个羊单位，为甘南州发展畜牧经济奠定了基础。

第二节　临夏回族自治州资源环境分析

一　森林资源

临夏地区属陇西黄土丘陵地貌山类型，山峦起伏，沟壑纵横，复杂的地貌类型形成了不同小气候和多种山地类型，全州地貌类型可划分为山区、丘陵区、梁状丘陵区、染峁沟壑区、川塬区五种类型。大部分地区地面覆盖着风积土母质，主要土壤种类有高山荒漠土、高山草甸土等 13 种类型。植被呈明显地带性分布：海拔 4100 米以上为岩石裸露地带；海拔 3650—4100 米为高山草甸灌丛；海拔 3300—3650 米为灌木丛；海拔 2500—3300 米为亚高山针叶林带；海拔 2200—2500 米的浅山区为温带针叶阔叶林带，现多呈逆向演替之杂灌木；海拔 2200 米以下地区为农耕区和川塬灌区；积石山县、临夏县、广河县、康乐县的东北部为森林草原带。

临夏州林业用地 380.64 万亩，占国土总面积的 35.09%。其中：林地 71.94 万亩，疏林地 2.12 万亩，灌木林地 123.54 万亩，未成林造林地 7.63 万亩，苗圃地 0.35 万亩，无立木林地 26.32 万亩，宜林地 148.72 万亩，林业生产辅助生产用地 0.02 万亩。临夏州活立木总蓄积 223.35 万立方米，森林覆盖率为 10.59%，林木绿化率为 18.74%。丰富的野生动植物资源主要有油松、云杉、侧柏、杨树、柳树、白榆、红柳、花椒、梨、杏、杜鹃、桦树、辽东栎、骆驼蓬、冰草、凤尾菊、蒿类以及禾本科草类植物，其中树种 110 多种。野生动物资源有 4 目 5 科 12 种。国家二级保护鸟类有蓝马鸡、暗腹雪鸡、淡腹雪鸡、天鹅 4 种，兽类有苏门羚、斑羚、藏原羚、鹅喉羚、马麝、林麝、水獭 7 种。丰富的森林资源形成了多种多样的特色林产品，主要果品有花椒、梨、苹果、杏、红枣、核桃六大类。梨类果品有冬果梨、鸭梨、窝窝果、啤特果、巴梨等；苹果类有林檎、沙果、绵苹果、秋子等。花椒、啤特果、大接杏、核桃在临夏州具有悠久的栽植历史。经过大力发展林业经济和加强生态建设，临夏州形成了以特色林果业、果品销售与加工业、花卉业、种苗业及森林旅游等特色产业。

临夏州共有国有林场 11 个，国有苗圃 12 个，林业区乡镇工作站 40 个，林业专业学会（协会）15 个。临夏州现有林业科技服务机构 126 个，林业干部职工 1085 人，其中专业技术干部 389 人，高级职称 25 人、中级职称 158 人、初级职称 206 人。因此，临夏州在森林资源开发方面存在一定的优势。

二　矿产资源

临夏回族自治州地处西秦岭与祁连山多金属成矿带的延伸交会部，区域成矿地质条件较好。目前已发现的矿产有 9 类 43 种。主要矿产有：黑色金属铁、锰、铬；有色金属铜、铅、锌、钨、钼、锑；贵金属金、银（伴生）；燃料矿产煤、泥炭；稀有金属钽、铌、镍、铍、镓；化工原料矿产硼、钾长石、饰面蛇纹岩、重晶石、萤石、盐；冶金辅料矿产熔剂白云岩、冶金石英岩、耐火黏土；建材非金属矿产石灰岩、水泥黄土、水泥红土、饰面大理岩、石膏、滑石、沸石、硅灰石、岩棉玄武岩、铸石用辉绿岩、饰面花岗岩、方解石、砖瓦用黏土、建筑用砂石；水气矿产主要有矿泉水、地下水等。共有矿床、矿点、矿化点 87 处，大型矿床 1 处（大理岩板材）；中型矿床 5 处，其中水泥用石灰岩 2 处、岩棉玄武岩 3 处；小型矿床 17 处，其中水泥用石灰岩 4 处、岩金 2 处、石英岩 3 处，铁矿、白云岩、重晶石、水泥用黏土、耐火黏土、花岗岩各 1 处。矿点 44 处，矿化点 20 处。已查明资源储量的矿产约 25 种，矿产地 55 处，已编入 "甘肃省矿产储量表" 的矿产地有 10 处。

境内砖瓦用黏土和建筑用砂石分布广泛。砂石资源主要分布在大夏河、洮河、广通河、牙塘河流域和永靖县陈井、刘家峡等部分乡镇山区，估算远景资源量约 27.43 亿立方米；砖瓦用黏土为第四系沉积物，估算远景资源量约 44.24 亿立方米。在主要矿产中，基础储量占资源储量比例较高的有金、铁、水泥用石灰岩等，其他矿产所占比例较低。全州金属矿产集中分布在南太子山北坡和政县、康乐县、积石山县及北部的永靖县境内；非金属矿产分布在黄河北沿岸的永靖县、东乡县境内。

临夏州具有丰富的矿产资源，但由于开发程度低，目前大多数矿产资源都处在低水平开采阶段，不但不利于生态环境保护，对于经济发展的促进作用也有限。一是地质勘察程度低，矿产资源开发滞后。资源利用率不高已成为制约临夏地区经济社发展瓶颈制约因素之一。二是资源利用率不高，产品附加值不高，产业链不长，可持续性差，表现出矿产资源的开发对全州的经济社会发展贡献不大。因此，改变目前全州低水平的矿产资源开发状况，提高矿产资源的利用效率，就尤为重要。

三 水资源

临夏州境内的自然水资源总量约 338.15 亿立方米，其中自产水资源量 14.15 亿立方米，过境水量 324.00 亿立方米。自产水资源中，河川径流量 11.30 亿立方米，地下水总量 2.85 亿立方米，扣除地下水中潜流 2.00 亿立方米，境内可开发水量 12.15 亿立方米。总体看来，自产水量偏少，过境水量丰富，具有较好的开发利用前景。目前，临夏州人均水资源占有量 633.00 立方米，水资源占有量 14.80 万立方米/平方公里，高于全省平均水平 6.60 万立方米/平方公里，低于全国水平（21.80 万立方米/平方公里），水资源形势日益严峻。

1. 地表水。大气降水补给以及一些泉水和冰雪融水补给，形成了不同的河川径流。降水是主要补给来源，随降水不同，临夏境内河流形成也极不均匀。目前境内有 30 多条较大河流，均属黄河水系，黄河干流自西部入境，境内流程 107 公里。黄河一级支流主要有大夏河、洮河、湟水、银川河、刘集河等，二级支流主要有广通河、三岔河、牛津河、冶木河等，流向大多自西南向东北。因河流分布不同，临夏各县市地表水资源自产量很不均匀，地表水资源最多为和政县，为 3.60 亿立方米，最少为永靖县，仅 0.27 亿立方米。

2. 地下水。临夏地下水总量 2.85 亿立方米，扣除地表潜流总量 2.00 亿立方米，实际地下水量为 0.85 亿立方米。随各县（市）区内地质构造不同，地下水资源分布不尽相同，其中和政县最多，为 0.31 亿立方米；永靖县、积石山县和广河县最少，为 0.02 亿立方米。

3. 降水。临夏州降水量的地理分布极不均匀，各地降水多寡悬殊，总体表现为北部水资源缺乏，南部水资源较丰富。其中洮河中下游、刘家峡水库以下黄河沿岸及永靖县西北部年降水量为 200—300 毫米；永靖县东北部和西南部山区年降水量为 300—400 毫米；东乡县东西两边半山地区年降水量为 300—400 毫米；东乡县东部高山地区、大夏河下游、广通河中下游以及临夏县、积石山县北部年降水量为 400—500 毫米；康乐县东北部、广河县西南部、和政县东北部、临夏县中部、积石山县中部及临夏市年降水量为 500—700 毫米；康乐、和政、临夏、积石山 4 县南部沿山地区年降水量为 700—800 毫米；和政县罗家集乡至临夏县刁祁乡年降水量在 800 毫米以上。临夏县尹集乡新发村年降水量达 1030.4 毫米，为甘肃省年降水量之冠；东乡县车家湾乡年降水量最少，仅为 216 毫米，两地直线距离仅 60 公里，而年降水量相差 4.8 倍，降水分布极为悬殊。临夏州年降水量与甘肃省其他地区比较，北部的永靖、东乡 2 县与省内中部干旱区接近；南部各县与省内陇东、陇南地区接近；太子山、积石山地区较陇东降水增多。

虽然临夏州有丰富的水资源，但随着经济社会的发展，特别是近几年来，临夏州水资源问题愈加突出，成为制约临夏州经济和社会发展的又一"瓶颈"。以水资源紧张、水污染严重和洪涝灾害为特征的水危机已成为临夏州可持续发展的重要的制约因素。因此必须进一步从人口、资产、环境的宏观视野，对水资源问题总结经验，调整思路，制定新的战略，以水资源的可持续利用支持临夏州社会和经济的可持续发展。

四 旅游资源

临夏位于黄河上游的甘肃西南部，地处青藏高原和黄土高原过渡带，平均海拔 2000 米，是一个多民族聚居的地方，总面积 8169 平方公里，少数民族占总人口的 53%。临夏历史悠久，文化灿烂，民族风情浓郁，旅游资源丰富。境内风光秀丽，群峰耸列，河谷纵横，山川壮丽。这里造就了美丽神奇的黄河三峡，雄浑壮丽的太子山等众多自然景观，令人神往。不同风格的宗教建筑遍布境内，是中国穆斯林风情游的最佳之地。

临夏民族文化和民俗风情独特，自然遗存丰富，名胜古迹和人文景观众多，旅游资源得天独厚。新石器时代先民们创造的马家窑文化、齐家文化、马厂文化和寺洼文化，至今仍闪烁着璀璨的光芒。已出土的数万件文物中，有许多是闻名遐迩的稀世珍品。闻名中外的国宝"彩陶王"就出土于临夏，现珍藏于国家历史博物馆，临夏因此也获得了"彩陶之乡"的美称。

驰名中外的炳灵寺石窟是沿古丝绸之路寻胜访古的旅游热点之一。碧波万顷灿若明珠的刘家峡水库是西北内陆最大的水库，素有"高峡平湖"之称。黄河三峡的奇异风光正成为新的旅游热点。"一夫当关，万夫莫开"的积石雄关，传述着大禹"导河自积石"的典故。以"花儿会"和秀丽景色闻名的国家森林公园松鸣岩和莲花山自然保护区，成为全国独具一格的旅游景点。

和政古生物化石与永靖恐龙足印化石群共同构成州内最重要的旅游亮点。和政古生物化石博物馆展出和存放的 5000 余件古动物化石，其中世界级珍品的数量、规模和完整程度是国内外罕见的。

临夏穆斯林群众相对聚居，伊斯兰文化特色较为浓郁，各式清真寺融中国古典建筑风格和阿拉伯特色于一体，庄严肃穆，秀丽壮观。色香味俱佳的各类传统小吃，特别是清真风味小吃，享誉西北。河州"花儿"浪漫雄浑，是民族民间的文艺珍奇瑰宝。经过几年的培育和发展，临夏州旅游业以"黄河山水、史前生物、河州文化、森林生态、民俗风情"为依托，初步形成了"黄河山水风光游，河州文化巡礼游，森林生态休闲游，史前生物探秘游，临夏民俗风情游"五大旅游品牌，逐渐成为临夏州的主导产业之一。

五 其他特色资源

第一产业方面，临夏市、广河县小麦生产的特色优势明显，广河县、临夏县、永靖县薯类的特色优势明显，临夏县猪肉的特色优势明显，康乐县、和政县牛肉的特色优势明显，永靖县苹果的特色优势明显，临夏市、临夏县、和政县梨的特色优势明显，临夏县杏子的特色优势明显，东乡县桃子的特色优势明显。而在第二产业即工业方面，主要以皮革、毛皮、羽毛绒及其制品业的特色优势明显。第三产业方面，临夏市住宿业和旅游业的特色优势明显。总体上，临夏州特色产业的发展状况是特色优势明显的县市或行业较少，大多数县市或行业缺乏明显的特色优势。

第三节 天祝藏族自治县资源环境分析

一 森林资源

天祝藏族自治县是新中国成立后设立的第一个少数民族自治县，地处甘肃中部、河西走廊东段，位于青藏、内蒙古、黄土三大高原交会处，是一个地位比较特殊的生态林业大县。林业用地362.6万亩，占全县土地总面积的33.8%；森林面积345.5万亩，覆盖率32.23%；总蓄积量906万立方米。主要植物有青海云杉、祁连圆柏、桦树、山杨、油松、金露梅、锦鸡儿、忍冬、杜鹃、高山柳等，林区内还栖息着多种珍稀野生动物。境内森林占祁连山水源涵养林总面积的40%，是石羊河水系6条内陆河和黄河流域2条外流河的源头，流域面积7174平方公里，年径流量达10亿立方米，为下游 250 万人民和工矿企业提供用水，是祁连山水源涵养林的重要组成部分，被誉为"绿色保姆"。是河西地区重要的生态屏障和工农业生产的命脉，具有十分重要的战略地位。

二 矿产资源

天祝县境内自元古代—新生代出露地层齐全，又处昆仑祁连褶皱系，横跨走廊过渡带、北祁连山褶皱带、祁连山中间隆起带 3 个二级构造单元，次级褶皱、断裂发育，并长期复活，构造包容、交接、归并繁杂，各期侵入岩活动强烈，并受四条大构造带的控制，对各类矿产资源的形成和贮存创造了良好的条件。天祝县有矿床、矿（化）点 118 处，与 20 世纪80 年代末相比，新发现小型矿点 4 处、矿化点 2 处（阿沿沟铅锌矿点、河排水石膏矿、崖头井高岭土、钱宝矿泉水矿点和安远青河垴铌钽矿化点、阿沿沟锰矿化点），其中哈溪双龙沟中小型砂金矿于 2000 年年底依法关闭，有 25 处矿（化）点已开采利用，尚有 93 处矿（化）点未开发利用，有 45 个区块由地勘单位和投资商进行地质普查找矿工作。

能源矿产 能源矿产主要为煤炭和油页岩。其中煤炭资源以烟煤为主，兼有无烟煤，概算总资源量为 4.22 亿吨，已开采利用的煤炭资源量约 1.6 亿吨，占总储量的 40%。油页岩与烟煤共生，主要分布在炭山岭煤田，储量 2.46 亿吨，其中约有 1.87 亿吨达到工业品位。随着煤炭资源的开采，部分已采出废弃或难以开发利用，可利用储量逐渐减少。

非金属矿产 非金属矿产分布广泛，主要矿种有石膏、石灰岩、重晶石、萤石、黏土、高岭土、磷、石英岩、花岗岩、玉石等。已开发利用的有石膏、石灰岩、石英岩、重晶石、萤石、高岭土、黏土和磷 8 个矿种。石膏矿主要分布在金强川地区的鲁家沟、石家沟、火烧城、宽沟、红崖子、马营沟、黑刺沟和松山地区的河排水等，概算地质储量 2.9 亿吨（河排水、马营沟、黑刺沟未计算储量），其中金强河片各石膏矿山多年来一直开采利用，动用地质储量占已知储量 60% 以上，且经过 80 年代中期起连续的开采，品位较好，容易开采的上部石膏层已基本采完，占总储量的 60% 以上，此后石膏矿的开采只能向深部开发。石灰岩在县境内主要分布在石门寺、火石沟、极乐寺、马家台和白塔等地，矿床规模均为中型以上，概算地质储量超过 3 亿吨，只有石门寺、火石沟和白塔部分资源利用，动用储量小于30％。石英岩在县境内主要分布在东坪坪山、先锋，金强河垴及祁连乡的部分地区。因未做过较详细的勘测工作，储量概算无依据，仅东坪的矿床就可达大型以上，但开发利用程度较低。重晶石分布于祁连乡天山村，地质普查推算储量32万吨，品位达Ⅱ级以上。萤石主要分布在旦马乡的干沙和白羊圈，储量不详，毛藏斑羊峡资源量为小型。磷矿主要分布在赛什斯的先明峡、克拉斯和南蓬沟等地，经地质普查初步分析，三地累计地质储量212.78万吨，矿石品位低，经选矿可以利用。此外还有松山大理岩，天堂、毛藏等地花岗岩。哈溪玉石沟、天堂那威等地的玉石因地质勘探工作程度较低，储量不清，据初步分析，均有良好的开发利用前景。

金属矿产　县域内岩浆活动强烈，侵入岩种类繁多，侵入时期由加里东期到海西期、燕山期为各类金属矿产提供了有利的成矿条件。金、银、铜、铅、锌、铁、锰、铌、钽、钛、稀土矿等金属矿点、矿化点相继发现，其中以金、铜、铁矿点见多。但除金、铁、铅锌矿部分被开发利用外，受地质工作程度低的限制，大部分矿（化）点暂未开发利用。沙金在天祝县分布非常广泛，冷龙岭——毛毛山隆起带部分山间谷地和发源于其间的河流均有不同品位的沙金贮存，特别是双龙沟、金强河、石桩沟、四台沟、阿沿沟、芨芨滩、柏林沟、大科什旦、小科什旦、大通河等地先后有群众或集体采挖，黄金成色和品位均较高。岩金的分布与沙金的成矿有着密切的关系，集中分布于冷龙岭——毛毛山隆起带的热液活动构造带之中。青峰岭岩金矿品位较高，人熊沟、祁连宽沟也有岩金矿体发现，铁矿、锰矿在县内也有产出，但多为矿化点，能开采利用的只有哈溪镇黄草沟和祁连乡宽沟的铁矿及赛什斯大滩钛铁矿和松山镇拦门石锰矿、铁矿，但开采条件都受地质工作程度低和品位较低等条件的限制。铅锌、铜、镍、铌、钽矿均为矿化点，因未做过较详细的地质勘探工作，储量均不详。1998年阿沿沟开采沙金时，发现铅锌矿露头，2000年组织测采显示，有望成为能够开发利用的矿点。铜稀土矿化点于1996年由省地质矿产局地质六队发现，分布在旦马乡土塔村干沙河垴。主要矿物有直氟碳铈矿、独居石、磷钇矿、褐帘石及黄铜矿、斑铜矿、方铅矿，正在进一步勘探。

水气矿产　全县发现的水气矿产主要有矿泉水、煤气。钱宝矿泉水经多方鉴定为优质矿泉水，已开发利用。煤气集中在炭山岭煤田含煤构造之中，其储存量尚未探明。

天祝县虽然有丰富的矿产资源，但在开采开发过程中也存在诸多问题：一是地质勘查工作滞后，后备资源量不足。二是矿产资源开发利用程度低。区内除煤炭、水泥灰岩和砖瓦黏土等开发程度较高外，大部分矿产开发利用程度较低。资源开发总量小，资源对县域经济的支撑能力弱。三是开发利用结构与布局不合理问题依然凸显。四是资源利用效率不高，多数矿山企业技术装备水平较低，集约化作业程度较差，开发利用方式较粗放。因此，开展矿产资源调查评价与勘察，鼓励对优势矿种煤矿的勘察评价及开发利用；鼓励对铁、铜、金、铅锌、稀土等矿种的勘察评价，提高资源对全县经济发展的可供能力；合理调控矿产资源开采总量，强化资源保护与节约、集约利用，切实加强矿山地质环境保护与恢复治理，加强矿山地质环境监督管理；探索建立矿产资源管理新机制，促进经济效益、资源效益、环境效益和社会效益的协调统一，提高矿产资源对天祝县经济发展的促进作用。

三　水资源

天祝县地处河源上游，以祁连山乌鞘岭为界，分黄河流域和石羊河两大流域。全县多年平均自产水资源总量12.787亿立方米，年降水量在265—632毫米，蒸发量在700—1590毫米。其中地表水资源量10.205亿立方米，地下水资源量2.582亿立方米（不重复地下水资源量0.122亿立方米）。开发利用量为1.544亿立方米，入境水资源量23.15亿立方米，按现有耕地、人口计算，水资源占有量为23100立方米/公顷，开发利用量为2790立方米/公顷；人均水资源占有量为5917立方米，人均开发利用量714立方米。

四　旅游资源

天祝县地处三大高原交融处，形成了极具特色的自然旅游资源，又是河西走廊的门户，是历代内地和西域联系的必经之地，不仅文物古迹众多，而且汉、藏、土等民族毗邻而居，形成了极为丰富的人文旅游资源。因此，天祝县旅游资源具有以下两大优势。

（一）潜在优势

天祝县境内马牙雪山、雷公山、牛头山、歪巴郎山、代乾山、干沙峨博、磨山、响水顶、卡洼掌等海拔均在 4000 米以上，山顶终年积雪，森林茂密，矿藏丰富；乌鞘岭则是进入河西走廊的必经之地；金强川、哈溪滩、抓喜秀龙滩、松山滩等地有大面积肥沃的农田和优质草原；大通河沿岸有风景优美的朱岔峡、金沙峡、先明峡和著名的天堂寺，具有丰富的旅游开发价值。

（二）组合优势

1. 旅游资源类型组合优势

天祝旅游资源最突出的组合优势是人文旅游资源与自然旅游资源的组合。在天祝，人文旅游资源赋存良好，以宗教民俗类和历史遗迹类最为突出。天祝是我国最早的藏族自治县之一，藏族的宗教信仰、生活方式等传统保存较为完好，各种宗教建筑与艺术比比皆是，如天堂寺、华藏寺、石门寺等。天祝同时是我国少数几个有土族分布的县区之一，土族的分布增添了天祝旅游的神秘性。在天祝众多的历史文化遗迹中，乌鞘岭汉长城是古要道与古长城的结合，最令人遐思。人文旅游资源为主是甘肃省乃至整个西北地区的共性，而天祝县以其多样性的自然旅游资源弥补了这些方面的不足。天祝是我国内蒙古高原、青藏高原、黄土高原三大高原的结合部，融合了三大高原的一些特色，因而从地貌景观单元上也弥补了甘肃乃至西北地区自然景观单调这一不足。境内有大量的原始性较强的自然生态旅游资源，如天祝小三峡的峡谷森林、松山滩的草甸草原、马牙雪山的古冰斗冰川地貌景观、祁连布尔智的森林草地与现代冰川景观、天堂乡本康村的本康丹霞地貌。尽管这些自然旅游资源从特色上看称不上全国最典型，但它们在同一个县域之内组合在一起，更具有与人文旅游资源的组合优势，在一定地域之内产生资源互补性，能够在旅游市场形成垄断。

2. 旅游资源地域组合优势

天祝旅游资源分布呈组团状，如西南部集中了天祝小三峡、天堂寺、本康丹霞和石门沟等景区，西北部是祁连布尔智景区，北部是乌鞘岭、抓喜秀龙景区，东北部为夏玛、松山滩景区，县城所在地为华藏镇景区。县境内各景区又以华藏镇为扇心，基本形成由县城华藏镇向西、北、东辐射的扇状格局。由于天祝旅游客源主要来自天祝东南侧的兰州等方向，这一地域组合恰好使华藏镇成为天祝的游客集散中心。

3. 旅游区位组合优势

从历史地理区位看,天祝县地处武威市东南,境内的乌鞘岭自古被誉为河西走廊的门户,它西望河西走廊,遥指河西四郡,东窥陇东,因此天祝实际成为甘肃省的河西地区与陇东地区的分界。这一东西方向的枢纽位置,既是古丝绸之路必经之地,又是现代丝绸之路黄金旅游线路的必经之地。从现代地理区位来看,天祝既是我国内蒙古高原、青藏高原、黄土高原三大高原的结合部,同时又位于甘肃省河东的兰州、甘南的夏河、河西的武威三大旅游目的地之间,距河西四郡之一的武威市132公里,距兰州市144公里,且离西宁、金昌、白银、银川等周边大中城市较近。区位条件使天祝既接近客源地,又能利用与周边旅游目的地的近距离之优,针对旅游目标市场实施联合开发。天祝的交通区位条件可以说得天独厚。天祝县对外交通以312国道和兰新铁路线为主。由于它和兰州市共同位于以兰州市的中川机场为中心的同心圆上,且天祝县城与中川机场之间有高速公路相通,县城与机场之间相距仅80公里,因此航空运输实际上也是天祝县的对外交通方式之一。对内对外良好的交通区位条件能有效地扩大天祝旅游市场范围,使游客进得来、游得畅、出得去。

五 其他特色资源

天祝藏族自治县地处祁连山东段,海拔2040—4874米,年降水量265—632毫米,年均气温-0.2—4℃,无霜期90—145天,属大陆性高原季风气候,正是这样特殊的气候条件,天祝县充分利用高原冷凉的气候、充足的光照和无污染的土壤、水气等自然资源,大力调整种植业结构,积极发展以光温室果蔬、高原夏菜、旱作马铃薯、优质油菜和加工型青稞为主的特色产业。

第四节 肃北蒙古族自治县资源环境分析

一 草场资源

肃北蒙古族自治县是甘肃省唯一的边境县,也是甘肃省人均占有面积最大的县之一。肃北县由两大块组成，分别为祁连山、马鬃山 2 个地区。地处北纬 38°13′—42°08′、东经 94°33′—98°59′，海拔 1500—4500 米，年日照时数 2841—3316 小时，年平均温度 3.9—6.3℃，年降水量 85—280 毫米，年平均无霜期 128—156 天。全县总面积 6.93 万平方公里，约占甘肃省总面积的 14%；辖 5 乡 2 镇 25 个村委会，总人口 1.3 万人，其中蒙古族 5100 人，占 38.9%，是一个以蒙古族为主体的少数民族自治县，草地畜牧业是肃北的主要产业。该县有天然草原 518.19 万平方公里，占全县总土地面积的 81.96%，肃北是野马和野骆驼的唯一分布区，在全球生物多样性方面具有至关重要的意义。

表 3.1　　　　　　　　　　肃北县草场类型

草地类	亚类	组	型
温性草原类	山地丘陵温性草原亚类	禾草草地组	扁穗冰草 + 冷蒿
温性荒漠化草原类	浅山平原温性荒漠化草原亚类	半灌木杂类草草地组	甘草草地型
温性草原化荒漠类	沙砾质温性草原化荒漠亚类	具乔、灌木杂类草草地组	杨树—怪柳—杂类草
			梭梭—红砂—杂类草
温性荒漠类	土质温性草原化荒漠亚类	具灌木杂类草草地组	白皮锦鸡儿—沙生针茅
			红砂—沙生针茅
	沙质温性荒漠亚类	灌木草地组	白刺—紫菀木
	砾沙质温性荒漠亚类	灌木草地组	合头草—珍珠猪毛菜
			红砂—合头草
温性荒漠类	砾沙质温性荒漠亚类	灌木草地组	膜果麻黄 + 合头草
			短叶假木贼 + 红砂
			星毛短舌菊 + 垫状驼绒藜
			刺叶柄棘豆 + 中亚紫菀木
			珍珠猪毛菜 + 合头草 + 沙生针茅
	土质温性荒漠亚类	灌木草地组	蒿叶猪毛菜 + 沙生针茅
			盐爪爪 + 红砂
高寒荒漠类	—	杂类草草地组	垫状驼绒藜

续表

草地类	亚类	组	型
高寒草原类	高寒草甸草原亚类	丛生禾草草地组	紫花针茅+高山早熟禾
	高寒荒漠草原亚类	杂类草草地组	紫花针茅+垫状驼绒藜
高寒草甸类	高寒草甸亚类	小莎草草地组	高山蒿草+杂类草
			线叶蒿草+高山蒿草
			矮蒿草+线叶蒿草
	高寒沼泽化草甸亚类	小莎草草地组	华扁穗草
高寒灌丛草甸类	亚高山森林灌丛草甸亚类	具乔木莎草草地组	沙棘—杂草类
	金露梅—珠芽蓼	亚高山灌丛草甸亚类	具灌木杂类草草地组
	红棕苔草+藏异燕麦	亚高山草甸亚类	小莎草草地组
低平地草甸类	盐化草甸亚类	根茎禾草草地组	赖草+芦苇
		丛生禾草草地组	芨芨草+赖草
	低湿地沼泽化草甸亚类	根茎禾草草地组	拂子茅+芦苇

丰富的草场资源为肃北发展畜牧业提供了优质条件，是发展畜牧业的黄金地带。

二 矿产资源

肃北县矿藏资源丰富。截至 2012 年，境内已探明的矿种有 39 个，矿点 300 多处，优势矿种有黄金、铁、铜、铬、钨、镍、菱镁、铅、锌、煤、重晶石等，其中已探明铁矿石远景储量 7.5 亿吨，原煤储量 9 亿吨，塔尔沟钨矿储量居全国第二位，大道尔吉铬矿是全国第三大铬矿。

肃北县是甘肃省重要的矿产资源大县之一，近年来，肃北县进一步加强矿产资源管理，扶优扶强，优化布局，把丰富的资源优势转变为经济优势。目前，已形成铁精粉、煤炭、有色金属和清洁能源四大产业体系，对县域经济发展起到了积极的促进作用。

三 水资源

境内党河、榆林河、石油河、疏勒河四大河流水电蕴藏量达 200 万千瓦左右，可开发利用 130 万千瓦左右。境内有冰川 957 条，冰储量折水约 388.7 亿立方米。南山地区地下水总贮量约 3.5482 亿立方米。北山地区地下水储量约 3618 万立方米。

肃北县水资源相对缺乏，因此，完善的水资源利用机制对于全县经济社会发展意义重大，一是按照促进节水、保障发展的原则做好农业发展用水机制；二是牧业生产用水结合草畜平衡政策，保证牧业合理发展；三是规划好工业用水、城镇生活用水、机关事业单位用水、旅游及服务业用水和特种行业用水；四是生态用水，确保肃北县生态环境与经济社会可持续发展。

四 旅游资源

肃北县地处古丝绸之路河西走廊西端的南北两侧，毗邻国际旅游名城敦煌，紧靠中国优秀旅游城市嘉峪关，历史悠久，地域辽阔，自然景观奇特，古文化遗迹分布广泛，蒙古族风情浓郁，发展旅游业有较好的条件。境内历史文物分布广泛，南北两山分布着大量的岩画、石窟壁画、城堡遗址和塞墙烽燧等文化古迹，现已发现的有 75 处，其中被列入省级文化保护单位的有 6 处。县内自然景观奇特，地域辽阔，地形复杂、气候多变，地貌各异，形成了许多奇特的自然景观，造就了丰富的旅游资源。有雄伟壮丽的大雪山、象牙山、团结峰，还有奔腾不息的党河、疏勒河、榆林河、石油河；有中国距铁路、国道、机场最近且最易攀登的极大陆型冰川——透明梦柯冰川，2005 年被《中国国家地理杂志》评选为中国最美的六大冰川之一。雄浑壮阔的德勒诺尔天池（又名野马峰天池），幽深宁静的党河大峡谷，都是中外游客来肃北猎奇探险、休闲避暑的最佳场所。北山地区有一望无际的戈壁滩和神奇的海市蜃楼，更有远古的恐龙、犀牛、三叶虫化石，现已申报为省级古生物化石地质公园。境内野生动物资源丰富，现已查明境内分布栖息着 174 种野生动物，仅国家重点保护的野生动物就有 32 种。其中，属国家一级保护的有 8 种，属国家二级保护的野生动物有 24 种。这些野生动物主要有盘羊、岩羊、野牦牛、藏原羚（黄羊）、鹅喉羚（羚羊）、白唇鹿、北山羊（红羊）、野骆驼、野驴、野马、雪豹、雪鸡、猞猁、棕熊、艾虎（地狗、鸡豹）、荒漠猫、黑颈鹤、胡兀鹫和草原雕等。1988 年 1 月经甘肃省人民政府批准建立了"哈什哈尔国际狩猎场",2006 年 3 月经国务院批准成立了"盐池湾国家级野生动物自然保护区",为开展观光猎奇和特种旅游提供了十分重要的条件。

五 其他资源

目前,肃北境内查明高等植物共有 42 科 154 属 278 种,其中裸子植物 33 科 141 属 259 种,中国特有种 70 种,有经济价值的植物 100 多种。国家规定保护的一级植物有裸果木,二级植物有胡杨;防护造林植物 8 种;优良牧草 55 种,药用植物 44 种。肃北县风能总储量达 2000 万千瓦,可开发量 1000 万千瓦以上。祁连山浅山地带及山口区风能密度为 50—200 瓦/平方米,马鬃山区为 150—200 瓦/平方米,是甘肃省风能密度最大的地区之一。祁连山区浅山地带及各山口有效风速在 2000—6300 小时,马鬃山区在 5000—6300 小时,北山和南山各山口平均每天可利用的有效风速小时数在 10 小时以上。这为发展风力发展等新能源产业奠定了基础。

第五节 肃南裕固族自治县资源环境分析

一 草场资源

肃南裕固族自治县和肃北蒙古族自治县位于甘肃省西北部,是甘肃省主要的牧区县。两县行政区域相连,总土地面积 9.33 万平方公里,由东南沿祁连山向西北延伸,东西跨度约 720 余公里,南北宽 500 公里,包括了祁连山中、西部北麓山地,祁连山山前凹陷—河西走廊西北端绿洲边缘低平地,以及内蒙古高原西北部马鬃山低山残丘区。肃南县是中国唯一的裕固族自治县,主要分布在祁连山中段北麓。除县区主体外,还包括皇城、马蹄和明花 3 块飞地。现辖 6 乡 2 镇、9 个国有林牧场、101 个行政村和 3 个城镇社区,居住有裕固、汉、藏、蒙古等 11 个民族,总人口 3.62 万人;大部分从事草地畜牧业生产,草场总面积 177.87 万平方公里,占全县总土地面积的 80.31%,占全省草原总面积的 9.94%。农牧业人口占总人口的 67.1%,为 2.43 万人;少数民族人口 1.96 万人,占总人口的 54%;少数民族中裕固族近 1 万人,占总人口的 27%。人口密度为 1.5 人/平方公里。

表 3.2 肃南县草场类型

草地类	亚类	组	型
温性草甸草原类	山地丘陵温性草原亚类	半灌木蒿类草地组	铁杆蒿 + 长芒草草地型
温性草原类	残塬沟壑温性草原亚类	小半灌木禾草草地组	小叶锦鸡儿—短花针茅
		根茎禾草草地组	青海固沙草 + 西北针茅
		丛生禾草草地组	长茅草 + 扁穗冰草
	山地丘陵温性草原亚类	禾草草地组	西北针茅 + 银灰旋花 + 扁穗冰草
温性荒漠化草原类	浅山平原温性荒漠化草原亚类	半灌木草地组	驴驴蒿—短花针茅
		丛生禾草草地组	短花针茅 + 杂类草
温性草原化荒漠类	沙砾质温性草原化荒漠亚类	具乔、灌木杂类草地组	怪柳—杂类草
	土质温性草原化荒漠亚类	具灌木杂类草草地组	柠条锦鸡儿—驴驴蒿
温性荒漠类	沙质温性荒漠亚类	灌木草地组	白刺 + 红砂
	砾沙质温性荒漠亚类	灌木草地组	合头草 + 珍珠猪毛菜
	砾石质温性荒漠亚类	灌木草地组	红砂 + 短叶假木贼
	土质温性荒漠亚类	灌木草地组	蒿叶猪毛菜 + 垫状驼绒藜
高寒草原类	高寒草甸草原亚类	丛生禾草草地组	紫花针茅 + 早熟禾
	高寒荒漠亚类	杂类草草地组	座花针茅 + 垫状驼绒藜
高寒草甸类	高寒草甸亚类	小莎草草地组	短蒿草 + 高山蒿草
			线叶蒿草 + 珠芽蓼
			高山蒿草 + 线叶蒿草
	高寒沼泽化草甸亚类	小莎草草地组	短蒿草 + 苔草

续表

草地类	亚类	组	型
高寒灌丛草甸类	亚高山森林灌丛草甸亚类	具乔木禾草草地组	祁连山圆柏—金露梅
		具乔木沙草草地组	云杉—沙棘—蒿草
	亚高山高山草甸亚类	具灌木杂类草草地组	杜鹃—珠芽蓼+苔草
			金露梅—珠芽蓼
			高山柳—珠芽蓼+苔草
	亚高山草甸亚类	杂类草草地组	珠芽蓼+线叶蒿草
			珠芽蓼+矮蒿草
低平地草甸类	盐化草甸亚类	根茎禾草草地组	赖草+芦苇
		丛生禾草草地组	芨芨草+赖草
	低湿地沼泽化草甸亚类	根茎禾草草地组	芦苇

与肃北县一样，肃南县也是发展畜牧业的黄金地带。

二　矿产资源

肃南裕固族自治县地处河西走廊中部，祁连山北麓一线，东西长650公里，南北宽120—200公里，总面积20456平方公里，境内草原广袤、土地肥沃、森林茂密、河流纵横、矿藏丰富。目前已探明的主要金属矿产有铜、铁、钨、钼、铬、锰、铅锌等11种，矿点157处，非金属矿有煤炭、萤石、石灰石、石棉等15种，矿点73处，其中煤炭矿点41处。目前煤炭、铜矿、铁矿的开发已粗具规模，已探明的钨矿储藏量在全国单个矿山储藏量中排名前5位，储藏量达46万吨，目前正规划3—5年建成甘肃"钨都"。依托境内丰富的矿产资源，大力发展矿业开发，兴办地方民族工业。以铜、铁、钨、钼、金、煤、锑、石灰石等矿产为主，先后建起了祁连山矿业公司、煤炭经销公司、石灰石公司等产值上千万元的地方民族工业。特别是随着祁青工业园区的设立，使得矿业开发走上规范化管理的轨道。值得一提的是，在这里不仅有全国知名的酒钢集团公司镜铁山大型矿产项目，而且目前正在积极建设总投资1.8亿元的甘肃新洲矿业有限公司，此外还有20多家矿产开采与加工精选相配套的民营矿山企业。

肃南县矿产资源开发过程中的问题主要体现在资源开发不科学，浪费严重。矿山开发企业由于规划滞后，布局不佳，管理不够规范，导致资源开发不够科学，资源浪费严重，生态压力大。因此，要从宏观与微观、整体与细部结合的角度上，科学地制定资源开发规划，确定近期、中期和长期开发项目，确定开发区域、开发重点、开发布局和开发目标，使资源开发在科学规划和坚持可持续发展的前提下稳步进行。

三　水资源

水能资源充沛。境内共有大小河流 33 条，占河西走廊河流数的58.9%，年径流量为 43 亿立方米，是河西绿洲灌溉的主要水源。其中石羊河、黑河、疏勒河横贯全境，总流域面积为 2.15 万平方公里，水能蕴藏量达 204 万千瓦，可开发量约为 120 万千瓦。

河西地区水资源相对缺乏，但肃南县的水资源较为丰富，这就为全县经济发展乃至河西地区的经济发展提供了保证，对全县水资源进行合理科学规划，将是保证肃南县经济发展的关键。

四　旅游资源

境内旅游资源富集，既有雪山冰川、大漠戈壁、草原森林、河流瀑布、幽谷深涧、丹霞地貌等自然景观，又有久远的历史文化遗迹、独特的裕固族民族风情、瑰丽的石窟壁画艺术、多样的宗教文化，各类景观资源高度复合，现已建成国家 4A 级旅游景区 6 个，先后荣获"最具民俗风情的生态旅游大县""中国绿色名县""省级县域旅游产业示范县""中国最具价值文化（遗产）旅游目的地"等荣誉称号，被联合国教科文卫组织和中国民俗摄影协会确定为"中国民俗文化摄影基地"，被国家旅游局列入全国首批国家全域旅游示范区名单，是全省 4 个生态旅游示范县之一。

就肃南县旅游资源及开发和发展状况来看，肃南县的旅游市场不断拓展，旅游路线和旅游资源开发不断深入，旅游对全县经济发展的贡献也在不断提高。因此，在现有资源优势的基础上，高度重视旅游产业发展，坚持把旅游产业放在优先发展的地位，完善旅游项目建设和旅游基础设施，强化旅游宣传促销，规范旅游服务管理，创新旅游工作机制，肃南县旅游业将呈现出蓬勃发展的良好态势。

五 其他资源

除了以上资源,肃南还有丰富的生态资源和生物资源。肃南拥有祁连山北麓70%的面积和232.5万亩湿地。境内分布有冰川964条,总面积408平方公里,占甘肃省冰川面积的20.7%,冰储量达159亿立方米;有水源涵养林33万公顷,森林覆盖率为21.8%;河西地区三大内陆河(石羊河、黑河、疏勒河)及其支流流经和发源于肃南山区,是河西五市乃至内蒙古西部地区的"生命线"和"绿色水库",也是我国西部重要的生态安全屏障。境内动植物资源丰富,生物多样性程度高,有鸟类196种、昆虫1201种、兽类58种、两栖爬行类13种,其中有白唇鹿、雪豹、蓝马鸡、藏雪鸡等国家重点保护的一、二类野生动物59种;有高等植物84科399属1044种,在我国干旱半干旱生物多样性保护中占有极其重要的地位,是西北内陆干旱区重要的生物基因库。境内还盛产雪莲、冬虫夏草、大黄、锁阳等100多种中药材,开发前景巨大。

第六节 阿克塞哈萨克族自治县
资源环境分析

一 野生动植物资源

阿克塞哈萨克族自治县由于其特殊的地理环境、复杂的气候条件和重要的生态区位优势,造就了境内的高山寒漠、高山草甸、温带荒漠植被、温带荒漠半荒漠植被、湿地草原等六个类型的区位,为野生动、植物的生长提供了条件。

植物类型多样性是阿克塞植被生长的主要特征之一,是名副其实的天然植被资源基因库。植被区系特征以北温带植被为主体,古地中海植被比重较大,表现出干旱气候特征和植被区系的古老性。有黑毛雪兔子、云状雪兔子、高山红景天、砂引草、水母雪莲、唐古特雪莲、单枝翠雀花、肉苁蓉等野生植物共43科148属285种,其中国家特有种6种,药用植物120多种。列入国家保护名录的植物种有裸果木。每年6—9月阿克塞哈萨克族自治县哈尔腾、海子、安南坝地区均可见到盛开着红、紫、白、蓝、黄等各色的委陵菜、棘豆、铁线莲等灌丛，组成了山花烂漫的美丽世界。

阿克塞哈萨克族自治县位于青藏高原北缘，祁连山西端。特殊的地理位置、复杂多样的自然环境条件孕育了阿克塞丰富的野生动物资源，境内有西藏野驴、野双峰骆驼、鹅喉羚、雪豹、野牦牛、盘羊、黑颈鹤、白天鹅等野生动物共25目59科158属366种，其中国家一级野生保护动物6目11科16种，人称天然"动物园"。

阿克塞哈萨克族自治县先后成立了甘肃安南坝国家级野骆驼自然保护区和大、小苏干湖省级候鸟自然保护区，是甘肃河西走廊重要的生态屏障，不仅是珍禽异兽繁衍栖息的美好家园，也是珍稀种群的基因库，还是祁连山水源的重要涵养地，具有生物多样性、稀有性、代表性等特征。

大、小苏干湖是甘肃省最大的内陆湖，距离县城110公里，大苏干湖水域面积108平方公里，平均水深3米，海拔2750米。小苏干湖水域面积11.6平方公里，平均水深0.1—0.6米，海拔2808米，1982年被甘肃省人民政府批准为省级候鸟自然保护区，是国家 AA 级旅游景区，在此栖息繁衍的有白天鹅、黑颈鹤、斑头雁、赤麻鸭等139种候鸟，分布数量达8万多只，其中国家一级保护鸟类9种，二级保护鸟类45种。目前景区开发有草原牧场观光、候鸟观赏、水上娱乐、原生态体验生活、骑马自助游等活动。阿克塞县丰富的动植物资源不仅是建设良好生态环境的基础，也有发展旅游产业和特色产业的巨大潜力。

二 矿产资源

阿克塞哈萨克族自治县矿产资源丰富，有金、铜、铁、石棉、水晶、蛇纹岩、云母、芒硝等金属、非金属矿藏40多种。特别是石棉储量最大，约4500万吨以上，年产量20万吨左右，占中国石棉产销量的一半。石棉是自治县的支柱产业。

阿克塞哈萨克族自治县可供开发利用的矿产主要有化石沟铜多金属矿、大红山花岗岩饰面石材矿、安南坝石棉矿、向阳煤矿、莫坝尔煤、雁丹图铅锌矿、雁丹图稀土矿、大鄂博图白云岩矿、苦水泉锰矿、红柳沟铁矿、安南坝铁矿等。红柳沟石棉矿、长草沟石灰岩矿等。从探明的矿产资源储量情况看，阿克塞县优势的矿产有石棉、铜、石灰岩、花岗岩、芒硝、白云岩、砂石、黏土等。

为了更好地发展阿克塞县矿产资源产业，推进矿产资源利用方式和管理方式的转变，打破资源矿种单一的局面，最大限度地发挥矿产资源在全县经济和社会发展中的作用，就需要按照加强勘察、集约开发，节约优先、合理利用，规范管理、促进和谐的原则，进一步加强矿产资源勘察开发和管理，提高矿产资源开采开发效率，推进经济社会又好又快发展。

三　水资源

阿克塞境内水资源主要有地表径流、湖泊水和地下水三种水体，冰川和降水只是作为各种水的补给区。主要河流有大、小哈尔腾河、安南坝河、旗里克河、苏干河、西盖苏河、加仁布里河、努呼图河 8 条主要内陆河，流域面积大于 200 平方公里以上的有大、小哈尔腾河、安南坝河和旗里克河，大、小哈尔腾河中、下游河水全部渗入戈壁成潜流，出露于花海子，注入大小苏干湖。

由于阿克塞县地处甘、青、新三省（区）交汇处和河西走廊末端，长年干旱少雨，人均水资源量低于全国平均水平，加上基础设施老化，防灾减灾能力不强，水利体制机制不顺，水资源供需矛盾已成为制约经济社会可持续发展的"瓶颈"。因此，"十三五"时期，阿克塞县需要不断加大水利灌溉体系建设和水资源保护力度，改善全县水利基础条件，提高水资源利用效率，为全县经济社会发展提供保证。

四　旅游资源

阿克塞县旅游资源呈现"一个中心，多个节点"的空间分布特征。阿克塞县的旅游资源中，以戈壁、沙漠、草原为主的生态自然资源分散在阿克塞境内，人文遗址遗迹类资源很少，民族旅游资源分布较集中，从空间分布上看，呈现"一个中心，多个节点"的特点。"一个中心"是指以哈萨克民族风情为依托的民族歌舞、民族服饰、民族节庆活动、阿克塞赛马场、红柳湾镇野生动物园、哈萨克民族博物馆等旅游资源集聚在阿克塞县城。"多个节点"是指大苏干湖、小苏干湖、海子草原、安南坝骆驼野生自然保护区、阿尔金山、土尔根达坂冰川群、哈尔腾狩猎场等旅游资源分散地分布在阿克塞境内广袤的土地上。

1. 资源数量、类型丰富

阿克塞哈萨克族自治县地域辽阔，自然生态和人文旅游资源数量、类型十分丰富。从数量上看，阿克塞县共有旅游单体 105 个；从种类上看，旅游资源共拥有旅游资源分类系统的 8 个主类中的 7 个主类；31 个亚类中的 17 个亚类；155 个基本类型中的 32 个，占 20.6%。从种类定性地看，既有自然资源又有人文资源，有冰川、戈壁、草原、河流、湖泊、高山、宽谷、珍禽异兽、旱生珍奇植物，也有哈萨克民族独特的民族风情、民俗节庆活动。类型丰富的旅游资源，奠定了阿克塞县旅游的基础。

2. 民族旅游资源特色明显，在全国具有独特性和吸引力

阿克塞哈萨克族自治县是甘肃省唯一以哈萨克族为主体民族的少数民族自治县，人文旅游资源所占比重大。阿克塞县人文旅游资源单体占全县旅游资源的 50%，其中优良级人文景观旅游资源共有 19 处，民族特色的人文旅游资源储量大、平均品质高。同时阿克塞县的人文旅游资源以哈萨克民族风情为依托，资源特色明显。独特、古朴的哈萨克民族风情赋予阿克塞壮丽、粗犷、神秘的地区特色。哈萨克民族的特色民居、特色民族节庆活动，例如姑娘追、叼羊、民族歌舞、草原赛马和别具一格的民族服饰等构成了阿克塞县独特的民族旅游资源，增添了在全国的吸引力。

3. 旅游资源分布较分散，季节性强

阿克塞县地域辽阔，旅游资源散布于 3.2 万平方公里的广袤区域，分布极度分散，且各个旅游资源之间相距也达 50 公里以上，已经开发的各大景区之间相距更远，大、小苏干湖、海子草原、哈尔腾国际狩猎场、安南坝国际级野生骆驼自然保护区等资源距离阿克塞县城均在 100 公里以上。阿克塞县的生态旅游资源如草原、狩猎场等对气候依赖较大，由于大陆性干旱气候带来的夏热冬冷、季节性明显，阿克塞县的旅游资源受季节影响较大，适游季节短，旅游经营时间仅半年，旅游收益低。

五 其他资源

阿克塞县土壤共划分 10 个土类、14 个亚类。其中土类主要以风沙土、灰棕漠土、盐土为主，其次草甸土、草甸沼泽土、高山寒漠土、高山漠土、高山草原土、亚高山草原土、粗骨土也占一部分。复杂的土质培育

了阿克塞丰富的畜牧资源，阿克塞县可利用草场面积 1480 万亩，正常年景载畜量为 18.9 万个羊单位，而且地处荒漠气候带，四周高山有现代大冰川的存在，从平滩到高山或从嵯峨峻岭到低谷盆地，植被区域性一致，地带性较强，多以旱性、深根超旱生植被为主，境内共有牧草 26 科、104 属、214 种，为畜牧业发展提供了条件。

第七节 张家川回族自治县资源环境分析

一 动植物资源

截至 2014 年，张家川林区有金钱豹、毛冠鹿、林麝、獐子、石貂、鬣羚、青羊、水獭、黄鼬、红腹锦鸡等珍禽异兽 57 种，其中十余种为国家二、三级保护动物。境内中药材品种繁多，有 38 科、154 种，主要有沙参、党参、大黄、紫苑、独活、升麻、甘草、蒲公英、猪苓、寄生、柴胡、冬花等植物药材以及少量的鹿茸、麝香、牛黄等名贵药材。经济林木以苹果、梨、核桃、山杏为主，尤以红星、红冠、红元帅品种质量上乘。林区有野生植物 600 余种。丰富的动植物资源为张家川县发展药材、特色经济等产业提供了优势条件。

二 森林资源

截至 2014 年，张家川境内有林地 59.14 万亩，森林覆盖率 20.8%，占张家川面积的 30%。木材总蓄积量达 120.47 万立方米。生长着杨、椴、松、桦、栎等 128 种木本植物。根据全县的森林资源，通过科学合理的抚育措施，编制科学的管理和作业机制，加强管理，有序开采，实现森林资源生态效益和经济效益的双重作用。

三 草地资源

张家川县境东北部有大片宜牧草山、草场，截至 2014 年，放牧草地面积达 54.10 万亩，其中成片草地 18.77 万亩。野生牧草有 154 种，均属灌木草丛类，以禾本科、莎草科、豆科、菊科为主。饲草年产量达 1.4 亿公斤，载畜量折羊单位 9.17 万只。这为全县畜牧业及相关产业发展奠定了基础。

四　矿产资源

矿产资源比较丰富，全县主要矿产有8种，矿点18处，已探明铜矿石储量1367万吨，铁矿石储量3111.9万吨，铅、锌、银以及非金属硫、石灰石、石英石、长石也有一定储量，特别是花岗岩储量大、色度好、硬度高，具有较高的开采价值。矿产资源发展对张家川县经济建设意义重大，科学规划，整合资源，规范开采，变资源优势为经济优势，推动张家川县社会经济快速持续发展。

五　水资源

截至2014年，张家川境内水资源量为2.1亿立方米，地表水资源较为丰富，为1.7亿立方米，境内河溪沟岔泉水分布比较广泛，散布着大小泉池500多眼，年泉出露总量为150万立方米。

张家川县是水资源相对不足的农业县，水资源短缺，水土流失日趋严重，如何保护和利用好有限的水资源，支撑经济社会的可持续发展就尤为重要。因此，一方面，围绕水利改革发展主线，提升水利发展能力，促进农业快速发展；另一方面加强水污染治理和区域水资源协调利用，科学合理开发和保护水资源，实现水资源的可持续利用，为张家川县国民经济发展提供安全可靠的水环境，支持和保障工农业生产的可持续发展。

六　旅游资源

1. 资源储量较大，类型较为丰富。张家川境内自然旅游资源及人文旅游资源都较为丰富，按照国际标准来看，张家川县旅游景区资源类型中的8个主类有5个、31个亚类有5个。全县有可供开发的大小旅游景点28处，其中自然景观10处，类型较为丰富。自然景观有美丽辽阔的关山草原，波光潋滟的东峡水库，白石嘴牧场、五星牧场，特别是神奇秀美的关山云凤凤景区层峦叠翠，绿树成荫，草色青青，溪流涓涓，具有"清、幽、秀、雅、雄、奇、险、峻"等特点，景点丰度较高，具有很高的旅游开发价值。

2. 资源特色鲜明

张家川县旅游资源由于其地域和文化上的独特性造就其旅游资源具有明显的地域特色和文化特色。关山—云风山自然风景区资源特色鲜明，与境内的白石嘴牧场、五星牧场等构成了张家川县独特的自然景观。另外，仰韶文化、马家窑文化、常山文化积淀丰厚的历史文化旅游资源及浓郁的民俗文化特色更是丰富了张家川县旅游资源的特色。

3. 旅游品质优良

经旅游资源评价，张家川目前没有五级旅游资源，四级旅游资源（优良级旅游资源）有1处，即关山牧场；三级旅游资源（优良级旅游资源）共有7处。优良级旅游资源占到了总可开发旅游资源的47%，充分显示出张家川县旅游资源的相对优势。

4. 资源布局相对集中，地域组合良好。自然景观多集中在县域范围内以东，人文景观多集中在县城以西，以305省道为轴线分布。旅游资源的空间组合状况良好，各县市区域主体资源突出，特色鲜明。

5. 资源开发潜力巨大

张家川大部分旅游资源还保持了原始性和完整性，也是未来旅游开发的有利条件。境内旅游资源品质较高，资源数量多，组合相对集中，交通通达性较好，基本上没有污染。随着天水市委市政府、张家川县委县政府对张家川县旅游产业的逐步重视，积极投资张家川旅游业发展，旅游资源开发潜力巨大。

第 四 章

甘肃民族地区"十二五"期间
经济社会发展成就、问题
及原因分析

进入"十二五"时期以来,甘肃民族地区的经济社会进入了快速发展阶段,经济保持高速增长,远超全省同期平均水平。2011 年民族地区生产总值完成 310 亿元,2012 年完成 381 亿元,比上年增长 23%,2013 年完成 440 亿元,比上年增长 15%。2013 年民族地区 GDP 占全省的比重也由 2011 年的 6.17% 上升到 2013 年的 6.99%;2013 年全社会固定资产投资为 791.5 亿元,比 2012 年增长 38.55%,远高于甘肃省全社会固定投资比上年同期增长的 27.11%。2013 年地方财政收入 29.12 亿元,较 2011 年增长 53%,甘肃民族地区经济综合实力显著增强。

第一节　发展成就

"十二五"期间,甘肃民族地区经济社会发展取得了显著成效,居民生活水平不断提高,社会事业与民生不断改善,产业结构趋于合理,扶贫工作进展明显,民族工作成绩突出,为"十三五"时期民族地区经济社会又好又快发展奠定了基础。

一　农村基础设施及生活水平

基础设施建设成效显著,截至 2013 年年底,民族地区公路通车里程达 22636 公里,所有乡镇通了沥青、水泥路。甘南自治州"十二五"期间经济社会发展规划项目开工 889 项，完工 632 项，完成投资 151 亿元。甘南大剧院、旅游培训中心等重大标志性工程基本建成。"引洮入潭""引洮济合"等一批重点工程完成。合作东二路商业街等城市商贸综合体加快建设。全州八县市城区天然气接通，铺设城区管网 68 公里，入户 5400 户。夏河机场建成通航，临合高速及尕玛、合冶、宕迭、夏河县城至机场 4 条二级公路建设进展顺利，夏河至青海同仁二级公路开工。98 条 877 公里农村公路建成通车。肃南县建设皇城至大湖滩等农村道路 24 条 187 公里，被评为"全省农村公路建设养护管理先进县"。农村基本解决行政村电话、通邮、听广播和看电视的问题，农民生活得到很大提高，人均纯收入达到 4500 元。

二　社会事业及民生

社会事业不断发展进步，民族地区所有县（市）全部实现"两基"目标，民族地区幼儿园、高中、中等职业技校全部免费，甘肃民族师范学院升格为本科院校；教师队伍建设进一步加强，学历和能力明显提高，形成了一支稳定的教师队伍；科技体系不断完善，科研队伍不断壮大，科技投入稳步增长，科技成果转化率逐年提升，产学研用结合日趋紧密，一系列科技政策法规有序出台，科技事业取得了前所未有的发展；新农合参合率达到 95% 以上；民族地区农村人口饮水安全问题得到了解决；2 个自治州、5 个自治县全部建成公共图书馆和文化馆，民族地区 258 个乡镇全部实现标准化乡综合文化站全覆盖；23 个少数民族非物质文化遗产项目列入国家级保护名录；社会保障体系进一步健全，城镇居民基本医疗保险制度全面推开，新型农村合作医疗制度覆盖全省民族地区。老年人、残疾人的服务和权益保障得以加强。

三　产业发展及产业结构

民族地区充分利用区位、人文和民族风情优势，在发展传统的畜牧业的同时，大力发展地方工业和以旅游、商贸为主的第三产业，形成以商贸为主，清真食品、民族特需用品加工、文化和农业旅游为补充的产业发展格局，临夏以"东建新区、西建园区"发展战略，加快园区建设步伐。枹罕镇围绕民族文化产业园，建设千头奶牛、万头肉牛养殖示范园区。南龙镇建设商贸物流园区，大力发展商贸物流产业。扶持民族企业，发展商贸富市。大力培育清真食品和民族特需用品加工业，开拓藏区大市场，培育了一批民族企业；同时，打造南龙和折桥农业观光旅游园。而且大力发展水电开发、光电能源资源，带动黄金开采、硅铁冶炼等资源开发以及农副产品、畜产品加工等产业快速发展。产业结构不断调整优化，民族地区三次产业的比重由 2005 年的 26：30：44，调整为 2013 年的 17：39.5：43.5，农牧业比重明显下降，工业比重显著上升，经济发展的后劲进一步增强。

四　扶贫开发情况

在甘肃省委、省政府出台的一系列扶贫攻坚政策支持下，甘肃民族地区扶贫攻坚取得了新成就。2014 年，民族地区脱贫人口 26.65 万人，贫困面由 40.64% 下降到 31.17%，下降近 10 个百分点，高于全省 2.8% 个百分点。其中甘南全州扶贫攻坚力度更是加大，整村推进 113 个、整乡推进 11 个、连片开发试点 4 个，培育产业扶贫示范村 150 个，新组建扶贫资金互助社 112 个，落实惠农专项资金、农牧业保费补贴 7.3 亿元。全年劳务输转 12.31 万人次，实现劳务收入 14.69 亿元。舟曲扶贫攻坚投入 6.8 亿元。全州减贫人口 7 万人，15 个重点乡镇和 95 个重点村基本脱贫。

五　民族工作情况

各民族平等团结，和谐发展，政府维护民族地区稳定的工作部署，严格区分不同性质的矛盾，防止把与民族无关的问题归入民族问题。同时，健全完善应急预案，依法保护少数民族群众合法权益，排查矛盾纠纷并坚决、果断地采取得力措施妥善进行调处，努力把影响民族团结的问题消除在基层、消除在萌芽状态。阿克塞哈萨克族自治县，县里最美的乡叫团结乡、牧场最好的村叫团结村、县城的主街道叫团结路、最大的社区叫团结社区，甚至有许多人的名字也叫团结。可以说，"团结"已经成为这里最深厚的传统、最美好的字眼和大家共同的行为准则。全县 11 个民族的宗教信仰和语言各有不同，建县以来却从未发生过一起民族方面的矛盾。

六　生态文明建设稳步推进

全面落实《甘肃省加快推进生态文明建设实施方案》，稳步推进甘南州国家生态文明先行示范区、张家川县国家黄土高原丘陵沟壑水土保持重点生态功能区建设，加快甘南州、临夏州、永靖县、天祝县国家生态文明示范工程试点和临夏州国家生态保护示范区建设。《甘南州生态文明建设示范工程试点实施规划》《甘肃"两江一水"区域生态环境综合治理规划》等先后获得国家部委批复，藏区1500个生态文明村建设工程加快推进，民族地区累计完成造林171.01万亩。

七 专项规划实施成效显著

全面实施甘肃省"十二五"兴边富民行动、扶持人口较少民族发展、少数民族特色村寨保护发展三个专项规划。累计落实兴边富民行动专项资金5165万元，实施兴边富民行动项目28项。累计落实扶持人口较少民族发展资金70883万元，实施项目761项，人口较少民族聚居村大部分实现了"五通十有"目标。投入资金6100万元，扎实推进36个少数民族特色村寨建设，5个特色村寨被命名为首批中国少数民族特色村寨。

未来五年，甘肃省民族地区将迎来诸多新的发展机遇："一带一路"、西部大开发、打赢脱贫攻坚战、创新驱动发展等战略的实施，进一步加速了全面建成小康社会的进程，为民族地区经济社会加快发展、群众增收致富带来了千载难逢的契机；党中央、国务院和省委、省政府高度重视少数民族和民族地区发展，制定了一系列扶持政策，政策叠加效应逐步凸显。

第二节 甘肃民族地区经济社会发展存在的问题

"十二五"期间，甘肃民族地区经济社会发展取得了显著成效，但发展中依然存在贫困、发展不平衡、基础设施落后、自我发展能力低下等问题，发现问题、分析问题是"十三五"时期解决问题，与全国一道全面建成小康社会的重要保证。

一 贫困问题

尽管民族地区在脱贫致富上下了很大功夫，也取得了一些效果，但受自然条件严酷、灾害频繁和经济基础薄弱制约，民族地区贫困面较大，贫困程度较深。少数民族贫困人口达 87.75 万人，占全省贫困人口的 15.89%，占全省农村总人口的 31.17%，全省 58 个集中连片特殊困难地区县中 18 个是民族县（市），占总数的 31%，占 21 个少数民族县的 86%，全省 43 个国家扶贫工作重点县中有 14 个民族县（市），占总数的 33%。与全国扶贫开发工作重点县贫困农牧民年人均纯收入平均水平相比，甘肃民族地区低 730 元。以甘南藏族自治州为例，2012 年全州扶贫对象人均纯收入增长了 19%，仅占全州农牧民人均纯收入的 42%，全州常年返贫率为 20%—30%，灾年达 50% 甚至更高，可见甘南藏族自治州贫困人口比重大，所以贫困问题也是民族地区经济发展过程中急需要解决的难题。

二　发展不平衡问题

主要是两方面的不平衡，一是各地区的发展不平衡，经济发展较快的是河西地区的三个民族自治县：肃南县、肃北县、阿克塞县，基本上达到小康水平，而临夏、甘南地区发展缓慢，2013 年，河西少数民族地区人均国内生产总值普遍很高，其中肃北县达到 298211 元，阿克塞县 146521 元，而临夏州人均国内生产总值为 18097 元，甘南州仅为 14602 元，远低于全省的 2.45 万元，民族地区内部的地区之间差距还是相当大。二是城乡发展不平衡，2013 年，甘南州农民人均纯收入占城镇居民人均可支配收入的比重仅为 27.14%，远低于全国平均水平。

三　基础设施及社会事业

经济基础薄弱和社会事业基础设施建设历史欠账过多，各族群众上学难、看病难、住房难、饮水难、行路难、养老难等基础民生问题仍然较为突出，成为制约民族地区经济社会发展、提高各族群众生活水平和全省同步奔小康的瓶颈问题。尽管中央和地方对民族地区各项社会事业建设的财政投入逐年增加，民族地区各项社会事业发展进步加快，但由于历史欠账较多、建设和管理成本高，与全国和甘肃省其他地区相比差距明显，突出表现在水、电、路、通信等生产生活基础建设方面。如每块砖的产地价为 0.5 元，到甘南的价格就升为 1.2 元甚至更高。

四　生产力水平及自我发展能力

"十二五"时期，民族地区的人均生产总值变化的趋势是逐年上升，增速高于全省平均水平，但是少数民族地区发展水平与全省相比，始终有差距，生产力发展水平还是偏低。2013年，民族地区人均 GDP 仅为全省平均水平的 56%，农村人均纯收入只相当于全省平均水平的 78%，全国平均水平的 45%。民族地方财政资金严重不足，2013年地方财政收入为 29.12 亿元，仅相当于全省的 5.44%，财政自给率仅为 9.45%，是典型的补贴性、依靠性财政，自我发展经济的能力极弱。

五　影响民族团结的因素

我国民族工作的目标是建设平等、团结、互助、和谐的民族关系，但由于国内外形势的变化，因经济利益、风俗习惯、宗教信仰等因素引发的矛盾和冲突时有发生，不利于维护民族地区稳定和发展。西方反华势力和境外敌对分子利用民族、宗教和发展差距等问题，企图在我国制造混乱局面。这严重干扰了正常的社会秩序，成为甘肃省民族地区稳定和发展的一大难题。

第三节　甘肃民族地区发展滞后的原因分析

甘肃民族地区经济社会发展中出现的问题既有历史原因，也有自然环境的约束与现实经济水平低下的原因，分析甘肃民族地区经济社会发展问题产生的原因，是"十三五"时期促进民族地区经济社会发展的关键。

一　自然原因

五年来，通过"十二五"扶持人口较少民族发展规划的实施，虽然民族地区经济和社会各项事业取得了丰硕成果，但恶劣的自然条件阻碍了民族地区更好的发展。民族地区自然灾害频发，汶川特大地震和舟曲特大山洪泥石流等自然灾害，导致部分民族地区遭受有史以来最为严重的损失。而且民族地区农牧业生产条件差，自然生态环境脆弱，77.2% 的耕地为山旱地，草场"三化"（退化、碱化、沙化）严重、生态环境不断恶化的局面，成为推动经济社会发展的制约因素。同时，国家确定的主体功能区规划将民族地区大部分国土面积列为限制开发区和禁止开发区，可是由于生态补偿机制尚未形成，环境保护和生态建设的支出较高也会阻碍经济进一步发展。

二　历史原因

"陇右熟，天下足。"描写的是甘肃在西汉时的繁荣，是当时的全国粮食主产区。在古代，甘肃在经济、政治都占据重要的地位，经济上有著名的丝绸之路；政治上无论外御边患，还是内击强敌，甘肃都是关键性的战略地区，成为意欲称王称霸者的资本和目标，尤其在十六国时期，这里发生过多次政权更迭。十六国之前凉、后凉、西凉、北凉、西秦五国，均建都于今甘肃。连年不断的战乱使人民陷于水深火热之中，甘肃整个经济社会发展受阻，虽然各政权为了巩固统治，采取措施刺激经济，舒缓民生，但都很难改变其发展落后的局面，一直延续到现在。

三　经济原因

经济发展不平衡，如阿克塞县发展较快，2013 年国内生产总值增长17.19%，足足比甘南州多 7.19%，不平衡的发展不利于民族地区经济长久的发展。产业结构不合理，工业占比较低且生产水平落后，效益低下，主导产业不明显，尚未建立起以工业为主导的国民经济体系，国有企业对整个民族地区经济的带动作用和贡献不突出。现有工业企业规模小，设备和技术水平落后，产品成本高、档次低，竞争力不强，经济效益差，严重制约着民族地区经济的发展。后劲不足，缺乏科技、管理人才，而且信息化和市场化的建设、新科技的开发引进推广使用等发展滞后，使民族地区经济发展受阻。

四　社会原因

教育的落后阻碍民族地区的发展。少数民族几乎都有信仰，加上农村对教育的认识不足，学生们对待教育很漠然，受教育程度较低，再加上家长思想落后迫使孩子辍学外出打工或者去念经，离开学校去承担家庭的责任，既缺乏建设家乡的思想，又不具备致富发展的思想，无法成为民族地区发展所需要的人才。囿于少数民族自身的局限性，思想意识还没有完全转变，没有从根本上重视发展，在藏族地区由于宗教的影响，喇嘛人数过多，男女比例严重失调，不利于社会的稳定，同时也制约民族地区的发展。

2015 年 1 月 29 日，习近平总书记在国家民委一份简报上批示："30年来，在党的扶贫政策支持下，宁德赤溪畲族村干部群众艰苦奋斗、顽强拼搏、滴水穿石、久久为功，把一个远近闻名的'贫困村'建成'小康村'。全面实现小康，少数民族一个都不能少，一个都不能掉队，要以时不我待的担当精神，创新工作思路，加大扶持力度，因地制宜，精准发力，确保如期啃下少数民族脱贫这块'硬骨头'，确保各族群众如期实现全面小康。"少数民族地区经济社会发展是国家经济社会整体发展的重要组成部分，要深刻认识加快少数民族地区经济社会发展，促进各民族共同繁荣的重要性和紧迫性。一方面，大部分少数民族地区能不能从根本上改变经济社会发展滞后状况，不仅直接关系这些地区能不能实现各民族共同富裕、共同繁荣、共同进步，如期实现全面建成小康社会的宏伟目标，而且关系国家全面建成小康社会的全局，意义非常重大。另一方面，离实现全面建成小康社会目标只有 5 年时间，少数民族地区要在较短时间实现全面建成小康社会，面临的任务艰巨，时间紧迫。

第五章

甘肃民族地区发展基础
和环境分析

"十二五"时期，甘肃民族地区经济社会发展取得的成就为"十三五"时期又好又快发展奠定了基础，借助国家民族政策，充分发挥甘肃民族地区资源优势和特色产业优势，克服劣势、消除障碍，力争在"十三五"时期与全国一同全面建成小康社会。

第一节 发展基础

"十二五"时期是甘肃省民族地区全面落实科学发展观，落实"四个全面"发展战略，实施西部大开发战略，实施"一带一路"倡议，努力推动全社会经济跨越式发展，加快建设小康社会的关键时期。自"十二五"以来，全省民族地区认真实施《甘肃省"十二五"民族地区经济和社会发展规划》（简称《规划》），把握好"四个全面"发展思路，以围绕全面建设小康社会为目标，努力实现民族地区"五个提升"，在保持经济较快发展的基础上，加强交通能源建设和基础设施建设，提高城市的辐射作用，提升自主创新能力，以环境治理为中心，提升可持续发展的能力，同时，提高公共服务和社会保障能力，提高人民群众的生活质量，社会和谐，各民族团结相处，如期实现了"十二五"规划确定的各项目标。

一 经济保持快速稳步增长

"十二五"甘肃省民族地区生产总值年均增长 10.4%，达到 456.17

亿元，全社会固定资产投资年均增长 18.15%，地方财政收入年均增长 10.05%，社会消费品零售总额年均增长 18.18%，民族地区生产总值占全省的比重由 2010 年的 6.1% 上升到 2014 年的 6.7%。城镇居民人均可支配收入年均增长达到 8.26%，农牧民人均纯收入年均增长 14.98%，增长幅度高于全省平均水平。

二 基础设施建设成效显著

随着"3341"① 项目交通工程、"1236"② 扶贫行动等项目的实施，甘肃省累计完成交通运输固定资产投资约 2500 亿元，是"十一五"时期的 3 倍，全省公路网总里程达到 14.15 万公里。兰新第二双线、宝兰客专和成县至武都、临夏至合作高速公路等一批重大交通项目顺利实施，敦格铁路全面开工，肃阿公路建成通车。预计在"十三五"期间，继续加大对铁路运输固定资产投资，如规划定西至平凉铁路项目，加强甘肃省中东部地区间的交流，全长 189 公里，其中甘肃省境内 142 公里，项目为单线电力铁路，项目总投资 76 亿元，其中甘肃省境内 57 亿元。阿克塞哈萨克族自治县完善"一区四园"基础设施，实施光电园区防洪堤坝建设工程，完成循环经济产业园排水管网、绿化植树任务。实施甘肃省民族地区水中长期供求规划，与流域机构和水规总院进行衔接汇总，引洮供水二期、引哈济党、白龙江引水工程、引黄济临、民勤红崖山水库加高扩容等项目顺利实施，加强生态工程建设。城镇建设有效推进，加快建设排水、防洪、垃圾处理、污水处理等城市基础设施建设，改善农牧地区信息化建设。张家川县全面推进"七大项目"和"八个全面覆盖"工程建设，实现了城区供热管网覆盖。

三 新能源项目和特色产业发展迈出实质步伐

加快完成风电、水电等工程，提高新能源产出比率和使用效率，引进新能源产业，阿克塞哈萨克族自治县光电产业园引入光伏发电产业 3 户，

---

① "3341"：指打造三大战略平台、实施三大基础建设、瞄准四大产业方向，确保到 2016 年全省固定资产投资规模达到 1.5 万亿元。

② "1236"：指一个核心、两个不愁、三个保障、六大突破。

装机规模达到 239 兆瓦，并网 30 兆瓦，累计发电 650 万千瓦/时，争取达到风电装机容量 150 兆瓦，累计发电 3.1 万千瓦/时。肃北蒙古族自治县节能 20 万千瓦风电项目完成 117 台风机基础施工，10 万千瓦调试并网。水电、风电等能源的开发与利用，使民族地区地方经济有了较快发展，成为经济发展的重要增长点，带动了有色金属等资源的开发，促进了民族地区特色产业的加工与发展。在发展民族地区经济的同时，利用好民族地区的矿产、能源、旅游等资源优势，大力发展该地区的特色产业、创新产业、旅游和商贸。临夏回族自治州共实施千万元以上重点项目 556 项，完成投资 269.2 亿元，永靖县黄河水电博览园、和政县复兴厚中藏医药产业园、广河县三甲集皮毛交易中心等项目顺利建设。临夏州清真产业快速发展，清真产业完成增加值 10 亿元，占工业增加值的比重达到 31%。能源、矿产等资源的开发与利用、民族贸易、民族旅游、高原产业、农畜产品加工、民族医药加工、清真产品等产业的规模与"十二五"发展相比有着明显扩大，其发展趋势良好。

四 社会事业取得长足进步

"十二五"期间，面对复杂多变的社会发展环境，甘肃省上下坚持以"四个全面"发展为指导，推动社会事业的改革与发展。全省民族地区已全面实施九年义务教育，基本扫除青壮年文盲，进一步推动少数民族地区的教育事业发展。肃北蒙古族自治县的蒙古族学校教学楼以及蒙古族传统文化实训楼已经顺利开工建设，义务教育均衡发展和督导评估工作通过省级验收。临夏州通过认真落实《关于促进全州教育事业跨越发展决定》和新修订的《临夏州教育条例》，全面推进学前免费教育，共落实资金1.13 亿元。投资职校建设，努力推动申办高职学院等项目的实施，扩建中小学校，加强教师队伍建设，并组织 2000 名教师参加北师大、陕师大培训。形成了规模比较完整、教育资源较为丰富、教育质量较为突出、具有民族文化特色的教育体系。网络文化的创新与发展为开展远程教育、提供优质教育资源搭建了共享的平台，促进教育事业蓬勃发展，改善了教育环境。加强城乡公共文化设施建设，改善县文化馆、图书馆、博物馆等公共文化设施条件，提高全民文化修养，广播电视覆盖率达到了全省平均水平，推动知识信息的传播。加大对医疗保健、社会卫生、社会保障体系等方面的基础设施建设，全面推行城镇居民基本养老保险制度和新型农村合作医疗制度，同时，加强对老年人、残疾人、未成年人的服务和权益保障。张家川回族自治县全面推行新农合"一卡通"，报销新农合补偿资金1.08亿元，新建标准化村卫生室30个，城乡医疗卫生基础条件不断改善。

五　城镇功能明显提升

随着"一带一路"等发展战略的实施，中心城镇的辐射作用明显提升，城镇功能的优势日益显露，推动着甘肃全省民族地区的经济发展，完善了城镇和农村地区的基础设施建设，改善了少数民族人民群众的生活质量。临夏州实施城镇道路、排水管网、公用设施、园林绿化建设等项目57个，临夏市大夏河南岸项目群、临夏县旧城改造和新城建设、和政县松鸣小镇综合开发、积石山县城东区综合开发、广河三甲集镇综合开发、东乡县幸福小区开发等项目顺利推进。甘南藏族自治州全州广播综合覆盖率达到100%，全年完成邮电业务总额5.49亿元，全州全年造林9.36万亩。

六　新农村建设和农村经济日益发展

新农村建设规模日益扩大，推动着农村经济快速发展。大夏河流域、红水河流域、老鸦关河流域连片开发，井沟、红台等乡镇的基本农田改造项目实施，累计兴修梯田10.31万亩。天祝县建成特色农业生产基地38.35万亩。苏北县农牧业科技示范园区和54座新建高标准日光温室运行，全面完成西滩调蓄水库、石包城乡牧民定居新区供水工程、盐池湾乡安全饮水工程。临夏州扎实推进扶贫开发，深入实施"1236"和"4155"[①]扶贫攻坚计划。临夏县农村自来水管网覆盖率达到98%，农村道路通畅率达到95%，电网覆盖率达到100%，人均有效灌溉面积、梯田面积分别达到0.55亩、0.84亩。完善农村供水、供电、排水、亮化等基础设施，积极发展富民产业，提高农村居民的收入水平，改善农村居民的生活质量，全面消除贫困面。认真落实全省新农村建设策略，全方位推进

---

① "4155"：指强化4个基础，落实15项政策措施，健全5项机制。

新农村经济建设，努力完成全面建设小康社会的目标。

七 生态建设力度不断加大

以天然林保护、退耕还林还草、封山育林（草）、"三化"草地治理、围栏封育、退牧还草、舍饲圈养、禁牧休牧、建立自然保护区等综合措施为主的生态建设力度进一步加大。在进行新农村建设的同时，更加注重生态文明建设，促进社会发展的可持续发展能力。阿克塞通过完成人工造林6066亩，全面建成草原防火项目，建设国际生态公益林项目，实施大苏干湖湿地保护及牧草饲料基地项目，实现经济建设与生态建设同步推进。天祝县完成新农村绿化、岔西滩造林绿化等6个亮点和祁连乡岔山村、东大滩乡华郎村、打柴沟镇石灰沟村等20个百亩以上的造林绿化示范点，完成天堂镇、红大村、西大滩乡、马营坡村等地区的生态村镇创建工程。

八 民族文化产业发展迅速

甘肃省拥有55个民族，民族节庆习俗丰富多彩，特色的民族文化满足了人民群众的精神需求，提升了甘肃省民族文化的生产力，促进地区经济的发展，同时吸引着国内外游客，带动了旅游产业、基础设施产业等相关产业的发展。回族的古尔邦节、开斋节，藏族的正月十五晒佛节、五月采花节，哈萨克族的叼羊、"姑娘追"，土族的"纳顿"节、"二月二"跳神会等传统节日丰富多彩。兰州的太平鼓舞、武威的"滚鼓子"、张掖的顶碗舞、天水一带的扇鼓舞、蜡花舞等，以及河湟花儿、裕固族民歌等，名扬中外。兰州微雕葫芦，平凉纸织画，庆阳牛皮影、香包、剪纸、刺绣，保安腰刀，天水雕漆漆器，酒泉夜光杯，卓尼洮砚，武威"铜奔马"等民间工艺品也久负盛名。丰富多彩的文化特色，借助"一带一路"倡议，民俗文化产业将迎来国际化的发展机遇，对于提升甘肃省民族文化产业的竞争力，促进甘肃省经济跨越式发展，推动小康社会的建设，促进甘肃省经济发展转型具有重要的现实意义。

九 旅游产业稳步提高

全省旅游行业依照省委、省政府"科学发展、转型跨越、民族团结、富民兴陇"的总体部署，围绕华夏文明传承创新区和丝绸之路经济带战略，突出打造甘肃旅游品牌，依创新思路、创新举措等模式，推动产业加快发展。[①] 丰富多彩的民族文化赢得国内外游客的好评，增添了旅游产业的特色，扩大了旅游规模，促进旅游人数的增加，完善了旅游开发所需的基础设施建设，为旅游产业的发展提供特色文化的基础。甘肃的旅游资源既有藏族、回族、裕固族、保安族、东乡族等少数民族独具特色的民族风情资源，又有石窟寺庙、长城关隘、古城遗址、高山草原、大漠戈壁、沙漠绿洲、丹霞奇观、冰川雪峰等雄浑壮丽的西部自然风光。

第二节 环境条件

"十三五"时期是民族地区实现"四个全面"发展，依据"一带一路"等发展战略实现经济转型，全面建设小康社会的重要时期。随着经济发展步入"新常态"，"十三五"时期的发展环境和面临的形势将会更加复杂，不确定因素增加既给经济转型发展提供了机遇，又给我们带来更重的发展任务和更高的发展目标。

一 促进经济和社会发展的有利因素

"十二五"以来，党中央、国务院继续加大对民族地区发展的扶持力度，统筹兼顾各民族地区发展平衡性问题，重视民族地区可持续发展，出台了一系列关于加快民族地区经济发展、社会发展和文化发展的政策措施，甘肃省民族地区民族团结、政治稳定、经济稳增、文化繁荣、社会和谐，在为"十三五"发展奠定良好的社会环境与发展基础的同时，民族地区自身发展面临着良好的发展机遇。一是随着西部大开发战略的深入，国家提出"一带一路"[②] 和"四个全面"[③] 的发展战略，进一步加强民族地区的基础设施建设、生态环境建设、社会文化事业建设和区域经济建

---

① 《甘肃省"十三五"旅游业发展规划》。

② "一带一路"：指丝绸之路经济带和21世纪海上丝绸之路。

③ "四个全面"：指全面建成小康社会、全面深化改革、全面依法治国、全面从严治党。

设。二是国家出台一系列政策措施，促进民族地区的经济发展和社会发展，提高民族地区可持续发展的能力。国务院办公厅关于印发《近期土壤环境保护和综合治理工作安排的通知》（国办发〔2013〕7号）、《国家重大科技基础设施建设中长期规划（2012—2030年）的通知》（国发〔2013〕8号）、《少数民族事业"十二五"规划的通知》（国办发〔2012〕38号）等一系列政策措施。三是省委、省政府出台一系列政策措施，一方面配合国家出台的政策措施，促进民族地区经济可持续发展；另一方面根据本省发展的实际情况，制定相关经济和社会发展的政策。甘肃省人民政府办公厅关于印发《2013年推进国家循环经济示范区建设工作方案》（甘政办发〔2013〕52号），甘肃省人民政府出台《甘肃省质量发展纲要（2012—2020年）》（甘政发〔2012〕110号），《甘肃省人民政府办公厅〈甘肃省标准化发展战略纲要实施方案（2015—2020）〉的通知》（甘政发〔2015〕68号）等，完善经济发展的基础，明确民族地区经济发展的目标。四是国家和省政府进一步加大兴边富民行动、扶持民族地区经济发展、扶贫工程等项目的投资力度，支持肃北县、积石山县、天祝县等地区的扶贫项目，大力发展"3341""1236""4155"等项目工程，既促进民族地区经济发展，又扎实推进扶贫开发。五是民族地区既有丰富的矿产资源、能源资源、水力资源、动植物资源、森林资源等自然资源，又有民族文化、历史文化、民俗风情等人文资源。六是国家和地区政府重视生态发展与经济发展的关系，生态环境建设是地区可持续发展的目标，保护西部资源发展是西北大开发战略发展重点之一，努力实现经济又好又快发展。七是经济新常态趋势明显，经济发展面临转型时期，国家将会出台一系列有利于经济发展和转型的政策措施，甘肃省民族地区可利用新的政策优势，加快转变经济发展模式，适应工业化、信息化、城镇化、市场化、国际化发展的需求。

二 制约经济和社会发展的不利因素

一是经济总量小，经济和社会发展水平与甘肃全省经济发展水平存在明显差距。2011年，民族地区生产总值占全省的6.12%，2014年民族地区生产总值占全省的6.6%，民族地区经济在三年中有了明显的提升，但是经济发展较为缓慢，在全省经济总量中占比偏少，经济发展存在明显的差距，有待提高。二是市场经济不够完善，城镇化发展缓慢，区域发展不均衡，城乡二元化问题仍然突出。这不利于全省民族地区经济结构调整，阻碍后发优势、特色产业创新和现代产业体系。三是生态环境脆弱，民族地区自然灾害频繁发生。据统计，2014 年甘南州各类自然灾害累计致使 13.4 万人受灾，农作物受灾面积达到 7376 公顷，严重损害房屋 251 间，受灾死亡的各类牲畜达到 1485 只（头、匹），造成直接经济损失 1.03 亿元。有限的资源环境承载力使环境保护和生态建设的支出加大。四是我国经济正步入"新常态"，经济发展面临新的转型，创新型经济发展模式有待提高。民族地区经济发展在区域内并不平衡，又需面对复杂多变的国内外环境，多重挑战阻碍民族地区在经济、政治、文化、自然等方面的后发优势，对民族地区的发展提出更高的要求。

第 六 章

甘肃民族地区"十三五"期间发展战略布局和主要任务

我国发展仍处于可以大有作为的重要战略机遇期，必须坚持全面建成小康社会、全面深化改革、全面依法治国、全面从严治党的战略布局，坚持发展是第一要务。牢固树立创新、协调、绿色、开放、共享的发展理念，拓展发展新空间，用发展新空间培育发展新动力，用发展新动力开拓发展新空间。结合国家建设"丝绸之路经济带"战略和甘肃省宏观战略调整，结合主体功能约束有效、基本公共服务均等、资源环境可承载的区域协调发展新格局，突出民族地区战略地位，明确发展导向，充分利用政策优势增强发展后劲，努力构建空间开发新格局，因地制宜，分类指导，分层次推进民族地区协同快速发展，增强民族地区自我发展能力。

第一节　战略布局

甘肃民族地区经济合理布局就是处理好各县市地区之间经济发展的各种关系，确立民族地区在甘肃省区域分工中的地位，按合理原则规划经济中心和吸引范围，确定各县市的发展方向，部署产业布局，通过生产要素的合理流通和优化配置，促使生产力诸要素取得最佳的地域功能和宏观综合效益。鉴于此，"十三五"时期甘肃民族地区经济社会发展的战略布局就尤为重要。

一 战略定位

甘肃省是一个多民族聚居的地区，民族分布呈现出大杂居、小聚居的特点。少数民族人口占全省的12.9%，国土面积占全省的40%。民族地区是回族、藏族、东乡族、保安族、撒拉族、裕固族、蒙古族、哈萨克族聚居区。其中，东乡族、裕固族、保安族是甘肃省特有的少数民族。民族地区处于黄河、长江、黑河的重要水源涵养区，是国家生态安全的重要屏障。促进民族团结和边疆稳固，保障国家生态安全，支持民族地区经济和社会快速发展是一项长期而艰巨的战略任务。着力打造全省各民族共同团结奋斗，共同繁荣发展，人心归聚、精神相依的幸福示范区；着力打造"丝路经济带"上对外开放和内地衔接互联互通的重要节点和关键枢纽；着力打造全省集中连片扶贫攻坚的开放式扶贫开发示范区；着力打造以人为本，四化同步，具有民族特色的新型城镇化和城乡一体化建设的先行区；着力打造绿色丝绸之路经济带建设上的国家生态安全屏障和生态文明试验区；着力打造具有民族特色的现代物流中心；着力打造以民族风情的华夏文明传承创新区和高原生态为核心的特色旅游产业基地。

二 空间布局

根据少数民族人口在地理空间上的分布特点，分为"藏族聚居区""回族聚居区""河西三县"三个区域，并确定相应的总体思路和目标任务。

（一）促进民族团结和富民兴藏的藏族聚居区快速发展

藏族聚居区包括甘南藏族自治州和天祝藏族自治县。经济和社会发展的总体思路：全面落实和贯彻依法治藏、富民兴藏、长期建藏、凝聚人心、夯实基础的党的十八大以来党中央提出的重要工作原则。确立把经济社会发展作为第一要务，把维护社会和谐稳定作为第一责任，把藏传佛教寺庙管理作为第一目标，把群众工作作为第一法宝，把凝聚人心作为第一任务，把夯实基础作为第一保证的"六个第一"的思路举措。紧紧围绕民族团结和民生改善推动经济发展，促进社会全面进步，共享改革发展成果，增进群众福祉的基本出发点和落脚点。积极促进基础设施改善、富民产业发展、农牧民收入增加，扎实推进社会发展和民生改善；极力促进生态文明建设和开发保护同步进行，以转变经济发展方式为着力点，以科技进步和人才培养为支撑，以维护民族团结和社会稳定为保障，促进藏区加快发展、全面建成小康社会；提高藏区可持续发展能力，努力实现生态良好、经济发展、生活富裕、社会和谐的目标，把藏区建设成甘肃乃至全国重要的高原绿色农畜产品生产加工基地，清洁能源工业基地，特色生态旅游和文化旅游产业基地，绿色丝绸之路经济带建设上的生态文明示范区。

（二）全面推进精准扶贫开发和富民增收的回族聚居区同步小康

回族聚居区包括临夏回族自治州和张家川回族自治县。经济和社会发展的总体思路：认真贯彻中央民族工作会议精神，深入开展"两个共同"① 及民族团结进步示范的创建，巩固和发展和谐稳定的良好局面。强化宗教工作，促进宗教领域保持和睦和顺。抢抓国家和省上支持民族地区发展的一系列重大机遇，以对特困民族自治州扶持政策的同步小康试验区建设和全国生态文明示范试点作为有效拓展的平台空间。深入实施"1236"和"4155"扶贫攻坚行动计划，全面推进精准扶贫。大力推进绿色清真产业经济开发区建设，积极扶持清真食品、民族用品龙头企业，把清真产业作为丝绸之路经济带建设中战略性支柱产业和外向型经济发展的重要支点，形成以清真食品、畜产品、少数民族特需用品、民族风情旅游等为重点的特色产业，形成实施科技创新驱动科学发展的产业优势，增强发展活力。发挥善于经商的优势，振兴商贸流通，建成民族特色的现代物流中心；加大民生保障力度，加快基本公共服务均等化进程；稳步推进民族地区新型城镇化建设和加强生态文明建设；深入开展民族团结进步创建活动，大力推进平安建设，促进社会和谐稳定。

（三）建设生态文明试验区和民族特色文化旅游的河西三县绿色发展

河西三县包括肃南裕固族自治县、肃北蒙古族自治县和阿克塞哈萨克族自治县。经济和社会发展的总体思路：依据国家生态安全屏障战略，围绕生态立县战略和生态文明试验区的建设目标，把生态建设与转变经济发展方式、调整产业结构相结合，使生态建设和经济发展良性互动。以国家

---

① "两个共同"：指共同团结奋斗，共同繁荣发展。

主体功能区约束下的矿产资源保护为前提进行开发建设河西走廊工业和清洁能源基地，以丝绸之路黄金旅游线大力发展民族特色文化旅游，以高原绿色畜产品建立特色农牧产品基地，努力更新发展观念，创新发展模式，形成经济发展新格局。积极融入"丝绸之路经济带"建设，以城镇化为重要动力，以市场化为导向，以信息化为新突破口，以农牧业现代化为深化改革方向，提升可持续发展能力。加快基础设施建设步伐，改善城乡环境，协调社会事业发展，促进民族团结，健全社会保障，实现城乡居民收入稳定增长，建成河西走廊上的民族幸福家园。

第二节　主要任务

"十三五"时期甘肃民族地区经济社会发展面临多重任务，要实现"十三五"时期民族地区经济社会的良好发展，就必须消除阻碍其发展的体制机制障碍和现实问题，基础设施建设、生态环境保护、居民生活条件改善、有效融入"一带一路"建设等都将成为"十三五"时期甘肃民族地区经济社会发展的重要任务。

一　基础设施建设

（一）落实交通突破目标，改善交通运输条件

全面贯彻国家"一带一路"倡议，依据省委、省政府实施的《丝绸之路经济带甘肃段"6873"交通突破行动实施方案》的重大机遇，将公路畅通、铁路连通和航路广通作为突破目标，改善民族地区交通运输条件。公路畅通：加大对民族地区干线公路、县际公路的改造力度，提高路网通行能力。实现省际出口路畅通，县县通高速、乡镇通国省道、村村通沥青路或水泥路。重点建设兰州南至永靖高速公路、双达高速公路、张肃高速公路、临合高速公路、积石山大河家至东乡高家咀沿黄快速通道、刘家峡至积石山环库公路、夏同公路、天祝至白银公路、祁连山腹地快速公路、国道 G338 松山至天堂镇段二级公路、甘南州二级公路、合作至冶力关镇二级公路等建设项目。实现国省干线和县乡公路交叉相错、农村公路通畅、辐射连片，东西畅通、南北贯通的交通骨架和公路网络。铁路连

通：贯穿丝绸之路经济带甘肃段的高速铁路建设，形成发达完善的快速铁路运输通道、现代物流运输通道、文化传承旅游运输通道、保障有力的安全运输通道。重点推进兰合铁路、中川至天祝城际铁路、敦格铁路、兰新铁路第二双线、兰渝铁路等的建设和建成。航路广通：利用丝绸之路经济带沿线国家重要节点城市航线开通，与国内省会城市和重要旅游、商贸城市航线直通，实现市州民航全覆盖、县级城市单元覆盖率达到85%。重点建设临夏北塬4C机场、夏河县拉卜楞飞机场、喇嘛坪通用机场、炭山岭镇直升机起降点、松山镇通勤机场等，进一步提高通达能力。此外，加大民族地区速递中心和物流集散网建设，继续建设黄河航道，实施航运工程。

（二）充分利用资源优势，加大能源开发力度

加大电源电网建设，积极开发风能、太阳能资源，建设中小型太阳能、风能发电站，构建安全环保的能源保障体系。大力开发可再生能源，形成稳定、安全、清洁的能源供应结构。有效推进城镇电网和农村电网改造工程，加大农村电网升级改造投入，进一步完善农村水、电、路等基础设施条件，提高城乡居民用电可靠性。加快明花光伏产业园建设，推进鼎盛风电项目、松山滩百万千瓦级风电基地、北京科诺伟业光伏大棚项目、松山滩分布式光伏发电项目、深圳金钒风电、锋电新能源一期光电、正泰二期光电等项目建设。立足水能资源，大力开发清洁能源，推进水电农村电气化，充分开发利用水电资源，建设肃南县大古山抽水蓄能电站项目、肃北县水电产业集群和新能源建设项目。深度开发煤炭资源，加大旦马盆地煤炭资源勘察力度，提高煤炭开发后续保障能力。充分利用农林废弃物，积极发展秸秆等生物质能发电、生物质制气、生物液体燃料、生物质固体成型燃料等新型能源。提倡发展沼气，支持大中型畜禽养殖场沼气工程建设，推进以沼气为纽带的生态农业模式发展和普及。

（三）构建支撑有力的水利保障体系，加强水利设施建设

严格实行水资源管理制度，构建支撑有力的水利保障体系，全面加强水利工程建设，有效缓解工程性和资源性缺水。抓住国家大力推广高效节水及实施国家级河西走廊高效节水示范项目的契机，建设以南阳山片为主的高效节水灌溉项目。强化杂木河毛藏寺水库，石门河调蓄引水工程，天祝南阳山、片下山入川生态移民小康供水工程等重点水源保障工程运行管

理。全面推进中小河流及江河主要支流治理，继续深入实施庄浪河、大通河、金强河等中小河流治理工程，抓好山洪灾害防治实施、沟壑地区生态治理等生态修复项目。全面继续深入实施基本农田改造、农业综合开发灌区节水配套改造、小型农田水利建设、病险水库除险加固等项目建设，改善农田水利。强化农村饮水安全，配套完善必要的引水管道、供水厂、清水池、变压器、加压泵、配水管道等设施。

（四）提高信息服务化水平，加快信息化建设

以服务和改善民生为重点，提高信息在社会管理、公共事务领域的深度融合性和广泛的服务性。加强建设移动网络、互联网、数字广播电视网、卫星通信等信息化设施，形成超高速、大容量、高智能国家干线传输网络。实现电信网、广电网、互联网三网融合，促进网络互联互通和业务融合。加快推进农牧区宽带网络建设，实施国道、省道移动通信无缝隙覆盖工程和通信村村通，全面提升宽带普及率和接入带宽。完善电信普遍服务机制，开展网络提速降费行动，超前布局下一代互联网、云计算服务平台，促进民族地区地理信息服务平台建设。加强农牧地区邮政设施建设，提升邮政普通服务终端能力建立。健全法律法规和标准，增强民族地区应对突发性事件的应急通信能力。拓展网络经济空间，实施"互联网＋"行动计划，发展物联网技术和应用，促进互联网和民族地区经济社会融合发展，支持基于互联网关键技术研发在民族地区的应用示范。

二 巩固农牧业基础地位

（一）深化农牧业现代化改革

推进农牧业现代化，支持种养大户、家庭农牧场、农牧民合作社、产业化龙头企业等新型经营主体发展，培养新型职业农牧民，推进多种形式适度规模经营。强化新品种、新技术在农牧业中的推广应用，提高产业发展效益。加强设施农牧业标准化建设，加大农牧业结构调整力度，推进农牧业产业化经营。积极发展循环农牧业，延伸农牧业产业链，提高资源利用率，全面提升主体生产模式经营管理水平和综合效益。强化农牧业服务体系建设，建立农牧业有害生物预警和控制体系，推进农牧产品质量安全，建设出口农畜产品质量安全示范区。

（二）保障有力的农牧产品有效供给

提高农牧业供给体系质量和效率，使农牧产品供给数量充足，品种和质量契合消费者需要，真正形成结构合理、保障有力的农牧产品有效供给。重点发展牦牛、藏羊、奶牛和草产业四个核心产业。着力发展马铃薯、双低油菜、中药材、啤特果、花椒、蛋皮核桃、育苗等特色农产品；大力发展高原特色经济林、药材、花卉、果蔬、食用菌以及林下资源开发；实施种养业良种工程、植保工程，继续实施马铃薯原种补贴试点政策。将青稞纳入良种补贴范围，开展牦牛良种补贴试点。在牧区推行以草定畜、休牧轮牧制度，促进传统畜牧业向现代畜牧业的转变。在半农半牧区重点发展节粮型、草食型畜牧业。

（三）加快推进现代农牧业建设

加强农田水利工程，干旱草场、饲草料基地灌溉工程，青稞和油菜生产基地建设、新型智能育苗温室、农作物良种繁育基地建设。强化天然草场改良、草地补播改良、饲草料基地、人工牧草种子繁育基地、牲畜棚圈及贮草设施建设。建设牛羊良种繁育体系、白牦牛育肥基地、肉羊标准化养殖示范区、肉毛兼用羊生产基地、人工饲草料基地、抗灾保畜饲草料储备库、动物防疫点。推进生态农业示范园建设，在农畜产品生产集中区建设一批标准高、功能全、辐射面广的大型农畜产品交易市场。加快农产品加工、保鲜、储运等技术和设备的引进开发，推动农副产品的精深加工和现代物流体系建设，拓展特色农产品销售渠道，积极探索利用电子商务扩大销售，不断提高农畜产品流通效率，推动农牧业产业化健康有序发展。加强农牧业设施标准化建设和特色林果业规范化管理，健全农牧业服务体系。促进草场使用权流转，落实草原生态保护补助奖励政策，发放草食畜牧业和蔬菜产业贴息贷款。加强农牧区动植物防疫检疫体系、农机推广和安全监理体系以及农畜产品质量检测体系建设，健全市州、县、乡镇三级农牧业技术推广体系。积极举办各类劳动技能培训，认真落实强农惠农政策，不断夯实农牧业发展基础。

三　改善农牧民生产生活基本条件

（一）建设农牧区幸福家园

加大农村饮水、道路、供电、通信等公共基础设施建设投入。继续实施民族地区安全饮水工程、生态移民小康供水工程，全面解决农牧民饮水安全问题。将民族地区住宅建设与新农村建设、生态移民工程有机结合，加快游牧民定居工程和农村危房改造进度，实施国有林区棚户区和农林场危旧房改造工程，全面启动康居工程。整合易地扶贫搬迁、危旧房改造等项目，统筹乡镇村布局和村庄改造建设规划，结合抗震安居，引导农牧民应用新技术、新材料，建设新型住宅，加大农村危房改造力度，引导农牧民建设富有地方特色、民族特色、传统风貌的新型宜居住房。完善建制镇功能，提高人口集聚能力，引导农村人口向小城镇适度集中，形成具有浓郁区域特色的新型小城镇；依据村镇建设规划，建设具有显著特色的中心村，鼓励农牧民向中心村集聚。解决民族地区寺庙通路、通电、通水、通信、广播电视覆盖以及寺庙、书屋等问题。将民族地区建设成通行便利、环境优美、生活宽裕、民族和谐的幸福家园。

（二）提高脱贫攻坚成效

贯彻落实中央扶贫开发工作会议精神，分析全面建成小康社会进入决胜阶段脱贫攻坚面临的形势和任务，深入推进"1236"扶贫攻坚行动，坚持精准扶贫、精准脱贫，构建长效扶贫机制，把民族地区作为特殊集中连片贫困区域予以大力扶持，享受国家扶贫开发工作重点县优惠政策，提高脱贫攻坚成效。积极改善贫困村发展条件，动员社会各方面力量参与扶贫。积极培育"造血型"扶贫项目，提高扶贫对象的自我发展能力，加大扶贫开发投入，增加扶贫资金规模和扶贫贴息贷款投放力度。继续实施整村推进、易地扶贫搬迁等工程，落实迁移群众的后期扶持政策，解决好长远生计问题。加大民族贫困地区的生态保护修复力度，增加重点生态功能区转移支付，扩大政策实施范围。民族贫困地区要从实际出发，着力解决关键问题，与时俱进创新扶贫方式，大力开展农牧民实用技术和劳务技能培训，将产业扶贫、教育扶贫、科技扶贫、生态扶贫和金融扶贫等有效衔接，调动各方特别是贫困群众积极性和创造性，引导资金、土地、人才、技术、管理等各种要素向贫困地区聚集，动员全社会力量形成扶贫脱贫的强大合力，不断提高贫困人口基本素质、自我发展、创业就业和脱贫能力，巩固扶贫成果，坚决打赢脱贫攻坚战。

（三）改善城镇居民生活条件

大力推进新型城镇化，构建以县城为核心、乡镇为纽带、乡村为腹地的城乡一体化格局，促进城乡统筹和协调发展。注重城镇规划引领，启动城市给排水、供热、绿化、道路等专项规划编制，完善市政设施。推动政府和社会资本合作模式（PPP），鼓励和吸引社会资本参与基础设施的建设运营。结合新型城镇化发展趋势，探索"多规合一"和"海绵城市"建设路径。加大廉租房建设和棚户区改造力度，提高补助标准。建立城市廉租房、经济适用房、商品房等多层次的供房体系，解决城镇中低收入家庭的住房困难。加强城市管理和维护，探索城市管理新机制。完善城镇功能，加强"一站式"服务平台和"网格化"管理服务模式建设，进一步健全社区民主管理体系，加快社区信息化平台建设，推动智能化社区建设。实施县级以上城镇水源地安全保障工程，生活垃圾场的无害化评定工作，地质灾害治理工程。提高城镇绿地管护质量，强化危险废物的监管，提升环境监管水平，倡导绿色消费和绿色出行的健康生活方式。

（四）着力实施易地扶贫搬迁

对生态环境脆弱、限制或禁止开发地区的农村建档立卡贫困人口和同村同步搬迁的非建档立卡群众实施易地扶贫搬迁，加大投入力度，创新组织方式，提升基本公共服务能力，切实改善贫困群众生产生活条件，进一步完善后续扶持政策，实现贫困群众搬得出、稳得住、有事做、能致富。

（五）加快集中连片攻坚

加快整村推进、集中连片和整流域扶贫开发，整合并高效利用各部门支农资金及各类扶贫资源，重点加强民族地区农村道路、基本农田、安全饮水、电力保障、易地扶贫搬迁、危房改造、生态环境、农村信息化、卫生计生、文化建设等基础工程建设，全面解决贫困村行路难、吃水难、住房难、上学难、看病难等突出问题。

（六）健全社会保障体系

实施积极的就业政策，鼓励以创业带动就业。建立政策扶持、资金支持、创业服务、创业培训等扶持就业的新模式，扩大劳务输出规模，努力拓宽就业渠道。建设基层就业和社会保障服务中心，加强培训基地建设。积极实施各类技能培训，提高劳动者素质。大力开展城乡劳动力技能培训，完善就业困难群体的就业援助制度。大力开发牧区草场维护、乡村道路协管等公益性岗位。建立健全企事业单位职工收入分配规则和监管机制，增加从业人员的工资性收入，注重社会公平，缩小贫富差距。完善城镇基本养老、基本医疗、失业、工伤和生育等保险制度，建立科学的城乡低保标准动态调整机制和医疗救助制度。健全农牧地区基本医疗保险制度，扩大社会保障覆盖面。健全覆盖城乡的社会救助体系，提高城乡低保、医疗救助、农村五保和优抚对象补助标准。大力推进残疾人社会保障和服务体系建设，加大对残疾人康复、就业、教育、扶贫等方面的投入，加快残疾人综合服务设施、康复中心、重度残疾人托养机构等基础设施建设，努力提高服务能力。完善救灾应急体系，支持建设城镇疏散场地和避险场所、救灾物资储备设施、救灾应急装备。

四　加快社会事业发展

（一）优先发展教育事业

加大教育投入，优化教育结构，推动公共教育资源均衡发展，促进各类教育事业协调发展。建立巩固提高"两基"成果的长效机制，扎实推进新课程改革工作，重视教育质量和教育特色。积极完善师资培养培训体系，全面提高教师专业水平和教学能力。完善教育基础设施，积极改善教学设施，改扩建农村义务教育寄宿制建设工程。促进信息技术与教学的有机整合，充分发挥信息技术教育和现代远程教育设备服务学科教学的作用。支持民族地区"双语"教学，制定科学统一的标准，提升"双语"教学水平，完善"双语"教学体系。加强"双语"教学信息化建设，开发"双语"教学课堂软件。大力发展职业教育，加强实训基地和"双师型"教师队伍建设，提高职教中心办学水平。强化师德、师风、师能建设，完善教学质量监测体系，提高教育教学质量。重视发展学前教育，加快发展成人教育，引导民办教育健康发展，形成多层次、开放式的终身教育体系。继续办好省属重点中学开办少数民族高中班，扩大省属高校在民族地区的招生规模，支持民族院校基础设施和特色学科建设。

（二）提高医疗卫生服务能力

强化政府责任，动员社会力量参与，深化医疗卫生体制改革，构建覆盖城乡居民的基本医疗卫生制度，提高补助标准和医疗保障水平，强化公共卫生事业。加强州、县市、乡镇和农林场医疗卫生机构业务用房和附属设施建设及基本设备配置，加大基层医疗队伍培养力度，完善基本医疗服务体系。提高突发公共卫生事件处置能力，完善紧急医疗救治和医疗卫生信息网络，建设州县疾病预防控制中心，加强地方病、高原性疾病防治。完善紧急救援综合协调机制，增加应急物资储备。加强食品药品监管基础设施和能力建设。建立覆盖城乡的基本医疗卫生制度，重点建设县乡村三级医疗卫生服务网络和城市社区卫生服务网络。加强公立医疗机构和妇幼保健机构设施建设，推进公立医院改革发展，建立现代医院管理制度。加快实施农牧区住院分娩补助政策，提高妇幼保健水平，降低孕产妇和婴幼儿死亡率。推进出生人口缺陷干预工程。积极扶持民族医药健康发展，加强民族医学重点学科建设，建立民族医药医疗设施和服务网络，形成与西医医疗服务网络相互补充、有机结合的医疗服务体系；加强医疗人才队伍服务能力建设，大力培养和引进业务骨干、学科带头人；以信息化推动公立医院转变管理服务模式，优化业务流程，规范服务行为，量化绩效考核，为多方监督提供技术平台。高度重视流动人口的健康管理，加快形成以社区为依托的流动人口卫生服务网络，切实维护流动人口健康权益；深入开展城乡爱国卫生运动，积极推进卫生城市（城镇）和卫生单位创建和长效机制建设，加快推进农村卫生环境治理工作。

（三）推进文化事业繁荣发展

加大公共文化基础设施建设力度，以华夏文明传承创新区为平台，深入推进公共文化服务体系示范区创建工作，不断完善文化服务设施，推进文化惠民工程。支持建设民族地区县市级图书馆、文化馆以及乡镇文化站和村级文化室等公共文化基础设施。加强重点文物、重要遗址、民族文化等物质及非物质文化遗产保护和传承。健全公共文化服务体系，建立公共文化服务机构基本运行经费保障机制。利用"一带一路"沿线上的文化传播，加强少数民族语言节目译制和制作播映，建设藏语频率广播网络（站），加大藏区广播电视事业经费投入。建设出版物市场监管和网络出版监管系统，提高"扫黄打非"及出版物市场监管能力。继续实施"西新工程"，加快广播电视"村村通"工程建设，提高广播电视服务水平和覆盖率。加大民族传统文化挖掘和保护传承工作，开发、打造少数民族文化精品，扶持和引导民族文化企业走市场化路子，发展壮大具有民族特色的文化产业。支持民族地区建设民族风情街、民族标志性建筑和民族特色民居、民族餐饮文化街区，支持建设民族文化产业园区。加快宗教文化博物馆数字化建设，实施宗教文物保护规划，继续支持拉卜楞寺申报世界文化遗产工作。建设一批基层群众性体育活动场馆，积极开展全民健身活动。支持发展民族特色体育事业，积极举办具有地方特色的文艺汇演、歌舞、器乐比赛、体育赛事，广泛开展农民喜闻乐见的健身活动，繁荣群众文化体育活动。开展少数民族古籍的搜集、抢救、保护、整理、编目，组织整理、翻译、出版一批民族古籍文献。加强少数民族历史和文化研究。

（四）加强民族文化遗产保护传承

加大甘南藏族民歌、"南木特"藏戏、唐卡、藏医药、拉卜楞寺佛殿音乐"道得尔"、卓尼巴郎鼓舞、舟曲朵迪舞、蒙古族长调、临夏花儿以及以砖雕、东乡族擀毡、民间刺绣、保安腰刀锻制等技艺为代表的非物质文化遗产保护传承力度。广泛开展临夏花儿、临潭万人拔河、碌曲锅庄、阿克塞赛马、天祝赛马等文化体育活动，定期举办少数民族文艺汇演和少数民族传统体育运动会，适时举办少数民族书法、摄影、民族艺术品展览、民族传统技艺大赛、少数民族原生态民歌大赛、西部花儿（民歌）歌手邀请赛等活动。加强少数民族古籍整理工作，实施少数民族语言文字抢救、保护项目，加大古籍保护、整理、编目、出版工作，做好拉卜楞藏书、东乡县国家一级文物手抄本《古兰经》抢救保护工作。加强文物工程配套设施建设，完善民族地区文物保护网络体系，实施临夏东公馆油饰彩画修复工程、肃南县文殊山石窟壁画彩塑修复等文物保护工程。

五 推进生态文明建设

（一）优化生态空间布局，促进可持续发展

将生态文明建设与经济、政治、文化、社会建设紧密结合，推进新型工业化、新型城镇化和农业现代化进程。优化空间布局，加大自然生态系统和环境保护力度，加快建立系统完整的生态文明制度体系，形成节约资源和保护环境的空间格局、产业结构、生产方式、生活方式，提高发展的质量和效益。深入推进生态修复保护、天然林资源保护二期工程，加强中幼林抚育，培育森林资源，提高林分质量，保护和恢复境内草原生态系统、森林生态系统和湿地生态系统，积极稳妥地推进生态移民，努力形成生态建设和农业发展的良性循环。加大对防护林建设、森林抚育、草原生态保护、生物多样性保护等生态项目扶持力度。加快推进临夏州生态保护示范区建设，探索开展流域补偿、资源开发权入股参与投资等。全面推行禁牧休牧轮牧、以草定畜等制度，探索实行耕地轮作休耕制度试点，加强草原生态经济优化、草原保护与综合治理工程和重点区段沙漠化防治，实施刘家峡库区生态环境保护项目和水土保持综合治理二期工程、国家坡耕地水土流失综合治理，加快黑河、隆畅河等中小流域综合治理、洪水坝等矿山环境恢复治理工程、牧区节水示范等基础设施建设项目，提高水资源利用率。加大新一轮退耕还林还草力度，对坡度25°以上的坡地实行应退尽退。

（二）加强生态环境建设与保护

开展国家级生态文明示范试点工作，建立生态补偿试验区。加强高原原生植被、野生动植物和草原保护、荒漠化防治。推进退牧还草、退耕还林、草原鼠虫害防治、天然林保护、防沙治沙、湿地保护与恢复、冰川保护、三北防护林和湿地保护等生态工程。推动生态补偿法制化进程，加快建立科学合理的生态保护成本分担机制，对生态功能区水、森林、草原、湿地等生态系统和基础设施、矿产资源、农牧民收入等机会成本进行补偿，通过对保护区域政府的经济补偿，为综合治理和生态环境恢复积累资金，激励区域政府进一步加强生态环境资源的保护，促进环境资源的合理利用。积极用足用好国家及省市各项政策，继续发展生态易地搬迁和游牧民定居项目。实施重要水源补给生态功能区生态保护与建设规划、生态修复规划，加强对甘南段生态功能修复与水土流失及地质灾害综合整治、黄河上游水资源补给区生态保护与综合治理、祁连山水源涵养区生态环境综合治理、中小河流域综合治理等一批重点生态建设项目，落实生态保护综合措施，落实人工增雨、水土流失治理等技术措施，不断提高生态保护治理成效。实施黄土高原地区综合治理规划，采取综合防治措施，重点治理水土流失。有效加强生态资源的保护，建设草原技术推广服务体系和野生优良牧草驯化繁育基地、野生牧草种质基因库等。建设玛曲黄河首曲湿地国家级自然保护区。坚持生态保护优先，坚持经济社会发展与环境保护相协调原则，把生态文明理念贯穿于经济社会发展全过程和各领域。

（三）促进低碳生态节能的生产生活方式

严格按照国家主体功能区规划的要求，开发矿产资源，大力发展循环经济，发展适宜产业和建设基础设施，加大环境保护和节能减排力度。坚持开发与保护并重，污染防治与生态修复并举，并与循环利用、节约利用、民生改善结合起来，坚持源头严防、过程严管、后果严惩。巩固扩大大气污染、水污染和农村面源污染整治成果。支持企业节能降耗，推动企业清洁生产和资源综合利用，努力形成循环经济发展模式。加强工业排污、燃煤锅炉、汽车尾气、垃圾焚烧治理，加快水污染设施建设运营、集中供热和煤改气工作，促进环境状况持续好转。推动农村人居环境治理，抓好改厕、改圈、改灶、改庭院和治乱弃、治乱排、治乱建，推进农村生活污水处理、垃圾分类收集处理，提高废旧农膜回收利用率，改善农村环境面貌。加强对资源开发和工程建设的环境监管，重视已建和在建水电站的环保治理，解决好废弃矿山遗留的环境污染问题，不断强化执法力度，建立水质、空气质量、生态环境和辐射环境监测网络体系。建立市场化运作机制，以第三方治理为方向，推进环境治理机构改革，提高治理投资效率，并促进节能减排技术推广。位于限制开发的重点生态功能区的能源基地和矿产资源基地建设，必须进行生态环境影响评估，尽可能减少对生态空间的占用，并同步修复生态环境。

（四）提高生态风险意识和自然灾害监测能力

把生态文明建设放在突出地位，树立尊重自然、顺应自然、保护自然的生态文明理念，强化生态建设和环境保护，维护生态安全。依据《中华人民共和国防震减灾法》《中华人民共和国突发事件应对法》，按照国家综合防灾减灾规划的要求和甘肃省防灾减灾的部署，强化规划的实施。统筹协调区域防灾减灾能力建设，将防灾减灾与区域发展规划、主体功能区建设、产业结构优化升级、生态环境改善紧密结合起来。加强自然灾害监测预警、风险调查、工程防御、宣传教育等预防工作；坚持防灾、抗灾和救灾相结合，综合推进灾害管理各个方面和各个环节的工作，推进防灾减灾能力建设。加强森林、草原和水土流失等生态环境监测能力建设。建设污染源监控中心、有害生物防控中心、草原动态监测站。完善农牧业防灾减灾体系。强化地质灾害防治和监测能力，实施山洪灾害监测预警及防御工程，加强白龙江流域、洮河流域等重点滑坡体、泥石流多发区的监测。

六 民族特色优势产业

（一）合理有序开发利用矿产资源

按照国家主体功能区规划的要求，发展生态工业，保护性开发矿产资源。开展国土资源调查评价、危机矿产资源接替勘察。加强地质矿产调查、地质环境调查监测与综合评价，以及重点矿种、重点勘察规划区的勘测。开展优势矿产资源开发和综合利用关键技术攻关，发展一批重要矿山勘察后备基地。合理配置矿产资源，推进矿业产业化；建立矿产品保障供应协调机制。加快煤炭企业兼并重组步伐，提高煤炭资源规模化和集约化开发水平，提升煤炭加工层次，发展煤矸石发电、洗煤、焦化、煤化工产业，延伸煤炭产业链。围绕石灰石、萤石、祁连玉、铁山矿、钨钼尾矿等矿产资源，建立河西走廊矿产工业企业集群。开展玛曲、碌曲、合作、夏河等地金矿资源评价、勘察、开发，建设甘南黄金开发基地。

（二）促进工业企业转型升级

依托资源优势，培育发展节能环保新材料、新能源、新医药、生物、信息等新兴产业。优化提升新兴碳材产业，培育壮大特种合金产业、提档升级化工建材产业，积极培育装备制造业。积极促进产业整合，提高市场竞争力，淘汰落后产能，加强节能减排，提升企业形象。积极引导信息化与工业化的深度融合，促进产业转型升级，坚持走新型工业化道路，提高工业创新能力。加快建设科技研发中心，发挥政府科技引导资金的作用，积极制定、完善和认真落实促进科技进步的政策措施，建立和完善企业科技创新的激励机制、风险投资机制，努力营造有利于企业技术创新的环境。充分利用民族地区优势，主动承接东部地区产业转移。

（三）加快开发区建设

整合工业企业向集群化方向发展，壮大园区经济，催生产业链的生成及延伸。以规模化、标准化进一步提高企业效益，重点打造园区产业基地和培育大型龙头企业，降低企业成本和提升企业竞争力。以专业化园区整合中小企业，通过企业集群发展增加企业间合作关联强度，优化企业间的分工协作。加强开发区和工业集中区规划管理，加快道路、电力、供排水等基础设施建设，努力推动民族地区开发区建设和发展。加快推动省级开发区和工业集中区招商引资，突出产业特色，完善服务功能，促进形成产业集群。基于主体功能区的限制，积极进行主体功能合作，利用兰州新区"飞地经济"产业园，拓展民族地区开放空间。

（四）做强特色文化旅游业

加强民族地区旅游景区规划、建设和管理，引导旅游产业向精品化、差异化、一体化、多样化发展。围绕民族风情旅游、高原生态旅游、宗教文化旅游，加强旅游品牌建设，把旅游业培育为民族地区新兴支柱产业。坚持规划先行，指导旅游产业建设和景区开发。加强旅游基础设施建设，大力建设 A 级旅游景区道路、停车场、环卫等基础设施，提高紧急救援能力。建设一批旅游景区连接主干道公路，打通连接境内外景区的断头路。加强自然遗产、国家风景名胜区管理。整合旅游资源，促进跨区域合作。以华夏文明传承创新区发展带动民族文化旅游、特色城镇旅游、少数民族特色村寨旅游、宗教旅游的发展。积极扶持群众发展农家乐、牧家乐等。打造黄河山水、史前生物、森林生态、草原生态、民俗风情等旅游品牌，培育多元旅游文化产业链。重点建设黄河三峡、松鸣岩、炳灵寺、拉卜楞寺、郎木寺、冶力关、腊子口、大峪沟、天下黄河第一湾、中华裕固风情走廊、天祝三峡、马蹄寺、官鹅沟等精品旅游景区。打造合作—夏河—碌曲藏传佛教文化生态旅游、玛曲黄河首曲、临潭至卓尼民俗风情生态旅游、迭部至舟曲绿色峡谷生态旅游、天祝三峡至天堂寺等藏区旅游精品线路。强化产业关联机制，探寻旅游产业与生态农业、高原夏季蔬菜基地、传统藏医药及生物制药、绿色畜牧业、藏文化产业、地方特色产品加工业等其他产业的结合点，发展观光农业、会展产业、运动康体产业、参与性娱乐产业、休闲商业、创意产业等泛旅游产业，构建完善的泛旅游产业体系。发挥特色优势，积极开发旅游新业态。重视信息化建设，构建智慧旅游平台，完善旅游信息系统，为游客提供便捷的服务。

（五）建设现代商贸物流中心

利用"一带一路"基础建设的契机，大力发展民族地区现代物流、电子商务、商品配送、物流信息平台等新型商贸业。注重龙头企业培育，引进培育一批技术水平先进、主营业务突出的大型现代物流企业，构建现代物流发展新格局。组织编制流通业发展专项规划，优化市场布局，合理配置资源，切实做到以科学规划指导商贸流通发展，努力形成布局合理、分工明确的市场格局。继续支持农产品进城和工业品下乡，解决农牧民卖难、买难、买得不放心等问题。大力发展第三方物流，引导企业优化业务流程，实施物流服务外包，推动第三方物流发展。推广应用现代信息技术、智能化技术和自动化技术，搭建智慧物流平台，重点建设智能车辆管理系统、智能仓储管理系统、智能电子衡管理系统三大系统，为打造物流产业基地提供支撑平台。加快现代物流人才培养和引进，不断引进国际现代物流企业先进的经营理念、管理经验和模式，为物流业的快速发展提供人才支撑和智力保障。积极争取恢复开通马鬃山口岸，支持临夏建设成为西北重要的商贸物流枢纽。

（六）大力发展清真食品产业

利用临夏州穆斯林集聚及在全国穆斯林中的独特优势，依托甘南、临夏以及河西等地优质的牛羊肉资源，大力发展以临夏州为主导的清真食品产业。积极推进与马来西亚清真食品认证的合作，发展面向中亚、南亚、西亚甚至欧洲的清真食品精加工产业，并在合适的条件下通过外交、政治、经济等多种手段推动临夏州与宁夏、新疆合作共同参与国际清真食品认证的申报工作。逐步培育清真饮品、清真乳制品、清真肉制品等品牌，集中力量扶持优势行业和重点企业，扩大生产规模，推进技术升级，逐步延伸清真食品产业链，着力培育具有较强竞争力的清真品牌；把临夏建成全国重要的清真食品生产加工和出口基地。扶持雪原肉业、燎原乳业、华羚干酪素、华安生物、康美牛业等清真食品龙头企业，扩规模、创品牌、占市场。

（七）扶持少数民族特需商品生产经营

极力满足民族特需商品生产的发展，实现民族地区商品供应基本平衡，保障民族地区各族群众生产生活的需要。利用民贸优惠政策的扶持，降低生产经营成本，增强企业的竞争力，活跃流通，加快民族地区私营经济的发展。以地毯、皮革、民族服饰、民族建筑、砖雕、香类、宗教特需用品等为重点，扶持兴强地毯和服饰等龙头企业扩大生产规模、提升效益。做大做强皮革、毛纺加工业，延伸产业链条。

（八）推动藏医药产业发展壮大

扩大藏医药的医疗范围，推进大健康产业下的藏医药服务体系建设，提升藏医药基础设施及技术水平，提升藏医药的服务能力，推动藏医药产业发展壮大。建设藏医药研发加工基地，以甘南州和天祝县为重点，加快高原中藏药材种植基地、保护基地、研发基地和交易中心建设，实现规范化种植和规模化生产。大力发展中藏药饮片加工和成药加工，推动药材种植、药品制造、包装运输等相关产业发展，形成藏医药资源综合开发利用产业链。支持甘南佛阁制药厂、玛曲独一味科技公司、夏河拉卜楞藏药厂等企业加大技改投入，构建藏药生产加工和市场营销体系。积极采用现代技术改造提升传统工艺，努力提高技术装备水平和产品档次，做大做强藏医药产业。支持甘南藏医药研究所建立和完善藏医药科研体系，加大研发力度，推动传统藏医药规模化、标准化生产。推动藏医药医疗信息管理网络化建设，加强藏医药服务体系建设。

七 加强基层政权建设

（一）加强基层政权基础设施建设和维稳工作

推动基层党组织全面过硬、基层政权全面稳固，基层社会更加和谐稳定。提高基层社会管理和处理突发事件能力，逐步改善民族地区州、县市、乡镇政权机关及基层公共服务体系办公接待服务条件，加强社区服务设施和村级组织活动场所建设，拓展服务功能，提高办事服务效率。开展危旧房改造，建设办公场所、综合服务设施，设立社区、农村、重点寺庙警务室。

（二）加强基层法治建设

围绕加强基层法治建设，促进依法办事，全面提高法治建设，提高群众满意度。围绕社会治安、环境保护、村庄整理、土地流转、交通出行、安全生产、火灾防控、食品安全等领域，联系和发动群众参与系列专项排查整治，推动突出问题整改落实到位，让群众感受到实实在在的安全感。加强公安、检察、法院、司法、国家安全以及消防、人民武装、民兵训练等基础设施建设，提升装备水平，建立健全工作网络，保障维稳应急物资储备。加强预警、应急指挥及通信系统建设，提高快速反应能力。落实政法机关编制，充实基层政法机关。

（三）加强民族宗教系统建设

坚持和完善民族事务委员会制度，统筹研究制定少数民族和民族地区的政策措施。进一步加大少数民族干部队伍培养和使用力度，科学编制少数民族干部和人才队伍建设规划，采取特殊政策措施，确保少数民族干部数量和质量，充分发挥少数民族干部在推动发展、促进和谐、反对分裂、维护稳定等工作中不可替代的作用。进一步加强基层民族宗教工作机构建设，保障人员编制和工作经费，改善办公条件，提高服务水平。

八 加强民族工作

（一） 全面理解中国特色解决民族问题正确道路的基本内涵

坚定不移走中国特色解决民族问题的正确道路，围绕改善民生推进民族地区经济社会发展，促进各民族交往、交流、交融，构筑各民族共有精神家园，提高依法管理民族事务能力，加强党对民族工作的领导六个方面。旨在切实加强和改进新形势下的民族工作，团结带领全国各族人民共同推进全面建成小康社会、努力实现中华民族伟大复兴的中国梦。必须牢牢把握以下基本要求：坚持党的领导，坚持中国特色社会主义道路，坚持维护祖国统一，坚持各民族一律平等，坚持和完善民族区域自治制度，坚持各民族共同团结奋斗、共同繁荣发展，坚持打牢中华民族共同体的思想基础，坚持依法治国。

（二） 明确民族地区经济社会发展基本思路

紧紧围绕全面建成小康社会目标，深入实施西部大开发战略，以提高基本公共服务水平、改善民生为首要任务，以扶贫攻坚为重点，以教育、就业、产业结构调整、基础设施建设和生态环境保护为着力点，以促进市场要素流动与加强各民族交往、交流、交融、相贯通为途径，把发展落实到解决区域性共同问题、增进群众福祉、促进民族团结上，推动各民族和睦相处、和衷共济、和谐发展，走出一条具有中国特色、民族地区特点的科学发展路子。完善差别化支持政策，完善一般性财政转移支付增长机制，率先在民族地区实行资源有偿使用制度和生态补偿制度，充分发挥政策性金融作用，加大银行、证券、保险对民族地区的支持力度，支持民族地区以建设丝绸之路经济带和 21 世纪海上丝绸之路为契机，在口岸建设、基础设施互联互通等方面给予扶持，完善对口支援工作机制，重点向基层特别是农牧区倾斜。编制并实施国家扶持人口较少民族发展规划、兴边富民行动规划、少数民族事业规划。要支持教育事业优先发展，把义务教育和职业教育作为重中之重。要多措并举扩大就业，支持发展农牧业、农畜产品加工业，鼓励发展农牧民专业合作组织，促进农牧民就业和稳定持续增收。要加快产业结构调整，大力发展现代农牧业、民族手工业、旅游业等特色产业，努力提升民族品牌培育和企业质量管理水平。要推进基础设施建设和城镇化进程，加快建设交通、水利、信息、能源、科技、环保、防灾减灾等项目。要集中力量扶贫攻坚，坚持民族和区域相统筹，建立精准扶贫工作机制，积极发展特色优势产业，增强自我发展的"造血"能力。

（三）积极培育中华民族共同体意识

引导各族干部群众深刻认识中国是全国各族人民共同缔造的国家，中华文化是包括56个民族的文化，中华文明是各民族共同创造的文明，中华民族是各民族共有的大家庭，牢固树立各民族水乳交融、唇齿相依、休戚相关、荣辱与共的观念。要发展少数民族文化事业，坚持以社会主义先进文化为引领，促进各民族文化交融、创新，把尊重、继承和弘扬少数民族优秀传统文化，与传承、建设各民族共享的中华文化有机结合起来。

（四）完善民族工作领导体制和工作机制

加强干部队伍建设，大力培养、大胆选拔、充分信任、放手使用少数民族干部，培养长期在民族地区工作的汉族干部，保持干部队伍合理结构。培养优秀知识分子队伍，重视民族地区知识分子特别是少数民族知识分子骨干培养。加强基层组织和政权建设，加强党风廉政建设。

九　专项工程或项目建设

（一）精准扶贫工程

按照党中央"四个全面"战略布局，扎实推进精准扶贫、精准脱贫，加快民族地区全面建成小康社会进程。紧盯努力到2020年与全国一道全面建成小康社会奋斗目标，全面贯彻落实党中央、国务院关于精准扶贫的部署要求，把扶贫开发作为最大任务，把精准扶贫、精准脱贫作为主攻方向，深化拓展"1236"扶贫攻坚行动，坚持城乡一体化与精准扶贫相融合、区域开发与到村到户扶持相结合，因地制宜、改革创新，以更加明确的目标、更加有力的措施、更加有效的行动，推动扶贫政策向特困片带聚集、扶贫资金向贫困村贫困户聚焦、帮扶力量向贫困对象聚合，做到对象、目标、内容、方式、考评、保障"六个精准"，真扶贫、扶真贫，让贫困群众真正得到实惠，加快脱贫致富奔小康步伐。利用国家针对特困民族自治州扶持政策，抓住临夏州作为建设少数民族自治州全面小康试验区的机遇，确保国家的有关精准扶贫扶持政策真正落地，与全国同步全面建成小康社会。

（二）实施扶持人口较少民族发展工程

编制《甘肃省"十三五"扶持人口较少民族发展规划》，将保安族、撒拉族、裕固族、土族列入人口较少民族予以支持。加快改善人口较少民族聚居乡镇、村各项基础设施条件，大力培育特色产业，促进社会事业全面发展，切实提高群众生活质量。建立扶持人口较少民族发展的专项资金。

（三）推进兴边富民行动

编制《甘肃省"十三五"兴边富民行动规划》，稳步推进肃北县兴边富民行动，争取国家"兴边富民"行动专项资金。重点发展农牧互补产业，增强可持续发展能力，优化经济结构，努力提高经济发展质量和效益，使城乡居民收入和基本公共服务能力达到或超过全省平均水平，通过禁牧休牧、生态移民、牧民定居点建设等措施，使牧民定居，实施危旧房改造项目。

（四）实施少数民族特色村寨保护和发展工程

少数民族特色村寨作为传承民族文化的有效载体，是加快少数民族以及民族地区发展的主要资源。通过文化遗产的传承、村落人居环境整治等方面的工作可以加强和提升保护力度。继续编制《甘肃省少数民族特色村寨保护与发展"十三五"规划》，扩大少数民族特色村寨保护与发展试点工作，逐步探索具有少数民族特色的路子，为保护少数民族特色村寨积累经验，使一些面临失传的传统手工艺制作技艺、服饰文化、民居文化、歌舞文化等得以保护和发展。

十　积极融入"一带一路"，构建全方位开放新格局

（一）提升民族地区战略地位

支持企业参加境外重点知名国际展会，在境外举办民族地区特色商品暨投资贸易洽谈会，提升中阿穆斯林民俗文化艺术论坛暨中国临夏与马来西亚吉兰丹州、伊朗库姆市清真食品和民族用品展销会的影响力，争取筹办中国国际清真博览会暨"一带一路"绿色食品博览会。把经贸产业合作与人文合作紧密结合，推动一批具有民族特色的双边合作项目，提升民族地区向西开放的战略地位。

（二）努力实施"走出去"战略

按照建设丝绸之路经济带甘肃黄金段的战略要求，努力挖掘合作商机和市场信息，帮助民族地区企业更好地开拓国际市场。积极推进与马来西亚、伊朗互办产业园区，加快申报临夏综合保税区，在新疆霍尔果斯口岸设立临夏绿色清真产业产品展示展销中心，打造清真食品、民族用品出口加工基地。

（三）加强国际合作交流

加强与"一带一路"沿线国家的文化合作，促进文化交流和文化产业发展，促进阿拉木图文化教育基地建设。争取马鬃山口岸复通，建设贸易合作区，推动民族地区融入经济走廊建设。延伸向中亚、中东欧市场的民族地区特色商品境外流通产业链条，搭建跨境电商企业民族用品销售平台，满足民族地区贸易渠道多元化需求。

第七章

甘肃民族地区县域经济
社会发展分析与展望

县域经济是指在县级行政区划的地域内统筹安排和优化经济社会资源而形成的开放的、功能完备、具有地域特色的区域经济，县域经济属于区域经济范畴，是一种行政区划型区域经济，它以县城为中心，乡镇（尤其是建制镇）为纽带，广大农村为腹地，城乡兼容，功能完备的综合经济体系。[①] 县域经济发展一方面是繁荣农村经济和农民增收的重要保证；另一方面也是加快我国新型城镇化建设的有效途径。相比全省其他县市，甘肃民族地区 21 个县市经济发展相对落后，自然环境和区位条件相对较差，克服发展阻力与障碍，总结"十二五"时期发展成效，明确"十三五"时期发展重点与主要任务，将发展劣势转变为后发优势将是"十三五"时期甘肃民族地区经济社会发展的重点和关键。

第一节　张家川回族自治县

张家川回族自治县位于甘肃省东南部，天水市东北部，陇山西麓，属六盘槽与陇西陆台两大地质构造单位的过渡地带，为六盘山经向构造与秦岭纬向构造接壤处，地理坐标为东经 105°54′—106°35′，北纬 34°44′—35°11′，全境地势由东北向西南倾斜，略呈斜三角形。东西长 62 公里，

---

① 李旭：《县城经济发展研究》，广西民族出版社 2005 年版。

南北宽 48 公里，总面积 1311.8 平方公里。张家川自治县属天水市辖县，东接陕西省陇县，南邻清水县，西连秦安县，北毗华亭县、庄浪县。自治县人民政府驻地张家川镇，与周边市县均有公路相通，西距省会兰州市 378 公里，东经陕西省陇县至西安市 388 公里。全县总面积 1311.8 平方公里，占全市总面积的 9.14%，辖 3 镇 12 乡，258 个村委会，总人口 31.97 万人，其中回族 20.69 万人，占总人口的 64.7%。

一　国民经济运行情况

2015 年 12 月底，张家川自治县生产总值完成 27.34 亿元，增长 9.3%；固定资产投资完成 45.9 亿元，增长 8.1%；社会消费品零售总额完成 7.3 亿元，增长 12.8%；财政收入完成 2.31 亿元，增长 11.99%；财政支出 20.31 亿元，增长 21.03%；城镇居民人均可支配收入 18640 元，增长 13%；农民人均可支配收入 5006 元，增长 17.2%。

（1）精准扶贫深入推进。深入实施精准扶贫战略，提出了"369"精准扶贫攻坚计划，大力推行"3581"帮扶模式；紧密对接省市政策精神，制定全县"1＋18"和 11 个工作部的行动方案，绘制 11 个作战图，完成贫困户建档立卡和大数据平台建设；建成了县电子商务服务中心、15 个乡镇电子商务服务站和 30 个贫困村电子商务服务点，组建扶贫互助协会 161 个，发放精准扶贫专项贷款 5.72 亿元。大力实施农民增收工程，发展壮大"三大富民产业"，培训"伊香拉面师"1500 人，申请注册清真餐饮品牌 2 个，新增清真餐饮经营店 2800 家、宾馆 440 家，全县累计发展清真餐饮经营店 1.58 万家、宾馆 1300 家，从业人员 6 万人，年创收 10 亿元，清真餐饮服务业对全县农民人均纯收入的贡献率达 60%；新建标准化规模养殖场 17 个，新增规模养殖户 1000 户，全县各类畜禽饲养量达 181.89 万头（匹、只），畜牧业产值达 2.68 亿元；发展皮毛加工户 410 户，皮毛贩运户 2261 户，皮毛产业销售总额达 2.4 亿余元。围绕农村实现"六化三提升"目标，完成新一轮退耕还林 1 万亩，绿化公路 115.4 公里；新修梯田 2.17 万亩；南山梁、刘堡梁农村饮水安全管网延伸工程全面建成，全县农村饮水安全工程通村率达 100%，入户率达 95% 以上，建制村通畅率达 96.5%；实施整村推进项目 26 个，完成易地搬迁主体工程 700 户、农村公益事业"一事一议"财政奖补项目 84 项；农民人居环境改善试点工作进展良好，群众生产生活条件不断改善。

（2）工商经济较快发展。以"三大工业园区"为平台，以工业"六大六小"项目为重点，坚定不移地推进"工业强县"战略，太极集团羲皇阿胶改扩建项目二期工程已试生产，三期工程前期工作进展顺利；鑫达矿业 50 万吨铁铜精粉技改项目正在进行空负荷调试；天源一期 49.5 兆瓦风电项目已并网发电，二期 50 兆瓦风电项目已列入国家能源局"十二五"第五批风电项目核准计划；星月清真食品加工项目前期工作全面完成；陇东粮油面粉深加工和年产 500 吨清真明胶生产线项目建设顺利进行。大力实施"引大引强入张"工程，全年新签约招商引资项目 22 项，总投资 41.44 亿元，实施各类招商引资项目 36 项，到位资金 35.56 亿元，同比增长 60.9%。先后与中快餐饮集团及宁夏明瑞苑穆斯林餐饮公司签订了推进清真餐饮业发展战略合作框架协议，与北方民族大学签订了一系列校地战略合作协议；积极参与宁夏回族自治区主导的中阿合作论坛，多方开拓参与国家"一带一路"建设的途径。210 兆瓦光伏产业园建设项目签订了投资框架协议，一期 10 兆瓦前期工作进展顺利；新天德 120 万吨新型干法特种水泥生产线项目获省发改委延期建设批复，并与中材西北总公司达成了投资意向协议。

（3）深化改革稳步推进。积极稳妥推进重点领域和关键环节改革，农业、农村、工业经济和城乡建设等 5 个方面"十大机制"建设成效显著。坚持教育优先发展战略，巩固扩大教育事业三年大发展成果，完成薄弱学校改造工程 52 所，建成 2000 人以上村级幼儿园 21 所，完成 70 个贫困村幼儿园主体工程；全力提升教育教学质量，2015 年全县高考各类本科上线 663 人，重点本科上线人数再创新高。大力实施文化惠民工程，建成村级文化广场 2 处、"乡村舞台"75 个；大型电视剧《关山魂》剧本创作工作全面完成，马家塬遗址保护规划编制已被国家文物局正式批复立项。深入推进医疗卫生事业三年大提升计划，医药卫生体制改革和公立医院综合改革工作稳步推进，县医院住院楼、门诊楼全面竣工，2 个乡镇卫生院业务楼主体工程和 66 所标准化村卫生室建设任务全面完成；全面落实计划生育优惠政策，加快人口信息化建设，城乡医疗卫生服务水平和计划生育优质服务能力不断提升，双拥、统计、妇女儿童、残疾人、老年人等各项社会事业统筹发展。

二 社会事业发展情况

社会事业持续发展，社会大局和谐稳定。县级财政支出 80% 以上用于改善民生，累计新增城镇就业 15680 人，城镇登记失业率控制在 4% 以内。不断完善社会保障体系，全面启动城乡居民养老保险，退休职工养老金、新农合补助、城镇居民医保、城乡低保、五保户供养标准逐步提高，城乡群众生活得到保障。教育质量不断提高，高考上线人数逐年增加。推进学前教育三年行动计划，累计建成各类幼儿园 108 所，实现乡镇中心幼儿园全覆盖，幼儿入园率达到 70% 以上。全面普及九年义务教育，落实义务教育经费保障、边远学校教师生活补助和学生营养早餐，顺利通过"两基"国检验收。大幅度提高教育投入，累计投入资金 5.47 亿元，实施教育改薄项目 115 个，新建、改扩建、维修加固校舍 23.58 万平方米，长期危及师生安全的学校危房彻底消除。累计投资 1.26 亿元，建成县医院住院楼、乡镇卫生院业务用房、标准化村卫生室等 189 个县乡村卫生项目，新增业务用房 4.15 万平方米。医药卫生体制改革不断深化，基本医疗保障制度实现了扩面提标，新农合参合率稳定在 98% 以上，累计补偿 315 万人（次），报销医药费用 4.98 亿元。成功创建国家级计划生育优质服务县，低生育水平保持稳定，人口素质普遍得到提高。完成广播电视"村村通""户户通"建设任务，解决了 7.2 万户群众收视收听难的问题。建成民族博物馆、影视中心、乡镇综合文化站、村级文化广场、农家书屋、乡村舞台等一大批覆盖城乡的公共文化服务项目。博物馆、文化馆、图书馆和乡镇文化站实行免费开放。马家塬遗址被列为国家第七批重点文物保护单位，张家川"花儿"被列入第四批国家非物质文化遗产保护项目。深入开展"两个共同"示范县建设，依法加强宗教事务管理，"平安张家川"建设深入推进，社会大局和谐稳定。

三 "十三五"目标及发展战略

以深入学习贯彻习近平总书记系列重要讲话精神为统领，牢牢把握"五位一体"总体布局、"四个全面"战略布局和"五大发展理念"新要求，主动适应和把握经济发展新常态，紧贴全县发展形势和人民群众新期待，紧紧围绕"五大目标定位"，坚持三大园区强县、三大产业富民、特色优势彰显、转型跨越发展的基本思路，坚持"强基础、兴产业、惠民生、抓脱贫、奔小康"的工作主线，更加注重补齐短板，更加注重结构调整，更加注重普惠民生，更加注重质量效益，更加注重改革创新，更加注重统筹兼顾，推动全县经济、政治、文化、社会和生态文明建设全面发展。

（1）坚决打赢脱贫攻坚战，全面建成小康社会

牢牢把握脱贫攻坚历史使命，全力实施"1+18"精准扶贫方案，推动扶贫政策向特困片带聚集、扶贫资金向贫困村贫困户聚焦、帮扶力量向扶贫对象聚合。全面落实"六个精准"，实施"七个一批"工程，支持有劳动能力的贫困户，依靠自身努力，立足当地资源，发展生产实现就地脱贫。对难以实现就地脱贫的贫困户，实施易地搬迁脱贫，确保搬得出、稳得住、能致富。全面落实保障兜底政策，提高贫困人口新农合和大病保险报销比例，扩大重特大疾病医疗救助范围，持续推进"政策性脱贫"，稳定实现6.01万人的脱贫目标。以115个贫困村为主战场，瞄准路、水、房等基础设施攻坚任务，加快改善贫困村生产生活条件，实施村组道路建设、农村路网改善、农村饮水安全巩固提升、危房改造和生态治理项目，努力补齐贫困村基础设施建设短板。管好用好精准扶贫专项贷款，积极开展劳动力培训行动，引导贫困户经营县域特色产业。加大贫困户劳动力输转力度，引导农村劳动力转移就业，稳定增加贫困群众收入。力争到2019年，全县贫困发生率下降到3%以下，实现基本脱贫，贫困县摘帽，到2020年与全省全国同步进入全面小康社会。

（2）实施项目带动战略，加快完善基础设施

坚持以"十三五"规划为统领，准确把握国家产业政策和投资导向，集中力量做深做细重大项目前期工作，超前谋划一批交通、水利、能源、信息等基础设施建设项目，确保完成731项总投资737亿元的项目储备工作。全力争取张家川自治县列入宁夏、临夏同等政策扶持范围，争取440项重大项目列入国家和省市规划逐年实施，持续增加有效投资。全面实施路网优化升级工程，加快出县道路对等连接，开工建设静宁—张家川—清水—麦积高速公路，突出抓好秦安—张家川—陇县二级公路建设。积极推进韩川至梁山、马关至连五至龙山、马堡至庄浪盘安、上磨至平安等公路建设项目，加快实施建制村通畅工程和村内道路硬化工程。力争到2021

年，全县公路通车总里程达到 2408 公里，二级及以上公路里程达到 256 公里。扎实推进水资源一体化开发利用工程。争取实施石峡水库清淤项目，抓好农村安全饮水巩固提升、水土保持、小型农田水利、水资源配置等项目建设，努力建成现代化的水利综合保障体系。推进"宽带乡村"和基础网络完善工程，实现行政村（自然村）通宽带，自然村和交通沿线通信信号全覆盖。加快电信网、互联网、广播电视网基础设施数字化改造升级，推动"三网融合"，建立覆盖城乡的信息服务体系。

（3）加快发展富民产业，奋力开创三农工作新局面

始终坚持产业富民取向，持续加大政策扶持、资金支持和技术帮扶力度，不断推动"三大富民产业"发展壮大，努力拓宽群众增收渠道。全面实施清真餐饮服务业"双百千万"工程，建立覆盖广泛、高效快捷的清真餐饮业服务网络，引导清真餐饮实行常规化培训、集约化经营、连锁式发展、规范化管理，发展壮大拉面产业。力争到 2021 年，在域外发展清真餐饮店 2 万家、宾馆 2000 家，纯收入达到 20 亿元以上。培育清真餐饮业领军人才 100 名，经营管理人才 1000 名，专业技术人才 10000 名。全力推动畜牧业培育提质增效。集中精力抓好基础母畜繁育、饲草料建设、疫病防控、集中育肥加工"四大工程"，建成东部基础母畜繁育示范区和省级现代畜牧产业示范区。壮大龙头企业、养殖场（小区）和养殖专业合作社，力争发展养殖场（小区）200 个，规模养殖户 20000 家，全县各类畜禽饲养量达到 280 万头（匹、只）以上，努力建设国家特色肉牛产业大县。深入推进"335"现代农业发展计划，扩大全膜玉米、马铃薯、大麻、中药材、苹果等特色优势产业规模，因地制宜发展特色旅游、土特产种养加工业，推进设施蔬菜产业发展，努力培育多元富民产业。建立农业投入稳定增长机制，全面提升农村高标准"六化"水平。实行最严格的耕地保护制度，整合土地开发整理、小流域治理、梯田建设项目，建设高标准农田，改善农村基础条件。

（4）加快工商业转型升级，提升经济发展质量和效益

整合项目资金推进三大园区建设，集中建设中部清真食品和生物医药园、东部循环经济和物流产业园、西部皮毛加工和商品贸易园。充分发挥工业园区的引领作用，实施民族特色工商业转型升级工程，加大民族骨干企业扶持力度，支持县域企业与大型企业集团并购重组，依托大企业引进

管理方式、科研队伍、销售渠道和融资平台，实现民族骨干企业转型升级。推进重点工业项目提质扩量工程，抓好太极集团阿胶系列产品生产线、中药保健品生产线、120万吨新型干法水泥生产线、鑫达矿业铁铜精粉生产线技改等重大项目建设，力争到2021年，工业企业发展到100户以上，规模以上企业从10户发展到20户以上，全县工业总产值由8.5亿元增加到17亿元以上。认真研究国家产业投资政策，紧跟产业梯度转移趋势，全力推进招商引资工作，力争未来五年招商引资到位资金年均增长10%以上。深入实施市场主体增量提质工程，促进市场主体转型升级，壮大县域经济总量。强力推进品牌战略，完善品牌奖励扶持政策。力争每年培育创建甘肃省著名商标1件，天水市知名商标2件。加快综合农贸市场、社区市场、专业批发市场建设，不断完善市场体系。实施文化旅游资源开发利用工程，坚持自然风光、民族风情、历史文化"三位一体"开发模式，科学编制旅游开发规划，加强项目对接引进，努力打造大关山自然风光和回族风情相结合的旅游产业开发格局。

（5）统筹城乡建设，推进新型城镇化

按照"三网改造、两山绿化、一线建设"的思路，全力推进城市建设。抓好路网、管网、电网"三网"改造提升工程，以城区道路建设为骨架，整合资金实施供水供热管网改造，推进管线入地工程。争取实施县城污水处理厂中水回用项目、城区防洪排涝项目，启动建设县城生活垃圾中转收运系统，完成县城集中供热扩容改造，稳定提高城区公共服务能力。深入推进县城生态建设治理，实施城区道路绿化，有序推进南山、北山"两山"绿化，实现重要路段、公共空间、城郊山地绿化全覆盖，改善城区生态环境。规划"一线"建设，启动南河风情线建设，分步实施河堤治理、河道整治、垃圾清运、污水收集、绿化亮化、道路改造、景观建设等工程，努力打造2.6公里休闲健身长廊，不断提升县城建设品位。大力发展城镇公共交通，推进城中村和棚户区改造、保障性安居工程、城镇疏散场地和避险场所、救灾物资储备库建设，增强县城综合服务功能。加快推进新型城镇化，巩固提升龙山、恭门、马鹿、梁山、马关5个建制镇，有序推进胡川、刘堡等乡的撤乡并镇工作，打造10个具有区域带动能力的新型城镇。依托易地扶贫搬迁等项目，规划建成100个中心村，形成"一城、十镇、百村"的城镇体系。加快推进小城镇道路、供热、供水、垃圾和污水处理等公共设施建设，深化户籍制度改革，促进农业转移人口举家进城落户，增强城镇产业集聚和人口吸纳功能，力争常住人口城镇化率达到60%以上。

（6）坚持绿色发展理念，建设山川秀美张家川

加强生态文明建设，促进人与自然和谐共生，努力打造山川秀美张家川。加强新能源开发利用，分期推进天源风力发电项目，努力建设绿色清洁能源示范县。加强生态安全屏障建设，实施生态保护和修复工程，推进关山生态综合治理，加大自然风景区、林地、河道、水库保护力度。推进新一轮退耕还林、三北五期防护林和水源地涵养林建设，力争全县森林覆盖率达到26%以上，争创全国生态文明示范县。扎实推进城乡清洁工程，按照布局美、环境美、建筑美、生活美的要求，以五条骨架路网沿线村庄为重点，扎实推进美丽乡村示范长廊建设。全面改善环卫基础设施，着力抓好农村巷道硬化、河堤治理和美化亮化工程。实行最严格的环境保护制度，合理开发和有效利用矿产资源，全面实施污染物达标排放计划，实现工业园区和城镇生活污水、垃圾处理设施全覆盖。强化农村环境综合整治，加大农业面源污染防治，努力营造优美宜居生活环境。

（7）深化改革促创新，构建发展新体制

深化行政管理体制改革，持续推进简政放权、放管结合、优化服务工作，全面推行"网上行权"，提高审批效率和服务水平。深化商事制度改革，推行"五证合一、一证一码"制度，推进注册登记便利化。深化财政管理体制改革，建立跨年度预算平衡机制，清理规范财税优惠政策，落实"营改增"等结构性减税政策。推进投融资渠道拓展行动，建立完善城市建设、交通发展、文化旅游、水务建设等重点领域县级投融资平台运作机制，推广运用"PPP"项目建设运营模式，激活民间投资，扩大投融资规模。推进农村综合改革，全面完成土地承包经营权确权登记颁证，落实农村土地集体所有权，稳定农户承包权，放活土地经营权，有序推进土地流转，妥善解决农村土地撂荒问题。深入落实"一带一路"倡议，积极融入丝绸之路经济带黄金段建设，加快清真食品认证，努力实现民族产品出口创汇。

（8）着力保障改善民生，持续增进民生福祉

牢固树立质量意识，办好人民满意教育。围绕提高教育教学质量，抓

管理、调布局、论实绩、促教学，让更多的孩子走出大山，为全县脱贫奔小康提供人才和智力支持。加快普及学前教育，实施学前教育第二期三年行动计划，构建覆盖城乡、布局合理的学前教育体系，实现学前教育行政村全覆盖，全县基本普及学前教育。深入实施"全面改薄"计划，加快城乡教育标准化、信息化建设和农村寄宿制小学建设，认真研究解决农村"空壳校"和城区大班额问题，稳步调整学校布局结构，推进义务教育均衡发展。全面提升 3 所普通高中教育教学质量，积极创建省、市级示范性高中。实施民族地区薄弱普通高中建设工程，争取将高中阶段纳入义务教育，适度扩大办学规模，满足高中阶段普及教育需求。大力发展职业教育，建成县职中实训楼，培养高技能人才。加强体育设施建设，争取建设县体育馆和乡村健身中心项目，深入开展全民健身运动，推动群众体育事业发展。深入推进"健康张家川"建设，深化医药卫生体制改革，全面推进公立医院综合改革，争取建设乡镇卫生院改扩建和标准化村卫生室，完善县乡村三级医疗卫生服务网络。健全城乡社会保障体系，实施全民参保计划，基本实现法定人员社会保险全覆盖。建立健全农村留守儿童、妇女、老人和特殊困难群体关爱服务体系。坚持卫生与人口工作融合发展，稳妥有序实施"全面二孩"政策，促进人口均衡发展。积极推进文化遗产"历史再现"工程，加强文物工作，重视文化遗产保护，创作编排一批具有民族特色的文艺精品，努力建设陇东南少数民族特色文化大县。

第二节　天祝藏族自治县

天祝藏族自治县地处甘肃省中部，武威市南部，位于河西走廊和祁连山东端，东经 102°07′—103°46′，北纬 36°31′—37°55′。东西宽 142.6 公里，南北长 158.4 公里，面积 7149 平方公里，占甘肃省的 1.54%，占武威市的 21.51%。东有景泰县，西邻青海省门源、互助、乐都三县，南接永登县，北靠凉州区、古浪县，西北与肃南县交界。兰新铁路和 312 国道穿境而过。县城华藏寺镇东南距省城兰州 145 公里，距中川机场 80 公里，西北距武威市 135 公里。全县辖 9 镇 10 乡，1 个国有种羊场（县级），1 个三峡森林公园管理委员会（县级），176 个行政村，18 个居委会，有藏族、汉族、土族、回族、蒙古族等 28 个民族，总人口 23 万人，其中少数民族占总人口的 37.1%，藏族占少数民族人口的 97.14%。

一 国民经济运行情况

"十二五"末，全县实现地区生产总值 48.23 亿元，相当于"十一五"末的 2.22 倍，年均增长 13.16%；社会固定资产投资达到 138.4 亿元，相当于"十一五"末的 5.28 倍，年均增长 39.5%；实现工业增加值 22.3 亿元，相当于"十一五"末的 3.18 倍，年均增长 19.99%；大口径年财政收入达到 7.7553 亿元，相当于"十一五"末的 3.09 倍，年均增长 25.28%；一般预算年收入达到 4.13 亿元，相当于"十一五"末的 4 倍，年均增长 31.98%；农牧民人均纯收入达到 5767 元，相当于"十一五"末的 2.1 倍，年均增长 15.9%；城镇居民人均可支配收入达到 20731 元，相当于"十一五"末的 1.95 倍，年均增长 14.26%。经济总量不断扩大，运行质量明显提高。

第一、第二、第三产业结构比例由 2010 年的 17.03∶49.54∶33.43；调整为 2015 年的 13.48∶53.74∶32.78，第二产业比重上升了 4.2 个百分点，工业经济的主导地位逐渐凸显，服务业拉动的支撑作用显著增强。通过加快产业基地和工业园区基础设施建设，基本形成了以新型碳材、能源化工、冶金、矿产品深加工和农畜产品深加工、藏酒、藏医药开发为主的特色工业体系，工业经济总量和质量进一步提升。通过一系列措施，强力推介"藏乡天祝·吉祥天堂"旅游新形象，旅游业呈现了良好的发展态势。实施各类招商引资项目 291 项，总投资达 557.71 亿元，落实到位资金 371.72 亿元。生态旅游产业发展势头良好，年均接待游客 56.87 万人（次），累计旅游综合收入达 14.14 亿元。特色种植面积达 57.62 万亩，建成果蔬菌日光温室 2.62 万亩，特色种植业产值达 10.5 亿元。建立饲草料生产基地 28 万亩，建成养殖暖棚 4.86 万座、养殖小区（规模养殖场）1056 个，牛、羊、猪存栏达到 185.13 万头/只，出栏达到 64.75 万头/只，畜牧业增加值达到 3.7 亿元，建立了较为完善的畜种改良和技术服务体系。

二　社会事业发展情况

天祝自治县坚持以人民为中心的发展理念，"十二五"时期累计办理省市县列出的为民办实事 78 件，其中 2016 年办理 19 件。高度关注民生，财政对教育卫生、社会保障等民生支出累计达到 115 亿元。社会保障体系逐步完善，全面完成社会救助指标工作，累计发放各类救助救灾资金 6.98 亿元，保障标准和水平明显提高。城镇居民医疗保险制度、城乡居民大病保险全面实施，医疗卫生保障水平逐年提高，城乡居民基本养老保险工作健康运行，机关事业单位养老保险工作有序推进。通过招录、招聘等方式将 1130 名高校毕业生安排到基层就业，安置公益性岗位就业 546 名，城镇就业稳步增加。办学条件进一步改善，教育质量稳步提高，"两基"国检、高中免费教育目标全面实现，农村义务教育学生营养改善计划、"全面改薄"、教育信息化等工作走在全省前列。在县财政十分困难的情况下，多方筹资兑现农牧业设施补助资金 4.7 亿元，落实机关事业单位在职和离退休人员地方津补贴、藏区津贴和科学发展绩效奖励资金。大力实施文化体育惠民工程，城乡文化事业繁荣发展。

学校办学条件进一步改善，布局结构更加优化，各类教育协调发展，教育质量稳步提高，"两基"国检高中免费教育目标全面实现。农村生产生活条件明显改善，新农村建设扎实推进，农村公共服务体系初步形成，新型城镇化进程进展顺利。新型农村合作医疗试点工作扎实推进，医疗卫生保障水平逐年提升；全县广播、电视综合覆盖率达 95% 以上。文化体育、社会保障、民政福利等各项社会事业健康发展；社会主义民主法制和精神文明建设成效显著，社会民生事业财政性支出大幅提高。

三　"十三五"目标及发展战略

"十三五"期间的总体发展目标：按照全面建成小康社会目标要求，继续保持经济持续中高速增长的势头，主要经济指标在"十三五"期末基础上实现翻番；经济结构进一步优化，转型升级取得显著成效；新型工业化进程持续推进，新兴碳材料等"十大产业链"和藏药食品等五个工业园区基本建成；现代农业体系粗具规模，新农村建设取得突破性进展；旅游业全面发展，基本实现"旅游强县"目标；"下山入川"工程显现成效，2017 年实现全面整体脱贫；城镇化水平显著提高，社会保障体系更加完善；各项社会事业全面进步，全县人民生活进入全面小康。

（1）经济发展目标

到 2020 年，全县地区生产总值突破 82.5 亿元，年均增长 9.5%；工业增加值突破 40 亿元，年均增长 10.5%；公共预算财政收入突破 8 亿元，年均增长 13%；全社会固定资产投资累计突破 316.6 亿元，年均增长 18%；规模以上固定资产投资 235.1 亿元，年均增长 20%；社会消费品零售总额达到 39.3 亿元，年均增长 12%。

（2）社会发展目标

到 2020 年，全县城镇化率提高到 50% 以上；人口自然增长率控制在 7‰ 以内；全县普遍实行 14 年义务教育，4—6 周岁幼儿接受教育比例达到 75%，高考录取率达到 80% 以上；城镇医疗保险、新型农村合作医疗和基本社会保障三项实现全覆盖，人均预期寿命达到 72 岁以上，城镇登记失业率控制在 3% 以内；科学研究与发展经费支出占生产总值比重达到 0.3%，年均增长 3%。

（3）人民生活目标

到 2020 年，城镇居民人均可支配收入达到 36000 元，年均增长 9.5%；农牧民人均纯收入达到 11700 元，年均增长 12%；亿元 GDP 生产安全事故死亡率控制在市上下达的指标以内；人均住房面积达到 40 平方米。每千人拥有病床数 30 张；人均图书拥有量 10 册以上。

（4）可持续发展目标

到 2020 年，全县森林覆盖率达到 40%，年均提高 3.5 个百分点；城市绿化覆盖率达到 30%，年均提高 1 个百分点；人均公共绿地面积达到 30 平方米以上，年均增长 1%；万元 GDP 能耗下降 10%，主要污染物化学需氧排放量控制在省市约束性指标范围以内，工业废水排放达标率 95%，工业固废综合利用率 90%，空气质量达标率 90%，城市污水处理率 95%，环境质量进一步提高。

（5）结构调整目标

到 2020 年，全县三次产业比例由 2015 年的 13.48:53.74:32.78 调整为 2020 年的 11:56:33；第一、第二、第三产业增加值到 2020 年分别达到 9.5 亿元、46 亿元、27 亿元。

"十三五"时期是天祝自治县全面建成小康社会的决胜期，全面深化改革的攻坚期，创新驱动发展的关键期，也是全面贯彻落实中央第六次西藏工作座谈会和甘肃省委藏区工作会议精神、发挥政策叠加效应的机遇期。既要看到当前新的发展动能正在加快积聚、经济转型升级的积极因素不断增多，又要认清经济下行压力持续加大、供给侧结构性改革任务异常艰巨的形势，准确把握天祝县情，全面贯彻落实党的十八大和十八届三中、四中、五中全会精神，深入贯彻习近平总书记系列重要讲话精神，认真贯彻落实省市县委重大决策部署，协调推进"五位一体"总体布局和"四个全面"战略布局，坚持发展第一要务，坚持以人民为中心，牢固树立和落实创新、协调、绿色、开放、共享的发展理念，以全面深化改革和实施创新驱动战略为动力，加快转型升级和结构调整，统筹推进经济建设、政治建设、文化建设、社会建设、生态文明建设和政府自身建设，确保改革顺利推进，经济保持较快发展，社会大局和谐稳定，努力实现与全省全市同步全面建成小康社会的目标。

第三节　肃南裕固族自治县

肃南裕固族自治县成立于 1954 年，因在肃州之南而得名，是全国唯一的裕固族自治县，地处河西走廊中部、祁连山北麓一线，东西长 650 公里，南北宽 120—200 公里，与甘青两省 7 个市州 15 个县市区接壤，总面积 2.4 万平方公里。全县辖 5 乡 3 镇、9 个国有林牧场、101 个行政村和 3 个城镇社区，有裕固族、汉族、藏族、蒙古族等 16 个民族，共 14554 户 37579 人，其中农牧业人口 2.55 万人，占 68%；少数民族人口 2.12 万人，占 56.5%；裕固族人口 1.02 万人，占 27%，人口密度为每平方公里 1.5 人，是一个高寒山区传统畜牧业县，也是国务院确定的 22 个人口较少民族县份之一。

一　国民经济运行情况

"十二五"期间，肃南县主要经济指标年均实现两位数增长。地区生产总值年均增长 12.3%，达到 28.8 亿元，人均生产总值提高到 8.4 万元，年均增长 13%；累计完成固定资产投资 197 亿元，是"十一五"期间的 2.2 倍，年均增长 11.2%；人均生产总值和固定资产投资均实现翻番。大口径年财政收入和一般公共预算收入年均分别增长 5.5% 和 13%，分别达到 4.16 亿元和 2.05 亿元，是"十一五"末的 1.3 倍和 1.8 倍。城镇居民人均可支配收入由"十一五"末的 11025 元提高到 20858 元，年均增长 13.6%；农牧民人均纯收入由"十一五"末的 7009 元提高到 13432 元，年均增长 13.9%。全面建成小康社会 39 项统计监测指标中，有 17 项指标已完成或超额完成目标值，小康实现程度为 79.94%，居全市第一位。

二　社会事业发展情况

"十二五"期间，肃南自治县财政用于民生的投入累计达到 41.9 亿元，占公共预算支出的 76% 以上。先后投入资金 14.5 亿元，办理重点惠民实事 54 件，一批群众关心关注的热点问题得到有效解决。同步推进"双联"行动、"1236"扶贫攻坚行动，举全县之力打好脱贫攻坚战，5 个建档立卡贫困村所有贫困户全部达到脱贫标准，顺利通过省市验收，20 个巩固提升村自我发展能力进一步增强，农村发展整体水平持续提升，全面建成小康社会的基础不断夯实。城乡居民养老、低保、五保、抚恤等补助标准和企业退休职工工资待遇逐年提高，新型农村合作医疗、城镇居民医疗、重大疾病救助等社会保险制度全面落实，城乡居民养老保险参保率达到 98%，医疗保险参保率达到 99%，覆盖城乡的社会保障体系逐步完善。统筹推进各项社会事业协调发展，幼儿园到高中阶段实现"三免两补"15 年免费教育，城乡学校教学设备和硬件条件基本实现均衡化、现代化，学龄儿童入学率、初中入学率分别达到 100% 和 98.1%，义务教育均衡发展通过国家评估认定。科技对经济增长的贡献率较"十一五"末提高 6 个百分点。深入推进基本公共卫生服务均等化，全面深化县级公立医院改革，实施公共医疗机构分级诊疗和药品零差价销售，医疗卫生条件和设施水平大幅提升。落实促进人口均衡发展措施，成功创建全国人口和计划生育利益导向政策体系示范县。公共文化均等化服务供给水平进一步提高，各民族优秀文化得到传承保护和创新发展。

三 "十三五"目标及发展战略

"十三五"时期是自治县加快转变经济发展方式的关键期，是全面实现"十三五"规划目标的攻坚期，也是全面建成小康社会的决胜期。既要看到当前随着国家深入实施西部大开发、推进丝绸之路经济带建设、全面深化改革、实施创新驱动发展战略和国家主体功能区建设、生态补偿机制等一系列重大战略决策的实施，新的发展机遇和动能正在加快积聚，经济转型升级的积极因素和有利条件不断增多，为肃南自治县发挥比较优势、建设"五个肃南"带来了新的历史机遇；又要认清在错综复杂的宏观形势下，外部环境不确定、不稳定的因素仍然很多，去产能、去库存、去杠杆、降成本、补短板任务异常艰巨，对肃南自治县资源型经济结构影响深远，未来相当一段时期，经济社会发展仍将面临许多不可预见的矛盾和困难。必须正确认识发展态势，进一步坚定信心，保持战略定力，主动积极作为，牢牢把握发展主动权，深度对接、用好国家推进供给侧结构性改革的各项政策措施，努力提高发展质量和效益，推动经济行稳致远、长期向好，开创自治县经济社会发展新局面。

面对新形势、新任务，"十三五"时期是全面贯彻党的十八大和十八届三中、四中、五中全会精神，深入学习贯彻习近平总书记系列重要讲话精神，坚定不移地落实中央"四个全面"战略布局，树牢"创新、协调、绿色、开放、共享"五大发展理念，按照省委"八个并重""六大支撑"的战略部署，以市委"坚定贯彻'五大发展理念'，围绕'四二'部署、实施'六六'战略，建设幸福美好金张掖"的工作思路为统领，着力加强生态保护，着力深化改革创新，着力促进转型升级，着力加强财源建设，着力促进和谐稳定，着力保障改善民生，加快建设"五个肃南"，为在全省民族地区率先全面建成小康社会、建设幸福美好新肃南而努力奋斗。

未来五年，生产总值年均增长8%左右，人均生产总值突破10万元；工业增加值年均增长7%，其中规模以上工业增加值年均增长8%；大口径年财政收入和一般公共预算收入年均分别增长8%，财政支出继续保持稳定增长；固定资产投资年均增长10%；游客接待量和旅游总收入年均分别增长15%以上；社会消费品零售总额年均增长10%；城镇居民人均

可支配收入年均增长 10% 以上，农村居民人均可支配收入年均增长 12%
以上。通过五年的努力，建设山川更加秀美，人与自然更加和谐的绿色肃
南；建设空间更加广阔，发展动能更加强劲的活力肃南；建设经济更加繁
荣，产业结构更加优化的富裕肃南；建设社会更加和谐，治理体系更加完
备的法治肃南；建设收入更加殷实，人民生活更加富足的幸福肃南，力争
在全省民族地区率先全面建成小康社会。

第四节　肃北蒙古族自治县

肃北蒙古族自治县位于甘肃省河西走廊西段的南北两侧，周边与 1 个
国家、3 个省区、8 个县市接壤，是以蒙古族为主体的少数民族自治县，
也是甘肃省唯一的边境县。全县总面积 6.93 万平方公里，约占甘肃省总
面积的 14%，总人口 1.18 万人，辖 2 镇 2 乡 26 个村委会，是甘肃省人均
占有面积最大的县份之一。肃北自治县南北自然环境差异极大，南山地区
南部祁连山区平均海拔 3500 米以上，团结峰海拔 5826.8 米，为甘肃省最
高峰；山麓为沙砾戈壁倾斜高平原区。北山地区为中低山和残丘地貌，戈
壁广布。

一　国民经济运行情况

"十二五"时期面对复杂多变的宏观形势、持续下行的经济压力、改
革发展稳定的艰巨任务，肃北自治县积极适应发展新常态，攻坚克难，奋
力拼搏，经济社会发展取得新的巨大成就，为建设"三区两园一县"和
全面建成小康社会奠定了坚实基础。2015 年，全县地区生产总值实现
34.5 亿元，是 2010 年的 1.78 倍，年均增长 12.2%；固定资产投资达 91
亿元，是 2010 年的 5.7 倍，年均增长 41.7%；财政收入完成 4 亿元，是
2010 年的 1.4 倍，年均增长 7%；城镇居民人均可支配收入达 27540 元，
是 2010 年的 1.53 倍，年均增长 8.9%；农牧民人均纯收入 20500 元，是
2010 年的 2.44 倍，年均增长 19.5%。多项人均指标在全省、全市位居前
列。"十二五"期间累计开工建设工业项目 96 个，其中，投资亿元以上
23 个，投资千万元以上 73 个。工业增加值完成 25.6 亿元，是 2010 年的

1.71 倍，年均增长 11.31%。

二 社会事业发展情况

坚持以人为本，着力解决民生问题，加大投入持续改善民生，实现了"六免六补六高一覆盖"，即十五年基础教育、城乡有线数字电视、城乡居民优质自来水、60 岁以上居民乘坐公交、城乡居民健康体检、医院门诊挂号费实现全免费，给城乡低保户、残疾人、寄宿学生、70 岁以上居民、80 岁以上高龄老人、企业退休（职）高龄职工发放生活补助，城乡低保、城乡老人生活补助、农村五保供养、孤儿基本生活保障、新型农村合作医疗和城镇居民基本医疗保险等补贴多次提标，均高于全省、全市标准水平，城乡居民新型养老保险全面覆盖。

三 "十三五"目标及发展战略

（1）以项目建设为主支撑，增强县域经济发展后劲

抢抓"一带一路"建设机遇，积极推进马鬃山口岸复通，扩大对外开放水平，发挥马鬃山在建设丝绸之路经济带甘肃黄金段的窗口作用，继续把项目建设作为应对经济下行压力、提升区域发展水平的着力点，全力推进马鬃山供水工程、党河中上游水土保持和生态恢复治理、党河河道县城段治理、敦格铁路肃北牵引变供电工程、马鬃山镇草原防火隔离带建设等重点项目。突出问题导向，重点破解管理、融资等项目推进难题。创新项目审批机制，实施串联改并联、前置改后审，加快项目落地速度。建立科学完备的项目库，扎实做好项目建议书、可行性研究报告等前期工作，做好项目的可行性研究，推动银企合作，加大融资力度，积极争取上级支持，千方百计落实项目建设资金。

（2）以升级转型为主路径，实现现代工业提质增效

密切关注现有重点税源企业经营状况，创新服务模式，提升企业发展质效。坚定不移转方式、补短板、防风险，推进项目投产达产，形成新的经济增长点。抓好工业园区基础设施建设，启动党城园区引水工程，全力推进柳格高速沙肃线二级公路、肃北至莫高窟快捷通道、将军庙至柳沟铁路、马鬃山至国门公路等项目建设，提升和完善党城工业园区和马鬃山工业园区附近的道路通畅能力。继续推进找矿突破行动，加强地企、院企合

作，积极探索矿产资源，为经济社会发展提供资源保障。加强探矿权、采矿权县级设置和监督管理，推动优势资源向开采技术先进、开发利用水平高的企业集聚，进一步提高开发利用水平。

（3）以增产增效为主目标，加快农牧民致富奔小康

大力推进农牧业结构调整，加快发展设施农牧业和特色农牧业，依托高原特色农牧业发展要素，重点打造一批优质、绿色的畜牧业特色品牌，推广种植紫花苜蓿、饲料玉米和优质牧草，继续发展林下经济养殖业，巩固扩大李广杏种植规模，促进农牧业提质增效、农牧民持续增收，夯实农牧业基础。全面落实粮食直补、农机补贴、草原奖补等惠农政策。深化农村改革服务体系建设，通过政策引导、资金扶持促进各类农牧业专业经济合作组织、市场中介组织的健康发展，做好土地、草场流转、农牧民技能培训、劳务输转等工作。

（4）以统筹城乡为主抓手，推进新型城镇化建设进程

加快基础设施和公共服务设施建设，实施县城景观改造提升、城区绿化、民族体育活动中心等建设工程，提升城镇承载能力。大力实施保障性住房、农村危旧房改造工程，加快和硕佳园、博伦小区等住宅项目建设。健全完善城市管理机制，推进精细化、规范化和数字化管理，提升小区物业管理水平。继续实施退耕还林、退牧还草、封滩育林、造林绿化等生态工程，推进康沟口风沙治理、绿色通道建设，筑牢生态安全屏障。坚持资源开发与保护并重，把生态文明建设提升到新高度，严厉打击各类破坏生态环境行为，促进人与自然和谐共生，着力营造良好人居环境。

（5）以传承保护为主引擎，培育文化旅游特色品牌

积极争取建设马鬃山省级国际物流边贸开放开发试验区，构筑甘肃西端产业聚集、生态和谐的新高地、物流边贸转运和矿产资源综合加工基地。支持现代信息技术、新能源、新材料等新兴产业发展，高度重视"互联网＋"经济发展，积极培育电商平台，加快推动实体经济与互联网融合发展。依托交通区位优势，鼓励支持物流企业做大做强，大力发展集运输、仓储、信息、货运代理为一体的现代物流业。以推进敦煌、瓜州、肃北、阿克塞四县（市）区域旅游战略协作为主线，创新体制机制，积极融入敦煌大旅游经济圈，实现旅游产业区域组团集群式发展。

第五节　阿克塞哈萨克族自治县

阿克塞哈萨克自治县地处甘、青、新三省（区）交汇处，敦格铁路、国道 215 线、省道 314 线、瓜格高速贯穿全境，是进出新疆、青海以及西藏的重要关口。全县辖 2 乡 1 镇 11 个行政村，常住人口 1.04 万人，户籍人口 9046 人。其中，哈萨克族 3234 人，占全县总人口的 36%，是全国 3 个哈萨克族自治县之一。

一　国民经济运行情况

2015 年，全县生产总值完成 15.14 亿元，是"十一五"末的 2.2 倍，年均增长 17.9%；财政收入完成 2.46 亿元，是"十一五"末的 2.46 倍，年均增长 21%；固定资产投资达到 39.4 亿元，是"十一五"末的 6 倍，年均增长 42.3%；社会消费品零售总额完成 1.84 亿元，是"十一五"末的 2 倍，年均增长 15.4%；城镇居民人均可支配收入达到 28098 元，是"十一五"末的 1.7 倍，年均增长 10.9%；农牧民人均纯收入达到 21560 元，是"十一五"末的 2.4 倍，年均增长 19.3%。现代农牧业发展迈出较大步伐。2015 年，农牧业总产值达到 8900 万元，是"十一五"末的 2 倍，年均增长 14.3%。新建养殖棚圈 46 座，发展设施养殖 3 万头（只）。新建日光温室 106 座，种植特色林果 1000 亩，科技示范带动现代节水型农业迈出了突破性步伐。工业经济多元化发展取得重大突破。2015 年，工业总产值达到 33 亿元，是"十一五"末的 2.6 倍，年均增长 21.8%；实现工业增加值 9.1 亿元，是"十一五"末的 2.6 倍，年均增长 20.7%。以旅游为龙头的第三产业蓬勃发展。累计投资 1.38 亿元，建设了野生动物园、"哈萨克"毡房餐乐园等旅游景点，完善了大小苏干湖、柳城子、多坝沟胡杨峡等景区基础设施，配套建设了游客服务中心。五年来，累积接待游客 81.79 万人次，实现旅游收入 6.32 亿元，分别是"十一五"末的 5.1 倍和 40.3 倍。餐饮、住宿、娱乐、物流、服务、快递、家政等经济实体快速增长，2015 年完成第三产业增加值 4.8 亿元，是"十一五"末的 2.2 倍。

二　社会事业发展情况

"十二五"期间，教育事业累计投资 5337 万元，是"十一五"时期的 2 倍。加大"全面改薄"项目资金投入，"两校一园"基础设施得到全面完善，"两基"、义务教育均衡发展，顺利通过国家评估验收。认真落实从幼儿园到高中"十五年免费教育"政策。卫生事业累计投入资金1712 万元，是"十一五"期间的 1.5 倍，全县城乡卫生体系进一步健全。推动科技创新，提升自主创新能力，科研经费支出占生产总值的比重达到2.2%。促进文体广电事业发展，累计投资 8400 万元，实施乡镇综合文化站、体育健身广场等工程，完成广播电视户户通、哈语广播落地、电视台采编播设备更新等工程，整理非物质文化遗产项目 45 项。组建了广电网络公司，重组了民族歌舞团，出版了纪实文学作品《东迁的哈萨克》，创作了民族歌舞等一批文化文艺作品，创立了"哈萨克文学奖"。编排推送精品文艺节目，连续两年成功在卫星电视频道播出。加强国内外文化交流与合作，多次组团参加对外文化交流演出，支持《天将雄师》等 6 部影视剧成功在县内取景拍摄，并自主完成了《天将雄师》哈萨克语版的翻译和制作。

三　"十三五"目标及发展战略

围绕全面建成小康社会的总体目标，计划到 2020 年，国内生产总值达到 20 亿元以上，年均增长 10%；财政收入达到 5 亿元，年均增长15%；全社会固定资产投资达到 58 亿元，年均增长 10%；社会消费品零售总额达到 2.6 亿元，年均增长 10%；城镇居民和农民人均可支配收入年均增长 10%，分别达到 41500 元和 31600 元；城镇登记失业率控制在3% 以内；城镇化率保持在 96.5% 以上；万元生产总值能耗控制在 0.6 吨标准煤以下。实现经济保持中高速增长、人民生活水平和质量普遍提高、居民素质和社会文明程度显著提升、生态环境质量总体改善、就业和再就业更加充分，社会保障更加完善等目标。

（1）加强项目建设，夯实经济发展基础

紧紧抓住"3341"项目工程、"6873"交通突破行动和"6363"水利保障行动等重大机遇，找准符合自治县实际的政策，积极谋划和争取一批具有较强影响力和支撑力的大项目、好项目。一是加大省道 314 线至敦煌阳关二级沥青公路、地下管廊、工业园区污水处理厂等中央和省投项目支持力度，力争全年专项资金达到 9 亿元以上。发挥政府投资的引导带动作用，推广 PPP 投融资模式，将投资延伸到交通、电力、城建、旅游、文化等领域，拉长投资链条，扩大投资覆盖面。二是抓项目进度。建立重大项目推进机制，继续落实县级领导项目包挂责任制，确保全年 97 个重点项目顺利开工，全力推进。三是抓项目管理。及早开展项目前期工作，做好项目开工准备，提高项目建设效率。进一步规范项目建设程序，强化项目资金管理，保证资金使用安全。加快项目建设进度，提高项目建设质量，及时开展项目验收决算，确保每一个项目建成群众满意工程。

（2）优化产业结构调整，壮大工业经济实力

着力优化产业结构，全面做好协调服务，促进工业经济平稳增长。力争完成工业增加值 9.3 亿元，同比增长 9%。一是工业提质增效。确保恒亚水泥一期、二期满负荷生产，全年生产水泥 150 万吨以上；做好海源铁精粉项目的协调服务工作，力促开工生产。抓好 1.6 万吨胶状乳化炸药生产线、海源低品位难选铁矿生产线、50 万吨高活性腐殖酸生产线、鑫隆矿业红柳沟尾矿资源综合利用等项目建设，力争上半年投入生产。督促甘肃光热 50 兆瓦光热发电项目完成引水工程，建成甘肃光热 300 千瓦测试平台，加快锋电能源、正泰二期、恒亚光电、智连能源等光伏项目建成并网发电；确保光电园 110 千伏汇流站、海源 110 千伏输变电项目和民主 330 千伏输变电项目投入运行。二是工业项目落地投产。加快煤化工循环经济产业链项目进度，争取早日开工建设；加大佑春硫化碱、红柳沟石棉矿区整合等项目衔接力度，力争年内有重大突破。督促鸿悦公司青石沟引水水电站及农业综合开发、越众光伏组件装备制造、聚鑫矿业人造板材加工、海源 100 万吨精密铸造等项目取得实质性进展。三是招商引资。落实招商引资项目管理办法和招商引资奖励办法，确保招商引资工作高位推进。加大招商力度，有针对性地开展外出招商活动。做好精准招商，紧盯国家投资重点和产业布局新动向，采取一对一、点对点的招商策略，提高招商引资的成功率。加快招商项目策划包装，重点围绕硫化碱精深加工、煤化工循环利用、电石、石棉尾矿综合利用、民族风情文化旅游园、清真饮食文化产业园、野生动物观光园、现代农牧产业园等项目抓好招商引

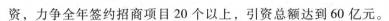

资，力争全年签约招商项目20个以上，引资总额达到60亿元。

（3）加快发展现代农牧业，促进农牧民持续增收

全力实施现代农牧业增收计划，确保农牧业增加值达到5793万元，同比增长5.5%。一是提高农牧业发展质量。继续落实草原补奖、公益事业"一事一议"等强农惠农政策，增加农牧民收入。投资1426万元，修建养殖棚圈18座，配套储草棚及青储池30座，维修暖棚500座，改良人工饲草基地1万亩。大力发展半牧半饲设施养殖，引进和扶持发展清真食品加工和流通企业，加快推进清真饮食文化产业园建设，推进清真食品向标准化、规模化、集群化发展。二是推进农村综合改革。完成两乡一镇土地承包经营权确权颁证工作，有序推进土地流转和农业规模经营。培育组建家庭农场、合作社、龙头企业等新型农牧业产业化组织。建立农村产权交易体系、产权抵押担保机构，组建农业信用担保公司，为农牧业发展开辟多种融资渠道。三是加快农牧业产业化经营。依托红柳湾设施养殖小区、现代农业科技示范园，高效运转养殖棚圈和日光温室，扩大设施养殖规模，力争养殖总数达到3.5万（头）只。加大畜种改良力度，年内调引优良种羊500只以上。加快农业新品种引进和推广，鼓励发展红枣等特色经济农作物。加大红柳湾、多坝沟土地有序流转和规模开发，力争用3—5年时间，人均收入翻一番。

（4）做大文化旅游产业，提升第三产业发展水平

一是创新发展民族旅游业。借助丝绸之路经济带和敦煌国际文化旅游名城的机遇，以西四县文化旅游经济圈为平台，争取将县城打造为国家4A级旅游景区，狠抓以红柳湾野生动物园、自驾游营地为主的旅游景点建设，配套停车场、游乐设施、景区道路、旅游厕所等基础设施，加大旅游产品策划、包装和营销，提升景区综合服务水平。实施清真寺改造项目，打造成为新的文化旅游景点。开发多坝沟、崔木图沟、沙山湾自然景区，策划包装体验型旅游产品，力争全年接待游客28.2万人次，实现旅游收入2.2亿元。二是大力发展文化产业。实施数字电视无线覆盖工程、阿勒腾乡文化大院、文化场馆站所达标升级等项目，积极争取乡镇社区体育惠民工程，配套完善文化中心内部设施。不断创作民族文化精品，加大对外交流力度，继续向卫星频道推送优秀节目，展示阿克塞特色文化形象。深化文化体制改革，全面放宽文化产业准入条件，加大文化产业扶持

力度，建成民族文化一条街。用足用活免费开放资金，传承哈萨克民族文化，拓展文化服务内容，满足群众文化需求。三是鼓励发展商贸物流业。积极发展物流配送、信息服务等新型服务业。打造商贸物流平台，重点抓好火车站物流园区基础设施建设，力争年内建成并吸纳物流企业入驻。完成第三产业增加值 5.06 亿元，同比增长 7.5%。

（5）夯实基础设施建设，着力改善发展条件

一是加快交通道路建设。结合"6873"交通突破行动和"1236"扶贫攻坚行动，投资 2.78 亿元，开工建设公路 409 公里。完成原建设乡至白雪山、G215 线至乌呼图二期、塔合巴斯陶至阿合加尔、乌呼图至小哈尔腾公路建设以及美丽乡村建设、生命安全防护工程，积极推进敦当高速公路建设。二是加快水利设施建设。重点实施多坝沟 90 万立方米调蓄水库、城市抗旱应急备用供水工程和红柳湾水土保持生态建设与保护工程，不断提高水资源保障能力。加快红柳湾抗旱水库和 300 万立方米调蓄水库项目争取工作。三是加快城市基础设施建设。坚持规划先行，编制多坝沟村美丽乡村规划，统筹推进城乡一体化建设。实施城南片区基础设施建设、城区道路建设及人行道路铺设、民族新村住房改造和基础设施建设、城区供水管网改造、火车站广场人行道硬化等工程，完善城市功能，提升城市品位。实施智慧城市建设工程，提高城市管理效率和服务水平。四是加快生态建设。坚持绿色发展，加强环境保护与生态治理，全面落实重点生态建设项目。开展造林绿化，完成县城东出口至火车站绿色通道建设。打造高标准农田林网，完成农田防护林 3 公里，防风固沙林 500 亩，逐步改善生态环境。

（6）坚持不懈发展社会事业，着力保障改善民生

坚持共享发展，注重保基本、兜底线、建制度，增强群众幸福感。一是优先发展教育事业。大力实施"全面改薄"计划，投资 126 万元，完成中小学课桌椅、计算机教室和实验室设施配备，提高学前教育质量。抓好教师队伍建设和师资培训，加强民族教育，提升教育教学水平。二是加快推进医疗卫生综合改革。全面推进公立医院改革，为群众提供安全、有效、方便、价廉的医疗卫生服务。投资 800 万元，建设阿克旗乡卫生院和哈尔腾卫生院、妇幼保健站、卫生监督所等工程，改善全县医疗卫生服务条件。深化计划生育改革，全面落实各项计生惠民政策。三是完善社会保

障体系。促进全县城乡居民社会养老保险参保率达到98%。继续开展全民创业行动，完成城乡劳动力输转1300人，实现劳务收入2200万元。做好城乡低保和农村五保供养提标工作，标准分别提高10%和15%。完善养老服务体系，建设老年活动中心。四是推进社会治理精细化。实施放心食药工程，完善食品药品监管体制，建立严格的食品药品安全追溯体系，保障群众饮食用药安全。严格落实安全生产"一岗双责"制度，加大监管力度，坚决杜绝较大以上安全生产事故发生。高度重视环境保护工作，落实监管职责，确保主要污染物排放控制在约束性指标以内。规范信访秩序，加强矛盾纠纷隐患排查，引导群众依法表达诉求，维护合法权益。深入开展法治宣传教育，抓实"七五"普法工作。建立健全社会治安防控体系，进一步提高群众的安全感。加强民族团结，保持社会和谐稳定性。

第六节　临夏市

　　临夏市地处黄河上游，位于甘肃省西南部，平均海拔1917米，属内陆性中温带气候，市域东与临夏回族自治州东乡族自治县接壤，南、西、北与临夏回族自治州临夏县毗邻，距省会兰州市117公里，属兰州一小时经济圈范畴，是临夏回族自治州州府所在地，全州的政治、经济、文化和商旅中心。全市辖区总面积88.6平方公里，城市面积27.5平方公里。辖4个镇、7个街道，36个行政村，29个社区、5个社区村民委员会，总人口38万人，人口密度每平方公里4289人，是全国人口高密度县级市之一。境内有汉族、回族、东乡族、保安族、撒拉族等18个民族，少数民族人口占总人口的55.3%，伊斯兰风情浓郁、特色鲜明，花儿艺术、八坊民居、回族砖雕、汉族木刻、藏族彩绘、雕刻葫芦、紫斑牡丹和清真饮食文化独具特色。东公馆、榆巴巴拱北、红园等人文景观星罗棋布，风格别致。历史上是古丝绸之路的南道重镇，史称枹罕、河州，素有"茶马互市"西部"旱码头"和"河湟雄镇"之称，享有"中国小麦加""花儿之乡""彩陶之乡"和"牡丹之乡"的美誉。

一 国民经济运行情况

"十二五"期间全市经济发展保持良好势头，临夏全市生产总值由 2010 年的 26.75 亿元增加到 2015 年的 61.43 亿元，增长了 2.3 倍，年均增长 13.8%；固定资产投资由 16.27 亿元增加到 60.87 亿元，增长了 3.7 倍，年均增长 30.2%；社会消费品零售总额由 17.22 亿元增加到 39.07 亿元，增长了 2.3 倍，年均增长 17.8%；农村居民人均可支配收入由 4749 元增加到 10388 元，增长了 2.2 倍，年均增长 14.6%；城镇居民人均可支配收入由 8260 元增加到 16757 元，增长了 2.03 倍，年均增长 13%；大口径财政收入由 3.62 亿元增加到 9.31 亿元，增长了 2.6 倍，年均增长 20.8%；财政总支出由 11.3 亿元增加到 28.8 亿元，增长了 2.5 倍，年均增长 31%；大力推进以东城区、大夏河南岸片区、西区为重点的城市建设，建成区面积达到 23 平方公里，城镇化率提高到 87.53%，城镇化水平进一步提高。三次产业结构从 2010 年的 9：20：71 调整为 2015 年的 5.4：16.9：77.7，经济结构不断优化，夯实了发展基础。

二 社会事业发展情况

全面落实党的各项惠民政策，认真实施省上十大惠民工程，群众的饮水、行路、住房、上学、就医等突出问题得到有效缓解，2015 年民生支出 134 亿元，是 2010 年的 2.2 倍。坚持教育优先发展战略，认真落实《关于促进全州教育事业跨越发展的决定》《临夏州教育条例》，完成教育基础设施投资 35.3 亿元，率先在全省实行从幼儿园到高中阶段的 15 年免费教育，义务教育巩固率、学前三年毛入园率、高中阶段毛入学率分别提高 16.8 个、61.6 个和 26.7 个百分点，高考二本上线率由 11% 提高到 24.4%，临夏现代职业学院、甘肃建筑学院康乐校区开学招生，依托北师大、陕师大培训教师 6000 名。协调推进卫生事业发展，投资 10.75 亿元建设 859 个卫生项目，医药卫生体制改革不断深入，"新农合"制度全面建立，参合农民达到 156.7 万人，参合率 98.8%。文化广电体育事业进一步繁荣发展，建成州博物馆、彩陶馆、文化馆、图书馆等项目和 8 个县级"三馆"、113 个乡镇文化站，广播电视综合覆盖率分别达到 97.2% 和 97.8%，成功获得全省第十四届运动会主办权。新增城镇就业 17 万人，创新实施转移就业工程、输转大中专毕业生和初高中"两后生"5.4万人。建立城乡居民养老保险制度并实现全覆盖，城乡医保、城市低保、农村低保、五保供养标准分别比2010年提高217%、86%、186%和157%。城乡居民大病保险全面实施。建成公共租赁住房18.4万平方米，改造棚户区181.5万平方米。双拥、统计、审计、质监、档案、供销、老龄、气象、残疾人、史志编纂、防震减灾等各项事业取得新进步。

2015年，投入2.9亿元落实城乡居民低保、农村五保、医保、社保、伤残津贴、失业保险等各项提标工作，"十二五"时期，财政支出的85%用于保障和改善社会民生。累计分配入住经济适用房、廉租房5042套，发放廉租补贴8176万元，实施棚户区改造1.87万套。天然气实现了同城同价，入户率达到47.3%。城市低保、农村低保、五保供养标准分别比2010年提高了86%、186%、157%，新农合、城镇居民医保和城乡居民养老参保率分别达到98%和95%，社会保障体系不断完善。从幼儿园到高中阶段的15年全程免费教育，义务教育巩固率达到99.2%，学前教育入园率达92.2%，高于全省平均水平21.2个百分点。

三　"十三五"目标及发展战略

紧紧围绕全面建成小康社会奋斗目标，强调要牢固树立"创新、协调、绿色、开放、共享"五大发展理念，贯彻落实州委"抓脱贫攻坚一号工程、抓项目引擎带动、抓生态绿色发展、抓教育百年大计、抓社会和谐稳定、抓党建根本保证"六抓思路举措，实现"十三五"时期经济社会又好又快发展。

（1）经济持续快速增长

经济增长和城乡居民人均收入增速高于全省平均水平。地区生产总值年均增长8.5%左右，城乡居民收入年均分别增长9%和11%左右，固定资产投资年均增长12%左右，社会消费品零售总额年均增长11%左右，财政收入年均增长8.5%左右，居民消费价格指数控制在3%以内，城镇化率达到45%以上。

（2）人民生活水平显著提高

现行标准下农村贫困人口实现脱贫，贫困村整体脱贫，贫困县全部摘帽。就业、教育、医疗、文化、社保、住房、养老等公共服务体系更加健全，基本公共服务均等化水平稳步提高。国民平均受教育年限提高到 8.3 年以上，城镇登记失业率控制在 4% 以内，城乡三项基本医疗保险参保率稳定在 97% 左右，农村危旧房改造实现全覆盖。

（3）基础设施明显改善

交通、水利、信息等基础设施支撑保障作用明显增强，兰合铁路和临夏机场基本建成，实现县县通高速、乡乡通等级公路，构建起内通外畅、四通八达的现代立体交通网络。建成引黄济临等水利骨干工程，加快各县水源保障工程建设，农村自来水入户率达到 95% 以上。进一步扩大信息基础设施城乡覆盖面，综合信息网络体系基本形成。

（4）社会文明程度全面提升

中国梦和社会主义核心价值观更加深入人心，爱国主义、集体主义、社会主义思想广泛弘扬，向上向善、诚信互助的社会风尚更加浓厚，公民思想道德素质、科学文化素质、法治素质明显提高，人民民主更加健全，社会事业全面发展，公共文化服务体系基本建成，社会治理体系更加完善，安全发展观念牢固树立，社会更加和谐稳定。

（5）生态文明建设取得重大进展

生产生活方式绿色、低碳水平上升，可持续发展能力不断增强。到 2020 年，单位生产总值能耗、主要污染物排放、单位工业增加值用水量等约束性指标控制在国家和省上下达的指标内。城区污水处理率达到 85% 以上，城镇生活垃圾无害化处理率达到 85% 以上，森林覆盖率达到 25% 左右，天蓝、地绿、水清的美丽临夏基本展现。

（6）改革开放实现重大突破

重点领域和关键环节改革取得实质性成果，非公经济转型升级，园区经济提质增效，各类市场主体活力显著增强，开放型经济新体制基本形成。招商引资和外资利用取得较大突破，对外交流合作的空间和领域进一步拓展，参与国内外经济合作、竞争的能力和水平进一步提升。

经过五年的努力，把临夏建设成为丝绸之路经济带上重要的清真产业基地、依托兰州面向藏区的商贸物流基地和甘肃重要的旅游休闲度假基地，全国生态保护与建设示范区、民族团结进步示范州和各民族共同团结奋斗共同繁荣发展示范区。

第七节 临夏县

临夏县地处青藏高原与黄土高原的过渡地带，位于甘肃省中部，临夏州西南部，东与临夏市、东乡县、和政县接壤，南以甘南州合作市、夏河县为界，西与青海省循化县毗邻，西北与积石山县相连，北面与永靖县隔河相望。县境东西宽53.1公里，南北长59.85公里，总面积1212.4平方公里，海拔1735—4636米。年日照时数为2323.5小时，无霜期150天左右，降水量631毫米。

全县辖19个乡、6个镇，219个行政村（2101个村民小组），2个居委会（8个居民小组）。2009年，全县总人口38.12万人，其中农业人口35.84万人，占总人口的94.02%，汉族22.39万人，占58.74%；少数民族15.73万人，占41.26%，其中回族12.50万人，占总人口的32.79%；东乡族、保安族、撒拉族、土族、藏族、蒙古族、哈萨克族7个少数民族3.23万人，占总人口的8.47%。全县耕地面积37.58万亩，人均1.05亩。全县25个乡（镇）按经济社会发育程度分为三类：第一类是以土桥、先锋等乡（镇）为主的北部塬区，共有10个乡镇，13.34万人，占全县总人口的34.99%，经济社会发展较快；第二类是以黄泥湾、新集、尹集、马集、韩集等乡（镇）为主的川区，共有5个乡镇，10.49万人，占全县总人口的27.52%，经济社会发育程度仅次于北塬地区；第三类是以漠泥沟、路盘等乡镇为主的高寒阴湿及干旱山区，共有10个乡镇，14.29万人，占全县总人口的37.49%，群众生产生活条件较差，是临夏县扶贫攻坚的主战场。

一 国民经济运行情况

"十二五"时期，临复县抢抓新一轮西部大开发、"一带一路"建设、脱贫攻坚等重大战略机遇，全面落实稳增长、促改革、调结构、惠民生、防风险各项政策措施，加快推进结构调整，以特色种植、畜牧养殖、经济林果、劳务输转、布鞋加工、文化旅游为主的优势产业竞相发展，农民收入大幅增加。全面加快"一工一农"两大园区建设，经济开发区面积扩展到 63 平方公里，区内企业达到 68 家，工业总产值累计达到 84 亿元，清真产业研发及食品检验检测中心成功落户，清真食品和民族用品两大品牌的知名度和影响力大幅提升。北塬生态文明小康实验示范区成功获批国家级农业科技园区，初步形成了以百益现代农业科技公司为主导，集特色种养、生态观光、休闲度假、餐饮娱乐为一体的农业产业化格局，经济发展的协调性、可持续性进一步增强。2015 年，全县完成生产总值 31.36 亿元，年均增长 13.62%；固定资产投资 28.63 亿元，年均增长 22.41%；社会消费品零售总额 6.79 亿元，年均增长 16.79%；大口径财政收入 2.16 亿元，年均增长 22.17%；财政总支出 23.68 亿元，年均增长 14.6%；城镇居民人均可支配收入 16329 元，年均增长 14.16%；农民人均可支配收入 5280 元，年均增长 18.7%，主要经济指标与 2011 年相比，基本实现了翻一番。

二 社会事业发展情况

"十二五"时期，五年来，全县始终把优化公共服务、保障和改善民生作为推进小康建设的重要内容，全面落实党的各项惠民政策，认真办理省列为民实事，财政用于民生方面的支出累计达到 89 亿元，占财政总支出的 73.5%。坚持教育优先发展战略，完成教育基础设施投资 5.52 亿元，实行从幼儿园到高中的全免费教育，新建临夏县初级中学、新集高中，改造薄弱学校校舍等 21 万平方米，义务教育巩固率、学前三年毛入园率、高中阶段毛入学率分别提高到 80.1%、70.09% 和 57.11%，高考上硬线率达到 8.71%。成功召开了全省教育督导现场会，被列为全省中小学责任督学挂牌督导创新县。协调推进卫生事业，投资 1.3 亿元，实施县中医院建设、县医院整体搬迁、乡镇卫生院改扩建和 159 个村卫生室建设，广大群众的就医条件明显改善，全面落实计划生育优先优惠政策，医疗服务水平不断提升。千方百计促进就业，五年新增城镇就业 2.22 万人，安置大中专毕业生 2059 人，输转"两后生"7946 人。社会保障体系不断完善，基本养老、医疗保险参保率稳定达到 97% 和 99%，全县农村低保覆盖面达到 25.44%，城市低保覆盖面达到 43.3%。建设城镇保障性住房 12360 套 82.89 万平方米，城镇低收入家庭住房条件得到显著改善。与此同时，文化、广电、体育、科技、防震减灾、外事侨务、双拥共建、民兵预备役和妇女儿童、残疾人等各项事业均得到全面发展。

三　"十三五"目标及发展战略

（1）综合经济实力跃上新台阶、小康社会建设取得新胜利

经济保持中高速增长，生产总值年均增长9%左右，固定资产投资年均增长15%左右，社会消费品零售总额年均增长13%左右，财政收入（大口径）年均增长8%左右，农村居民人均可支配收入年均增长13%左右，城镇居民人均可支配收入年均增长10%左右，主要经济指标争取翻一番。到2018年，全面消除所有贫困村和贫困人口，全县整体实现脱贫摘帽。到2020年，所有行政村基本实现小康，各族群众的物质文化需求得到有效保障。

（2）经济转型升级迈出新步伐

做大做强清真产业经济开发区和北塬农业科技园区，以稳定第一产业、壮大第二产业、发展第三产业为着力点，加快经济结构调整，三次产业增速分别达到6%、14%、9%，结构比例调整到19.34∶19.04∶61.62。绿色蔬菜、特色林果、畜牧养殖、劳务输转、商贸物流五大产业集群日益壮大，文化旅游和现代服务业快速发展，工业化与信息化深度融合，农业现代化水平明显提升。

（3）基础设施建设取得新成效

加快实施城乡道路改造升级工程，形成较为完善的现代化立体交通网络。城乡安全饮水达标，电力、通信保障能力明显提升，区域空间结构得到优化，中心城镇辐射带动作用明显增强，城镇化水平达到55%以上。

（4）生态环境质量得到新改善

生态建设稳步推进，森林覆盖率达到25%以上；环境污染治理全面加强，主要污染物排放控制在国家下达指标之内，资源节约型社会建设取得明显成效，生态功能区建设取得重大进展，人居环境显著改善。

（5）全面改革开放取得新突破

重点领域和关键环节改革取得实质性突破，各方面制度机制更加成熟，改革红利充分释放，开放型经济加快发展，招商引资水平显著提高，外贸出口规模不断扩大，经济发展空间进一步拓展。

（6）社会文明程度达到新水平

社会主义核心价值观更加深入人心，公民思想道德素质、科学文化素质、法治素质明显提高。民主法制更加健全，社会治理体系更加完善，社会更加和谐稳定。

（7）人民生活水平得到新提升

群众行路、饮水、上学、就医、住房"五难"问题全部解决，就业更加充分，公共服务体系更加完善，广大群众学有所教、住有所居、病有所医、老有所养，幸福指数明显提高。

第八节　康乐县

康乐县位于甘肃省中南部，临夏回族自治州东南端，东经 103°24′—103°49′，北纬 34°54′—35°27′，东临临洮县，南接渭源县和卓尼县，西连和政县，北靠广河县。辖 5 镇 10 乡，152 个行政村。国土总面积 1083 平方公里，总人口 27.34 万人，其中农业人口占 95.8%。有回族、汉族、东乡族等 9 个民族，其中少数民族占 56.4%，汉族占 43.6%，是一个以种养业为主的少数民族贫困县。

一　国民经济运行情况

"十二五"期间县域经济快速发展，综合实力大幅度提升。始终坚持发展第一要务，全面落实稳增长、促改革、调结构、惠民生、防风险各项措施，全县主要经济指标保持了两位数增长，县域经济实现了向速度和质量同步提升的重大转变。全县地区生产总值由 2010 年的 8.9 亿元增长到 2015 年的 18.75 亿元，年均增长 13.34%；大口径财政收入由 0.4 亿元增长到 1.67 亿元，年均增长 33.09%；一般公共预算支出由 7.84 亿元增长到 17.3 亿元，年均增长 17.15%；固定资产投资由 7.47 亿元增长到 21.3 亿元，年均增长 23.33%；社会消费品零售总额由 2.5 亿元增长到 5.62 亿元，年均增长 17.61%；农村居民人均可支配收入由 2354 元增长到 5425 元，年均增长 14.79%；城镇居民人均可支配收入达 16409 元；万元 GDP 能耗控制在了省、州下达的指标以内。

二　社会事业发展情况

"十二五"时期社会事业协调进步，发展成果不断惠民。始终致力于加快推进基本公共服务均等化，大力发展教育、卫计、文化、科技等各项社会事业，不断提升公共服务能力，让发展成果更多、更好、更快地惠及全县人民。教育事业实现了从幼儿园教育到高中教育的全程免费，五年来共实施灾后重建、薄弱学校改造等各类教育项目376项，新建、改扩建中小学141所，一大批幼儿园、中小学建成投入使用，崭新的校舍成为农村一道亮丽的风景。甘肃建院临夏康乐校区建成投入使用，职业教育取得突破性进展。学前教育、义务教育、高中教育协调发展，学前三年毛入园率由2010年的21.3%提高到2015年的72.8%，高中教育阶段毛入学率由46.3%提高到69.2%；教育教学质量稳步提高，普通高考录取率由2010年的79.3%提高到2015年的83.6%；2015年全县普通高考一本上线57人，二本130人，民族本科165人，三本226人，本科上线人数较2010年净增138人。县医院整体迁建，卫生综合服务中心、妇幼保健站先后建成投入使用，五年来共改扩建乡（镇）卫生院15所，新建标准化村卫生室129所；医药卫生体制改革深入推进，新农合保障能力不断提升，国家基本药物制度全面落实，药品零差率销售，实现了县、乡、村三级医疗机构全覆盖；人口计生服务水平不断提升，国家级计划生育优质服务先进县创建工作通过考核验收。科技创新驱动战略全面实施，科技对经济社会的支撑引领作用持续增强，科技进步贡献率达55.6%。建成了"三馆一中心"和全省唯一以"牛文化"为主题的博物馆，康乐县数字影院和县综合档案馆投入使用，景古红色政权纪念馆完成布展并免费对外开放。全县累计建成乡（镇）文化站15个，村文化活动室87所，农家书屋152个。有线电视数字化转换工作全面完成，广播电视覆盖率不断提升，全县行政村通宽带率达98.03%。成功协办了中国·临夏（黄河三峡）超级六项山地户外挑战赛、"环青海湖国际公路自行车赛"等赛事，极大地提高了在省内外的知名度和影响力。《康乐县志（1986—2005）》完成送审稿，《康乐年鉴（2013）》《康乐年鉴（2014）》出版发行，被中国国家图书馆收藏，编入《中国知识资源总库》，《康乐年鉴（2013）》获"甘肃省第十届地方史志成果一等奖"。同时，质监、供销、盐务、烟草、物价、地震、气象、住房公积金、库区移民、残疾人、外事侨务等各项工作都取得了新的进步，工会、共青团、妇女工作委员会等工作得到了长足发展。

惠民举措扎实推进，全力推进水、电、路、气、房等民生工程建设，群众饮水、行路、住房等方面的突出问题得到有效缓解，人民群众的获得感和幸福指数不断提升。五年来先后实施了麻山峡、中部、南部、莲麓、景古等农村饮水安全工程，建成了农村饮水安全工程水质检测中心，解决了 19.35 万人的农村饮水安全问题，全县农村人饮管网覆盖率达 98%，自来水入户率达 93%，饮水安全率达 81.5%，较 2010 年增长 30 个百分点；开工建设了投资 1.46 亿元的鸣鹿水库和 3652 万元的城区供水工程，将有效解决县城居民的饮水问题。通过实施广康、康上八、临康和二级公路等工程和通达通畅道路建设，五年来累计建成农村通畅道路 362.02 公里，硬化村社道路 218.55 公里，15 个乡（镇）和 152 个行政村全部通了柏油路或水泥硬化路，建制村道路通畅率达 99.3%，全县公路通车总里程达 558 公里。通过实施农村危旧房改造、易地扶贫搬迁、廉租房、公租房建设等项目，五年来累计改造农村危旧房 17822 户，易地扶贫搬迁 1055 户，建成保障性住房 3599 套，城乡居民住房条件得到有效改善。总投资 2.28 亿元的 55 个灾后恢复重建项目全部建成投入使用，灾区群众生产生活条件得到极大改善。大力推广新型能源，五年来累计建成户用沼气池 8360 座，县城接通了天然气。以城乡低保、五保、养老保险等为主覆盖城乡居民的社会保障体系逐步建立，基本做到了应保尽保。县综合福利院建成投入使用，老年人养护服务中心、莲麓镇中心敬老院完成建设任务，县儿童福利院完成主体。五年来，全县新增城镇就业 1.99 万人，城镇登记失业率控制在 4% 以内。

三 "十三五"目标及发展战略

深入贯彻"四个全面"战略布局、践行"五大发展理念"，围绕脱贫攻坚抓农业、农村，围绕提升品位抓城镇建设，围绕夯实基础抓项目建设，围绕特色优势抓产业升级，围绕增进福祉抓民生保障，围绕绿色发展抓生态建设，围绕和谐稳定抓社会管理，围绕责任落实抓党的建设，努力打造山水康乐、绿色康乐、幸福康乐、美丽康乐（即"八围绕八抓"工作思路）。

（1）坚持精准施策，脱贫攻坚取得新成效

按照"六个精准"和"五个一批"的要求，全力实施脱贫攻坚"一号工程"，认真落实省、州、县"1+17"方案和"853"精准脱贫管理办法注，聚焦全县55个贫困村9795户4.36万名贫困人口，运用大数据平台管理，创新易地扶贫、旅游扶贫、电商扶贫、金融扶贫等扶贫模式，整合项目资金，凝聚帮扶力量，举全县之力坚决打赢脱贫攻坚战，确保到2018年实现全县整体脱贫，到2020年建档人口全部实现脱贫，贫困村整体退出，解决区域性整体贫困。全力实施到村到户项目，全面推进农村道路、饮水安全、易地搬迁、危房改造和农网升级等工程，有效改善贫困村的行路、饮水、住房、用电等基础条件，不断提高贫困群众生产生活水平。加快美丽乡村建设步伐，建成莲麓河口、附城城南等25个美丽乡村，全面改善农村基础面貌。推动"双联"行动与脱贫攻坚深度融合，鼓励引导企业、社会组织、宗教界以多种方式参与精准扶贫，聚集脱贫攻坚合力。发展富民增收产业，引导群众发展高效设施农业，紧盯中医药保健市场，依托全县中药材种植优势，大力发展当归、党参、柴胡、百合等药、菜两用产业，鼓励发展林下养殖、林下种植等林下经济，促进贫困群众持续稳定增收，增强自我发展能力。加强农业基础工作，围绕增加农民收入这一核心，大力发展现代农业，全面推广旱作农业、无公害栽培、地膜种植等农业实用技术，实施良种工程、中低产田改造、农机购置补贴等项目，提高农业产业化水平，不断拓展农业农村发展新空间、农民增收致富新渠道。

（2）创新发展促进产业转型升级

深入实施创新驱动发展战略，大力发展旅游、肉牛、劳务、育苗、中药材五大产业。全面开发旅游产业，以打造全省绿色生态休闲自驾游营地为目标，着力培育以观光农业、健康养生、生态休闲、民俗风情等为主的旅游精品，大力发展"吃住行、游购娱"等旅游服务业，不断增加群众收入。加强旅游基础设施建设，全面建成药水峡至莲花山旅游扶贫大通道、拔字沟旅游扶贫综合开发、康美农庄竹子沟观光牧场等项目，不断完善旅游综合服务功能。到2020年，全县接待国内外游客达到150万人（次），旅游综合收入达到8亿元。深度开发畜牧产业，以建设中国西部现代畜牧业示范县为目标，把鸣鹿德系西门塔尔牛集约化繁育园区作为省级现代农业科技示范园区核心区，完善基础设施，健全良繁体系，延伸产业链条，加大新技术、新品种研发应用，推动畜牧业向集约化、规模化、标准化、品牌化发展。到 2020 年，全县畜禽饲养量达到 183 万头（只），其中肉牛 25 万头；累计建成标准化养殖小区 230 个、养殖重点村 100 个、规模养殖户 7400 户，人均牧业纯收入达到 2200 元。培育壮大劳务产业，按照"走出去、请进来"的劳务工作思路，结合精准脱贫，加大对"两后生"和农村劳动力的技能培训力度，实现劳务产业的提质增效。到 2020 年，创建劳务基地达到 40 个，培训农民工 8 万人次，其中技能培训 3 万人次，劳务输转 32 万人次，创收达到 56 亿元。提升发展育苗产业，以建设西北苗木供应基地为目标，在稳定育苗面积的基础上，不断调整育苗产业结构，引导群众栽培适销对路的园林绿化苗木，发展油用牡丹、高原树莓、啤特果、核桃等经济林，走林果产业发展路子，有效增加群众收入。加大苗木推介力度，定期举办苗木推介会，不断拓宽销售渠道，提高"康乐云杉——西北造林绿化常青树种"的市场份额。稳步发展中药材产业，以建设全省特色中药材种植基地为目标，按照市场需求，引导群众种植市场需求量大、经济效益好的中药材，实现品种多样化，有效抵御市场风险，不断增加群众收入。大力发展中药材保健饮品、食品和化妆品，进一步延伸产业链条。到 2020 年，全县中药材种植规模达到 8 万亩。全力推进大众创业万众创新，扶持中小微企业创新发展，落实放宽准入、融资贷款、科技人才知识产权战略等扶持政策，支持企业建设研发中心、引进人才和品牌建设，打造产、学、研、用紧密结合的专业众创空间。实施"互联网＋"行动计划，大力发展电子商务，促进现代商贸流通发展，培育经济发展的新业态、新模式。

（3）城乡协调发展，推进新型城镇化进程

加快推进以人为核心的新型城镇化进程，走集约、智能、绿色、低碳、和谐的城镇化路子，全面加强城镇规划、建设和管理，不断提升城镇化质量水平。加强规划编制、管理和执行落实，进一步完善城乡规划体系，编制完成环城路总体规划、县城水系综合治理规划、重点集镇控制性详规，增强规划的前瞻性，保证连续性，维护严肃性，坚持一张蓝图干到底，促进城镇有序建设、适度开发、高效运行。加快县城开发建设，加大旧城区改造提升，加快对环城北路、市场路、北滨河路等 6 个片区的棚户区改造，解决旧城区危旧楼和城中村问题，完善城市道路、公共交通、供水排污、供气供热、垃圾处理、通信电力、市政服务等基础设施，提高县城综合服务功能。充分利用胭脂河、中砥河、苏集河、三岔河四条河流穿城而过的优势，建设"一湖两山三园四河五桥六区八路"，进一步改善人居环境，提升县城承载力，不断提高县城品位。加大集镇改造力度，按照"一镇一特色、一镇一风貌"的思路，对胭脂、草滩、五户等集镇进行特色化改造，实施道路、给排水、美化亮化等工程，充分发挥集镇在区域经济发展中的辐射带动作用。提升城镇管理水平，增强市政公共服务的供给能力，逐步探索推进智慧城市、绿色城市、海绵城市建设，积极营造共建共管共享氛围，提高城市管理精细化、智能化、便民化水平，努力打造宜居宜业的新型城镇。

（4）坚持绿色发展，加强生态环境建设

牢固树立绿色发展理念，抢抓构建生态安全屏障的重大机遇，把良好的生态作为最大的资源、最大的优势和最大的品牌，大力发展绿色经济、循环经济、低碳经济，努力把生态环境优势转化为转型升级发展的经济优势。加强林业生态工程建设，依托天保工程、"三北"防护林、新一轮退耕还林还草等生态工程，大力开展植树造林，不断提高森林覆盖率。加强对水土流失和地质灾害的治理，加大水土保持和梯田建设力度，最大限度地减少水土流失。加大环境保护与治理，有效治理农村面源污染、大气污染和水污染，推动全县环境质量持续改善。常态化推进城乡环境卫生、交通秩序、市容市貌等方面的综合整治，切实解决"脏乱差"问题，着力营造干净舒适、秩序井然的城乡环境。大力发展循环低碳绿色经济，充分发挥康美、华昱等循环经济示范企业的带动作用，逐步发展循环农业，依托生态优势发展林下经济、健康养生等产业，提高可持续发展能力，实现群众致富和生态优美的有机统一。加大节能减排力度，大力发展清洁能源，建设大中型沼气，推广发展光伏太阳能；利用秸秆资源丰富的有利条件，推广秸秆成型燃料，到2020年使全县30%以上的农户用上秸秆成型燃料。

（5）坚持开放发展，加大招商引资力度

牢固树立发展抓项目意识，全力以赴上项目、建项目、引项目，有计划、有步骤地实施一批改善民生、提升效益、增强发展后劲的大项目，不断夯实经济发展基础，增强县域经济实力。积极谋划争取项目，抢抓国家深入实施"一带一路"倡议和新一轮西部大开发战略，加大对民族地区、贫困地区扶持力度的有利机遇，进一步充实"十三五"项目储备，精心论证、申报、争取一批基础设施、生态文明、产业发展、社会事业等方面的项目，努力提高谋划项目的精准性和系统性。全力以赴建设项目，加快推进"十三五"规划中总投资 802 亿元的 314 项重点项目建设，改善基础设施条件，消除瓶颈制约，真正做到以项目引资金，以项目促发展，不断增强项目对经济增长的拉动作用。重点完成康乐至卓尼二级公路、草滩至上湾三级公路、洮河康乐段水域污染防治等项目建设任务，进一步提升支撑保障能力。加强招商引资工作，营造更加宽松、更加优质的投资环境，采取走出去、引进来的办法，利用网上招商、以商招商等方式，围绕县域优势产业和良好的生态环境，广泛开展宣传推介，引进更多的外地客商投资兴业；紧盯签约项目、达成协议项目和投资意向项目，千方百计促成项目落地建设，切实提高项目的履约率和资金到位率。稳步推进各项改革，认真落实中央、省、州全面深化改革的决策部署，统筹推进财税金融体制改革、农村综合改革、社会事业改革等各领域改革，着力增强经济发展活力。

（6）坚持共享发展，全力改善民生

全面落实共享发展理念，坚持把发展社会事业作为增进人民群众福祉的重要途径，着力提升以教育为主的公共服务水平，让人民群众获得更多实惠。办好人民满意的教育，坚持教育优先发展战略，加快教育基础设施建设，改善教育教学环境。紧扣县城规划，加快幼儿园、小学布局调整，新建 5 所标准化幼儿园，改扩建 3 所小学，解决幼儿、适龄儿童入园难和入学难的问题，使人人享有接受良好教育的机会。到 2020 年，全县教育质量和水平明显提高，学前教育达到全州中上水平，中小学教育达到全省中等水平，职业教育达到全州中等以上水平，学前教育、特殊教育和成人教育基本满足社会需求。提高医疗卫生服务水平，建立覆盖城乡的基本医疗卫生制度，形成县有综合医院、乡有标准化卫生院、村有标准化卫生室、社区有标准化卫生服务中心的医疗卫生服务和疾病防控体系。加强卫生基础设施建设，争取建设县医院住院部二期、附城社区卫生服务中心等项目。深入推进县医院综合改革，建立现代医院管理制度，逐步完善财政补偿和服务收费相补充的公立医院补偿机制。坚持计划生育基本国策，全面实施两孩政策，改革完善计划生育服务管理，着力促进人口均衡发展。发展公共文化体育事业，实施文化信息资源共享、乡（镇）综合文化站等惠民工程，广泛开展各类农村文化活动，构建结构合理、实用高效的公共文化服务体系。争取建设影剧院、体育健身综合馆和康乐县公共体育场，不断提高广播电视覆盖率，推动网络通信事业发展。同时，继续做好国防、民兵预备役、物价、供销、气象、质监、侨务、移民等各项工作，统筹推进县志、档案、烟草、盐务、工青妇等社会事业持续健康发展。全力保障和改善民生，巩固提升北部、扎子河、东南部等5处农村饮水工程，建成鸣鹿水库和城区供水项目，保证城乡居民饮水安全，到2020年力争全县自来水管网覆盖率达到100%，自来水入户率达到95%以上，饮水安全率达到92%以上。争取开工建设国道248白王至虎关二级公路，升级改造县乡道路，建设农村公路400公里，加快推进"三路一危"改造，有序推进返砂通村油路改建，完善农村公路生命安全防护工程。整合易地搬迁、精准扶贫、农村环境连片综合整治、残疾人建房等项目资金，改造农村危旧房3万多户，建设棚户区改造安置房2400多套，新建公租房1000多套。提高社会保障水平，把城乡低保工作纳入政府目标责任制考核，加强养老服务体系建设，全面建成覆盖城乡居民的社会保障体系，大力发展社会福利事业和残疾人事业，切实保障困难群众和弱势群体的基本生活。

第九节 永靖县

　　永靖县隶属甘肃省临夏回族自治州，位于甘肃中部西南，临夏回族自治州北部，东北与兰州市接壤，南邻刘家峡水库（今名炳灵湖），西北与青海省民和县为邻。地处陇西黄土高原，地势东西高、中部低，海拔高度在1560—2851米，相对高差1291米，境内山峦起伏，沟壑纵横，从地貌上可分为河谷平原、黄土丘陵山地、山间盆地、石质山地四种类型，位于东经102°53′—103°39′，北纬35°47′—36°12′，总面积1863.6平方公里。永靖县因地处内陆，大陆性气候显著，属温带半干旱偏旱气候类型，平均日照时数 2534.6 小时，年均降水量在 260 毫米左右，蒸发量在 1500 毫米左右。

截至 2012 年末，永靖县总人口为 20.56 万人，其中：汉族 17.8 万人，回族 2.21 万人，其他少数民族 0.55 万人。少数民族占总人口的 13.42%。在总人口中，非农业人口 4.36 万人，占总人口的 21.19%；农业人口 16.20 万人，占总人口的 78.81%。以汉族为主，有回族、东乡族、保安族、撒拉族、土家族、藏族等少数民族。

一 国民经济运行情况

"十二五"时期，是全县经济社会发展取得重大成就的五年，全县经济社会发展呈现出速度加快、民生改善、协调共进、和谐稳定的大好局面。

全县生产总值由"十一五"末的 23.3 亿元增加到 2015 年的 39.85 亿元，年均增长 12.35%；大口径财政收入由 3.26 亿元增加到 7.08 亿元，年均增长 16.78%；社会消费品零售总额由 3.02 亿元增加到 6.02 亿元，年均增长 14.79%；固定资产投资由 23.72 亿元增加到 62.62 亿元，年均增长 21.43%；农民人均纯收入 4745 元，比"十一五"末净增 2363 元，年均增长 14.78%；城镇居民人均可支配收入 15688 元，比"十一五"末净增 7468 元，年均增长 13.8%。"十二五"期间，主要经济指标保持了两位数增长，经济总量不断扩大，其中生产总值、财政收入、社会消费品零售总额三项指标比"十一五"末翻了近一番，固定资产投资是"十一五"时期的 3.6 倍。

二 社会事业发展情况

坚持教育优先发展战略，实现从幼儿园到高中教育全免费，先后筹资 14.5 亿元建成永靖中学、太极初中、移民小学等一批重点项目，新修改建中小学 106 所、幼儿园 36 所，全县教育基础条件发生显著变化。全面加强教育教学管理，加大教师队伍建设，引进录用专任教师 488 名，深化与省内外优质教育资源的交流合作，在永靖中学设立"兰州班"。加强卫生基础建设，深化医药卫生体制改革，古城新区县医院、康盛惠民医院投入运营，改造提升乡镇卫生院 16 所，新建村卫生室 91 所，全县乡村医生达 226 名。加大食品药品监管力度，健全县、乡食药监管机构，切实保障了群众饮食用药安全。不断加强人口基础管理，认真落实各项奖励扶助政策措施，人口计生服务水平进一步提高。全力加快文化体育、广播电视事业发展，修建村级体育场 117 个、文化活动室 87 个，发展数字电视用户1.83 万户、"户户通" 2.6 万户。大力推进 "平安永靖" 创建，认真抓好以维稳、安全、防灾为主的 "151" 工作，广泛开展民族团结进步创建活动，保持了社会大局的和谐稳定。

三 "十三五"目标及发展战略

"十三五"时期，在认真贯彻党的十八大和十八届三中、四中、五中全会精神，深入学习贯彻习近平总书记系列重要讲话精神，以 "四个全面" 战略布局和 "五大发展理念" 为统揽，坚持发展当先、教育优先、旅游领先、生态率先、清廉首先、创新争先，坚决打赢脱贫攻坚战，努力与全省、全国同步进入全面小康社会。

通过五年的努力，城乡基础瓶颈制约基本消除，经济增长的质量和效益显著提高，人民生活水平和质量普遍提高，城乡公共治理体系更加成熟完善，社会文明程度全面提升，生态环境得到持续改善，努力把永靖建成全省绿色食品供应基地、西部健康养生养老服务基地、丝绸之路经济带旅游名县。到 "十三五" 末，全县生产总值预计达到 64.18 亿元，年均增长 10%；大口径财政收入 10.8 亿元，年均增长 8.8%；固定资产投资100.85 亿元，年均增长 10%；社会消费品零售总额 11.1 亿元，年均增长13%；城镇居民人均可支配收入达到 28270 元，年均增长 12.5%；农村居民人均可支配收入达到 9544 元，年均增长 15%；人口自然增长率、城镇登记失业率、主要污染物排放量、万元 GDP 能耗控制在省、州下达的指标以内。

（1）坚持集中攻坚，提高脱贫成效

把脱贫攻坚作为 "一号工程"，按照中央 "五个一批" 和全省"1236" 部署要求，认真落实精准扶贫 "1 + 17" 工作方案，走好 "六条"扶贫开发路子，咬定目标，攻坚拔寨，力争 2017 年实现全县整体脱贫。改善贫困群众发展条件。紧盯 4 个贫困区域，61 个贫困村，9589 户、3.72 万贫困人口，集中项目，集中资金，集中全力，扎实推进精准扶贫精准脱贫，着力完善道路、水利、电力等基础设施。加快农村道路建设，贫困村道路和巷道实现硬化，农村客运有序规范发展。持续改善贫困村人饮、供电、通信、网络等基础条件，群众饮水更加安全、方便、稳定，动力电、通信和信息网络实现全覆盖，有条件的村通天然气。全力增加贫困群众收入。全面落实到户产业扶持资金，着力培育旱作农业、畜牧养殖、中药材、百合等特色产业，增加群众收入。发展壮大农业龙头企业，组建成立农民专业合作社，采取"企业＋农户"的模式，提升农业生产效益，带动贫困群众发展。整合农业技能培训、"两后生"培训等资源，开展农村实用技术和就业技能培训，力争贫困户户均掌握一门技能，拓展劳务输转渠道，增加贫困群众劳务收入。推进基本公共服务均等化。加大对贫困村、贫困户的教育投入，贫困家庭学生免费接受职业教育，贫困学生资助实现全覆盖。认真落实贫困家庭学生高校录取、毕业就业方面的优惠政策。大力改善贫困村医疗卫生条件，扩大重特大疾病医疗救助病种和救助对象范围。逐步提高农村低保补助标准，使农村一、二类低保保障水平达到国家贫困线以上，消除绝对贫困。加大"六位一体"活动场所建设力度，配强配齐村级班子，提升文化、体育、养老等公共服务水平。健全完善扶贫保障机制。实行党政主要负责人扶贫责任制，强化乡镇主体责任和部门工作责任，细化分解各项目标任务，完善脱贫工作考核评价体系，强化督察、考核、验收、奖惩各个环节工作，确保扶贫措施落到实处。认真落实脱贫攻坚"853"① 挂图作业实施意见，完善精准扶贫大数据平台，健全动态管理机制。加大财政金融支持力度，全面落实各类帮扶贷款，整合涉农资金，重点用于贫困村和贫困户脱贫。支持贫困户以资产参股或以扶贫资金折股量化方式，投入专业合作社和龙头企业。深入开展"双联"行动，充分发挥"三位一体"扶贫工作站和驻村工作队的作用，深化对口帮扶机制，引导社会各界参与脱贫帮扶，形成脱贫攻坚强大合力。

（2）坚持夯实基础，增强发展后劲，提升经济发展支撑力

抢抓国家支持西部地区改善基础设施的机遇，加大项目争取实施力度，加快交通、水利、住房、信息网络等基础设施建设，支撑和保障经济社会持续健康发展。完善交通路网结构。认真落实全省"6873"交通突

---

① "853"：指八个准、五时图、三本账。

破行动，统筹规划建设以高速公路、国道、省道为架构，县乡公路为干线，通村道路为延伸，旅游道路相互连通，与周边县市区紧密连接的交通格局，全面提升互联互通水平。争取建设兰刘高速公路、临夏至永靖一级公路、王家窑至达川一级公路和城市轻轨项目，动工建设焦家至西河白川、兰州至积石山公路永靖段、刘家峡环库北路6条二级公路，兰合铁路、西山二级公路建成投入使用，加快县乡道路等级化进程，新修改造县乡道路568公里，硬化村社道路1500公里，新建黄河、湟水河大桥7座。大力发展水上交通，完善水路航运网络，努力构建公路、铁路、水路为一体的综合交通网络体系。加强水利设施建设。深入推进全省"6363"水利保障行动，改造提升骨干水利工程，推广节水灌溉模式，实施小型农田水利、灌区改造、塬台区高效节水灌溉、中小河流治理等重点水利工程，高效节水灌溉面积达到8.5万亩。完成盐锅峡黑方台、西河二房台等滑坡区域节水灌溉，从源头上遏制地质灾害发生。加强人饮工程管护，争取实施农村饮水改造提升项目，延伸供水管网，建立保障有力的城乡供水体系，实现安全饮水全覆盖。加大防洪减灾体系建设力度，实施城区防洪排涝、黄河干流和湟水河河堤治理等工程，不断提高防洪排洪能力。推进电力网络能源建设，加快城乡电网改造升级，提高电网传输能力，建设35千伏和110千伏送变电工程4个，实施古城新区供电配套工程、光纤通信工程和自动化工程。推进宽带网络建设，提高光纤和4G网络普及率，开展网络提速降费行动，实现宽带网络行政村全覆盖、有线电视适宜地区全覆盖。实施乡镇通邮工程，实现乡镇邮政所全覆盖。加大清洁能源普及力度，加快天然气支线管道建设，合理设立加气站点，在盐锅峡、西河、三塬等5个乡镇各新建加气站1座。全面改善农村居住条件。加快农村危旧房改造步伐，全面完成精准扶贫建档立卡户危房改造任务，提高农村住房抗震减灾能力。扎实抓好易地扶贫搬迁工程，采取插花安置、就近搬迁和集中搬迁等方式，坚持贷款扶持与群众自筹相结合，动员群众搬迁到县城或条件相对较好的区域，从根本上改变群众居住条件。全面建成城北新村，配套完善公共服务设施，搬迁安置群众1200户、4500人。

（3）坚持提质增效，壮大特色产业，构建产业发展新格局

紧紧依托资源区位优势，培育壮大特色优势产业，优化产业结构布局，提升产业发展水平，增强经济社会发展的内生动力。做大做强龙头产

业。以创建国家 5A 级旅游景区为目标，加快推进资源开发，创新景区管理体制，促进旅游与文化、城镇、商贸、农业、体育等融合发展。加快旅游产品开发，发展休闲度假、乡村旅游、红色旅游、生态旅游、健康养老等旅游品牌。加大旅游招商力度，启动实施黄河三峡欢乐世界、炳灵丹霞国家地质公园、太极岛湿地公园等一批旅游项目。完善县城和景点景区道路标识、购物、厕所、环保等配套设施，提升旅游综合服务能力。组建成立黄河三峡大景区管委会，实行黄河三峡景区通票制。创新旅游宣传方式，建立数字智慧营销服务体系，打响打亮黄河三峡品牌。"十三五"末，年接待游客预计突破 350 万人，旅游综合收入达到 16 亿元，占到全县 GDP 的 24% 以上。壮大农业特色产业，积极转变农业发展方式，调整农业种植结构，扩大特色农业种植规模，健全完善产、供、销产业链条，加快农业产业化、规模化、标准化进程，加大土地流转力度，推动传统农业向现代农业、循环农业、休闲观光农业转变。川塬区大力发展无公害蔬菜、高原夏菜和特色经济林种植，东西山区大面积推广旱作农业，发展中药材、百合、草食畜牧业等特色产业。引进推广农业新品种、新技术，扶持发展良种培育、冷藏储运、加工销售等农字牌企业，整合县种子公司、县良种场资源，组建成立县农牧集团，鼓励组建农民专业合作社，培育农产品名牌商标，推动农业市场化、集约化发展。促进工业转型升级。加快工业企业结构优化，鼓励发展装备制造、新能源、农副产品加工等绿色产业，做大做强甘肃古典建设集团，提高工业发展质量和效益。加速实施"一园两区"战略，加强园区基础设施建设，着力引进一批生产性、财源性项目，增强园区发展后劲，提升工业支撑能力。大力推进科技创新，引导企业加大科研投入，加强与省内外科研院所的合作，积极引进新技术、新工艺，不断增强企业的市场竞争力和可持续发展能力。严格执行国家产业政策，落实各项节能减排措施，加速推进落后产能淘汰，县城及景区周边"两高"企业全部实现关停转产。发展健康养老产业。积极应对人口老龄化，充分利用湿地、枣林、山水、鱼塘等丰富的环境资源优势，鼓励和支持社会力量参与健康旅游、健康养老、休闲养生和体育健身等新型服务业，积极发展老年文化、娱乐、保健、居住等保障服务，加强养老服务与旅游业融合发展，加快建设社会化养老服务机构，推进乡、村养老场所建设，完善城乡社会养老服务体系。重点实施太极岛健康养老产业园项目，统筹抓好互助老人幸福院、农村老年活动中心和日间照料中心项目建设，力争"十三五"末打造为西部健康养生养老服务基地。积极培育新型产业。顺应产业发展新趋势，实施大众创业、万众创新和"互联网＋"行动计划，大力发展商贸物流、信息消费、金融保险等产业，培育新的经济增长点。加快发展现代商贸流通业，加强物流基础设施建设，培育大型现代物流企业，建设综合物流园区和配送中心。推广普及电子商务，物流配送延伸到乡镇、村社。加快现代金融保险业发展，搭建政、银、企信息交流平台，用足用活金融支持政策，扶持中小微企业成长，发展农业保险、责任保险、养老健康等各类保险，提高抵御风险能力。

（4）坚持绿色发展，加强环境保护，全面推进生态文明建设

牢牢把握绿色发展理念，大力推进生态立县战略，全面加强生态治理和环境保护，坚定不移地走绿色低碳循环发展路子，建设黄河上游重要的生态安全屏障和生态文明示范区。加强生态工程建设。开展大规模国土绿化行动，积极争取实施水土保持、造林绿化、梯田建设、湿地保护等生态治理工程，稳步推进新一轮退耕还林、生态公益林建设，加快以刘盐八库区沿岸、县城南北山、交通主干线为重点的生态廊道建设。认真抓好城区绿化工程，加快村镇绿化、景点景区绿化进程，巩固扩大现有造林绿化成果，"十三五"期间治理水土流失面积550平方公里，森林覆盖率达25.2%。加快循环经济发展。大力发展循环工业，立足地方传统工业基础，引进实施节能技术推广、企业循环化改造提升、再生资源回收等项目，鼓励发展光伏发电等绿色产业，提高新能源和可再生能源的利用率。大力发展循环农业，按照农牧结合、循环发展的理念，依托旱作农业资源优势，加大秸秆利用率，加快发展草食畜牧养殖业，促进农林牧结合、种养加一体以及第一、第二、第三产业融合发展。大力发展循环旅游业，加快旅游资源开发进程，辐射带动服务产业发展，促进旅游与生态、健康、养生、养老深度融合，形成良性循环发展模式。实施全民节水、节电、节能行动计划，引导群众绿色消费、绿色出行，形成勤俭节约的良好社会风尚。推进美丽乡村建设。按照"基础完善、村容整洁、环境优美"的要求，完善村庄建设规划，积极推进千村美丽和万村整洁示范村建设，形成一批风格独特、典型示范的美丽乡村。加快发展乡村旅游，开展田园采摘、农田认种等农事体验活动，鼓励兴办一批高档次的农家乐、渔家乐，

打造各具特色的生态文明村、农业观光村、休闲度假村和特色旅游小镇。大力开展环境综合整治，实施农村环境连片整治项目，加大废旧农膜回收再利用，扎实开展"五改四清"工程，实行生活垃圾、污水集中收集处理，着力营造舒适的人居环境。

（5）坚持协调共进，优化公共服务，促进社会事业全面发展

坚持普惠性、保基本、均等化、可持续方向，全力加快社会各项事业发展，着力解决群众关注的热点、难点问题，提高公共服务共建能力和共享水平。加快教育事业发展。坚持教育优先发展战略，持续加大教育投入，不断改善办学条件，全面提高教育教学质量，加快教育强县建设步伐，力争"十三五"末迈入全省教育中等梯队。大力发展学前教育，鼓励社会力量兴办幼儿教育，实现幼儿园标准化全覆盖。推进义务教育均衡发展，争取消除中小学危房，逐步缩小城乡、校际差距，农村学校达到义务教育办学标准。合理配置高中教育资源，普及高中阶段教育。加快现代职业教育体系建设，着力培养高素质劳动者和技能型人才，"两后生"培训达95%以上。加强教师队伍建设，健全教育教学激励机制，加大培训交流力度，提高农村条件艰苦地区教师待遇。提升医疗保障水平。全面推进健康永靖建设，深化县级公立医院、医药卫生体制综合改革，加大医药公开，推进分级诊疗，建立覆盖城乡的基本医疗卫生制度和现代医院管理制度。优化医疗卫生机构布局，大力推进县中医院、县中西医结合医院等建设项目，加强乡镇卫生院、社区卫生服务机构和村卫生室标准化建设，鼓励社会力量兴办护理院、老年病医院、康复医院等医疗机构，努力形成较为完善的县、乡、村三级医疗卫生服务网络。加大医疗人才特别是乡村两级全科医生的培养，提高服务能力。加快县、乡卫生应急队伍和技术装备建设，做好重大疫情防控，有效应对突发公共卫生事件。全面实施二孩政策，改善人口结构，促进人口长期均衡发展。发展公共文化事业和文化产业。加大公共文化体育设施建设，开展全民健身运动，实现17个乡镇农民健身中心、公共体育场、行政村文体活动广场全覆盖。实施文化精品工程，争取建设黄河三峡文化产业园，立足水电、彩陶、花儿、傩舞等地方文化，创作极具地方特色的傩舞剧、情景剧，推动文化产业向规模化、特色化和品牌化方向发展。全面加强非物质文化遗产保护，建设白塔木雕、王氏铸造等重点非物质文化保护传承基地，增强文化发展的内生

动力。

第十节 广河县

广河古称太子寺，曾名大夏县、羌县、定羌巡检司、太子寺城，1917年设宁定县，1961年更名为广河县。地处黄土高原丘陵沟壑地带，位于甘肃省中部西南，临夏回族自治州东南部，东临定西市临洮县，西接和政县，南连康乐县，北靠东乡族自治县，总面积538平方公里，是国列扶贫开发重点县。全县辖6镇3乡，102个村，1121个合作社，总人口25.5万人，人口密度每平方公里472人，人均耕地1.85亩。平均海拔1953米，属温带半干旱气候区，年均气温6.1℃，最高气温35.1℃，最低气温-26.7℃，降雨量481毫米，全年无霜期142天左右，四季分明，气候宜人。

一 国民经济运行情况

"十二五"时期，既是广河县面临各种困难最多的时期，也是经济社会发展取得重要成就的时期。

全县生产总值从2010年的8.89亿元增加到2015年的17.87亿元，年均增长14.99%，分别比全省、全州平均增速高4.49个和2.69个百分点。固定资产投资从13.67亿元增加到35.73亿元，年均增长21.19%。社会消费品零售总额6.98亿元，年均增长17.25%；公共财政预算收入1.13亿元，年均增长25.93%；旅游收入达到4242万元。全县产业结构日益优化，三次产业比重由2010年的24：25.5：50.5调整为2015年的17.5：18.3：64.2。人民生活稳步提高，2015年农村居民人均可支配收入达到5756元，年均增长12.36%；城镇居民人均可支配收入达到15738元，年均增长13.76%；城镇登记失业率控制在3.15%以内。

二 社会事业发展情况

实施"教育立县"战略，不断加大投入力度，办学条件持续改善，教育教学质量不断提升，全面落实高中、学前免费教育，"两免一补"、营养餐、生源地助学贷款等政策，巩固"两基"成果，义务教育得到均衡发展，职业教育稳步推进，全县适龄儿童入学率达到98.5%，初中阶段入学率达到95.1%，高中阶段毛入学率达到47.8%。三甲集中学建设、薄弱学校改造、行政村幼儿园建设、县中医院等项目完成建设任务。医疗体制改革工作稳步推进，计划免疫、传染病预防、地方病防治工作进一步加强。县医院整体搬迁、乡镇卫生院扩建、村级卫生室建设等卫生基础设施项目顺利实施，村级卫生室覆盖率达到75%；新农合参合率达到98.5%。文化体育事业稳步发展。齐家文化博物馆等一批重点文化基础工程的开工建设，建成9个乡镇综合文化站和28个村级文化广场，行政村农家书屋实现全覆盖。

社会保障体系不断完善，全面提高城乡低保、农村五保、社会养老保险、医疗保险的政府补贴标准，做到了应保尽保。连续四年提高城乡低保标准，农村低保人数达到5.96万人，城市低保人数达到4811人，五保供养对象2093人。累计为7380名城乡困难群众发放医疗救助金3649.2万元，切实解决了患重大疾病的困难群众无法就医的问题。

三 "十三五"目标及发展战略

（1）综合经济实力跨上新台阶

经济增长和城乡居民人均收入增速高于全省平均水平。地区生产总值年均增长8.5%以上，固定资产投资年均增长13%以上，社会消费品零售总额年均增长8%以上，公共财政预算收入年均增长8.5%以上，城镇居民人均可支配收入年均增长9%以上，农村居民人均可支配收入年均增长11%以上，城镇化率每年提高两个百分点。

（2）群众生活水平实现新提升

现行标准下，农村贫困户实现脱贫、贫困村整体脱贫。就业更加充分，教育、文化、医疗、住房等公共服务体系更加健全，国民平均受教育年限明显增加，城乡三项基本医疗保险参保率稳定在97%以上，城镇登记失业率控制在4%以内，农村危旧房实现全覆盖，人民群众生活质量、健康状况、居住环境显著改善。

（3）基础设施建设取得新突破

交通、水利、信息等基础设施的支撑保障作用明显增强，全面建成南滨河路，实现户户通水泥路，构建内通外畅、四通八达的现代交通体系。农村自来水达到全覆盖，信息网络基础设施建设进一步加强。城乡面貌持续改善，承载功能大幅提升，城镇布局更加优化，城镇化进程加快推进，城乡发展一体化水平显著提高，具备条件的农村基本建成美丽乡村，城镇化率达到35%以上。

（4）全面深化改革开创新局面

重点领域和关键环节改革全面推进，非公经济转型升级，园区经济提质增效，招商引资取得较大突破，市场在资源配置中的决定性作用得到充分发挥，开放型经济新体制基本形成。行政改革持续深化，司法公信力明显提高，法治政府基本建成，党的建设制度化水平显著提高。

（5）生态环境质量得到新改善

污染治理和生态修复实现突破，单位生产总值能耗、主要污染物排放总量和单位生产总值二氧化碳排放量控制在省州下达目标之内，空气和水环境质量保持良好，能源资源开发利用效率大幅提高，系统完整的生态文明制度体系基本建立，建设天蓝、地绿、水清、景美的美丽广河。

（6）社会文明程度达到新水平

中国梦和社会主义核心价值观更加深入人心，爱国主义、集体主义、社会主义思想广泛弘扬，爱国守法、重商敬业、诚信包容、团结和睦的社会风尚更加浓厚，公民思想道德素质、科学文化素质、法治素质明显提高，社会事业全面发展，法治体系更加完善，安全发展观念牢固树立，社会大局更加和谐稳定。

第十一节　和政县

和政县位于甘肃省临夏回族自治州南部，地处青藏高原与黄土高原交汇地带，平均海拔2200米，总面积960平方公里，辖6镇7乡，有汉、回、东乡等8个民族，总人口21.6万人。境内康临高速公路贯通东西，和合公路、临康和二级公路贯穿南北，距省城兰州市90公里，距州府临夏市30公里，面向兰州、服务藏区的交通区位优势十分优越，是兰州—临夏—拉卜楞—九寨沟黄金旅游线上的重要节点，连接藏区物流的中转站。

一　国民经济运行情况

积极适应经济发展新常态,全力破解发展难题,全县主要经济指标逐年攀升,呈现总量扩张、增速加快、结构优化、质量提升的良好发展态势。与 2011 年相比,2016 年底,全县生产总值达到 16.46 亿元,增长 2 倍,年均增长 14.2%;第一产业增加值 4.18 亿元,年均增长 7.6%,第二产业增加值 3.74 亿元,年均增长 15.5%,第三产业增加值 8.54 亿元,年均增长 17.9%,三次产业结构由 2011 年的 34.3∶21.5∶44.2 调整到 25.4∶22.7∶51.9,产业结构更趋合理。大口径财政收入达到 2.16 亿元,增长 2.44 倍,年均增长 19.5%;一般公共预算收入达到 1.49 亿元,增长 2.36 倍,年均增长 18.73%;一般公共预算支出达到 15.53 亿元,增长 1.6 倍,年均增长 10.17%。城乡存款、贷款余额分别增长 2.8 倍、3.6 倍。社会消费品零售总额达到 3.8 亿元,增长 2.1 倍,年均增长 16.5%。城镇居民人均可支配收入达到 18538 元,增长 1.9 倍,年均增长 13.82%;农村居民人均可支配收入达到 5750 元,增长 2.2 倍,年均增长 16.59%。

二　社会事业发展情况

"十二五"时期,全面落实党的各项惠民政策,竭力增投入、抓提升、促协调,全县财政用于民生的支出占到总支出的 65%。落实教育优先发展战略,投资 2.81 亿元,实施了 87 所薄弱学校改造、5 所学校教师周转宿舍、107 所幼儿园及和政中学教学楼建设等项目,新建、改扩建各级各类学校 200 所;通过贫困学生救助、边远山区教师补助、寄宿制生活补助等,共发放各类教育惠民资金 5250 万元;落实中小学生营养餐专项资金 8074 万元;实行从幼儿园到高中阶段的 15 年免费教育,共计免除学杂费、课本费 1.44 亿元,学前教育(毛)入园率、义务教育巩固率、高中阶段(毛)入学率分别提高 51.6 个、4.1 个、4.1 个百分点,高考二本上线率由 14.7% 提高到 20.9%,累计上线人数 940 人。医药卫生体制改革不断深入,全县所有医疗单位医用耗材和药品全部实行网上采购,执行国家基本药物制度和药品零差率销售,新农合参合率达 98.89%,住院报销比例达到 56.87%;建成县妇幼保健站、县"120"急救中心、疾控中心实验楼，新建乡镇计生服务站 3 个、村卫生室 88 个，升级改造乡镇卫生院 11 所。重视加强人口计生工作，人口自增率控制在 8.8‰ 以内，出生率控制在 16‰ 以内。建成了县、乡、村三级食品药品监管体系，监管能力有效提升，保证了广大人民群众的饮食用药安全。文化广电体育事业进一步发展，编纂出版了第二轮《和政县志》，建成了县乡村三级文化信息资源共享中心、13 个乡镇综合文化站、122 个村农家书屋、8 个乡镇健身场地、58 个村农民体育健身中心、91 个乡村舞台等，广播电视覆盖率达到 97.2%，县乡村三级基本公共文化服务体系初步形成。民生保障更加有力，建设廉租房 400 套 2 万平方米，改造棚户区 1400 户 13.2 万平方米；建设老年人日间照料中心和互助老人幸福院 94 个；农村人口低保覆盖率达到 24%，城市人口低保覆盖率达到 22.9%；城乡居民社会养老保险参保率达到 96.6%，城镇居民基本医疗保险参保率达到 98.5%，城镇登记失业率控制在 4% 以内。同时，统计、质监、科技、物价、档案、气象及地方病防治、防震减灾、国防后备力量建设等工作取得了新的进步。

三　"十三五"目标及发展战略

（1）经济发展保持较高速度

地区生产总值年均增长 9%，固定资产投资年均增长 12%，社会消费品零售总额年均增长 11%，公共预算收入年均增长 9%，城镇居民人均可支配收入年均增长 11%，农村居民人均可支配收入年均增长 13%，第一、第二、第三产比重进一步优化。

（2）产业驱动成果突出，发展富民产业

把扶持发展到户项目与培育乡村主导产业、促进农业产业化结合起来，着力打造"一村一品"产业，重点支持贫困村、贫困户因地制宜发展经济林果、设施农业、中药材、畜牧养殖、传统手工艺等，拓展稳定增收的空间和渠道，推动农业增效、农民增收。引导八八、复兴厚、云发、奇胜源、星月、华丰等龙头企业加大科技投入，研发新产品、应用新技术、推广新模式，加快标准化、规模化、产业化、特色化、品牌化发展，着力打造"松鸣岩"果汁系列饮料、"和政双低优质菜籽油"、"复兴厚"中药养生制剂及"和政辣椒"、"嘴头馋"草鸡、"和政羊"等地方性品牌。强化"公司＋基地＋合作社＋农户"的利益联结机制，规范农村专业合作社运营机制，支持贫困户利用土地、林权等资产，或以专项贷款等扶贫资金以折股量化方式参股，分享农产品加工经营收益。创建油菜新品种高产试验示范基地，新建以啤特果为主的优质林果基地6万亩，发展标准化规模养殖场（小区）40个、规模养殖户800户以上。针对农村劳动力特点开展就业指导、培训、输出、管理工作，实施转移培训、阳光工程、雨露计划等项目，拓宽劳务输转渠道，提升劳务创收效益。

（3）产业结构优化，打造旅游产业品牌

围绕打造山水和政、绿色和政、冰雪和政、美丽和政，加快推进旅游畅通、精品兴旅、融合发展、消费体验工程，完善服务功能，开发旅游潜质，促进提质升级，着力建设旅游强县，发挥最大的富民增收综合效益。着力培育特色鲜明的旅游品牌，围绕打造"四大基地"，打响以古生物化石遗迹为主的研学探秘游，以花儿文化为主的民俗体验游，以绿色景观和田园风光为主的山水生态观光乡村游，以滑雪滑草为主的户外运动游，以中医养生为主的健康保健游，以太子山沿线为主的自驾风情游，以肋巴佛、牙含章革命事迹为主的红色教育游。积极推动体育旅游，加强竞赛表演、健身休闲与旅游的融合发展，承办好省第十四届运动会有关赛事，举办高山滑雪锦标赛、自行车越野赛等，发展时尚体育健康旅游。

加快"互联网＋旅游"发展步伐，打造智慧景区、智慧旅游平台，探索智慧管理、营销、服务发展模式，开发景区大数据平台，实现与省内外旅游资源的共享，为游客提供方便快捷的旅游门票、宾馆餐饮、车辆预订、旅游商品网购以及旅游咨询等服务，提升远程信息服务能力。利用主流媒体、知名网站、旅游交易会、博览会等平台，通过与省内外各大旅行社的交流合作等方式，加强对外宣传推介，进一步聚集旅游人气、激活旅游市场、拉动旅游消费，大力推动第三产业快速发展。

（4）社会各项事业发展显著

坚持保基本、普惠性、均等化、可持续的原则，全力推进教育卫生、文化体育等社会事业发展和民生保障改善，着力提高公共服务共建能力和改革发展成果共享水平。

加快发展学前教育，加大农村幼儿园建设力度，实现有需求的村幼儿园全覆盖，幼儿学前三年和两年入园率分别从现在的71.6%和75.2%提高到80.5%和83.2%，专任教师学历合格率达到100%。推进义务教育均衡发展，加快城乡义务教育学校标准化建设，大力发展职业教育，实施投资3690万元的县职校公共技能实训基地建设项目，改善办学与实习、实训条件，充分发挥在职业技能培训中的主渠道作用。推进教育信息化建设，促进优质教育资源共享和教育公平。

深化医药卫生体制改革，实行医疗、医保、医药联动，全面推进公立医院综合改革，逐步完善财政补偿和服务收费相补充的公立医院补偿机制，实施分级诊疗、医师多点执业、重点专科、薄弱学科建设，提升县级公立医院综合服务能力。加强医疗卫生机构基础设施建设和医疗设备配备，争取实施中医院二期、儿童医院、社区卫生服务中心、乡镇计生服务所建设等项目，形成县有标准化综合医院、乡有标准化卫生院、村有标准化卫生室、社区有标准化卫生服务中心的医疗卫生服务网络和疾病防控体系。积极引进高层次医疗专业人才，大力推进医疗服务人员继续教育，加强医疗质量监管，完善纠纷调解机制，构建和谐医患关系。坚持卫生计生融合发展，拓宽健康教育、疾病预防、医养结合等服务领域，做好计生特殊家庭扶助关怀，切实提高优质服务水平。

推进全民参保计划，完善城乡居民基本医疗保险、养老保险、大病保险、医疗救助、失业、工伤、生育保险等社会保障体系。加快社会福利、社会养老、社会救助、救济救灾等服务体系建设，争取实施县综合福利院、救灾物资储备中心、乡镇中心敬老院、社区老年人日间照料中心、未成年人保护中心等项目。认真落实国家、省州促进就业的一系列政策措施，实施就业援助，开展创业培训，引导扶持自主创业，促进困难群体就业，城镇登记失业率控制在4%以内。

第十二节　东乡族自治县

东乡族自治县位于甘肃省中部西南面，临夏回族自治州东面，东经103°10′—44′，北纬35°30′—36′。东临洮河与定西市毗邻，南与广河、和政两县接壤，西接大夏河与临夏市、临夏县为界，北隔黄河与永靖县相望。东乡族自治县是全国唯一的以东乡族为主体的民族自治县，是国列、省扶重点贫困县，也是东乡族的发祥地和主要聚居区。全县辖 19 个乡、5 个镇、229 个行政村、1893 个合作社，总户数 5.55 万户，总人口 29.16 万人，其中东乡族占 87.04%。全县总面积 1510 平方公里，耕地面积 36.78 万亩，人均耕地 1.33 亩。全县海拔 1735—2664 米，年均降水量 350 毫米左右，年蒸发量高达 1387 毫米。境内群山起伏，沟壑纵横，呈现出山大、山多、山破、山高，沟多、沟深、沟小、沟窄的特点。四面环水，境内缺水，植被稀疏，十年九旱，灾害频繁，全县 29 万多群众分散居住在 1750 条梁峁和 3083 条沟壑中，自然资源十分匮乏，经济社会发展滞后，主要经济指标人均水平处于甘肃省、临夏州后列。

一　国民经济运行情况

"十二五"时期，经济总量连年递增，综合实力快速提升。全县生产总值由"十一五"末的 7.94 亿元增加到 2015 年的 16.27 亿元，年均递增 13.6%；一般公共预算收入由 2281 万元增加到 6878 万元，年均递增 24.7%；社会消费品零售总额由 1.07 亿元增加到 2.45 亿元，年均递增 18.1%；固定资产投资由 8.14 亿元增加到 26.13 亿元，年均递增 26.3%；农民人均可支配收入由 2147 元增加到 4152 元，年均递增 14.1%。主要经济指标保持了两位数递增，经济总量成倍增长，其中生产总值、财政收入、社会消费品零售总额三项指标比"十一五"末翻了一番，固定资产投资是"十一五"末的 3.2 倍，全县经济保持了快速发展的良好势头，实现了"十二五"圆满收官。

二　社会事业发展情况

"十二五"时期，教育卫生统筹发展，社会事业全面进步，累计新建、改扩建各类学校 241 所，招录充实教师 896 人，培训教师 1.11 万人，落实"两免一补"、营养餐、寄宿生补助等各类资金 3.51 亿元，实现了从幼儿园到高中教育的全免费。深化医药卫生体制改革，加强农村医疗卫生体系建设，完成了卫生分级诊疗制度改革，投资 5006 万元，新建、改扩建乡镇卫生院 11 所、村卫生室 153 所，招录充实卫计人员 195 人，累计报销农村合作医疗 248 万人次、报销费用 4.39 亿元；确认少生快富项目户 6340 户，落实资金 1974.3 万元，顺利实现了国优目标。针对教育、卫计系统临聘人员工资待遇低的问题，通过创新措施办法，积极筹措资金。高度重视社会弱势群体，五年来，通过"一折统"累计落实各类惠民资金 15.45 亿元，有效保障了特困群众的生产生活。全力加快文化体育等事业发展，县城文体广场、公共图书馆等项目建成投入使用，建成村级办公场所 88 个，综合文化站 22 个，实现了村级文化室、农家书屋全覆盖。加快城乡宽带网络建设，全县宽带覆盖率达到 70%。投资 4100 万元，加强乡镇政权建设，有效改善了基层干部职工的办公条件。狠抓"151"工作任务落实，建立健全了社会治安防控体系和政法联动协作机制，完善了各领域应急预案，在重点集镇、学校、卫生院等人员密集场所安装技防设施 1548 处，设立了科级编制的乡镇食药、财政、宗教、安监等工作机构，健全了以道路交通和生产安全为主的乡村两级监管网络。依法加强宗教事务管理，广泛开展民族团结进步创建活动，累计组织 680 名宗教界人士外出考察学习，开展政策法规培训班 96 期共 3.5 万人次，创建星级宗教场所 783 处。

三　"十三五"目标及发展战略

东乡族自治县生产总值年均增长 10% 以上，固定资产投资年均增长 13% 以上，公共财政收入年均增长 13%，农村居民人均可支配收入年均增长 14%，城镇居民人均可支配收入年均增长 10%，社会消费品零售总额年均增长 12% 左右，城镇化率达到 40% 左右。通过 5 年的努力，使全县人民生活水平显著提高，基础设施明显改善，社会文明程度全面提升，生态文明建设取得重大进展，改革创新实现重大突破，力争把东乡建设成全省清真食品加工基地、林果产品生产加工基地、商贸物流基地，兰州都市圈和回藏风情线上的休闲旅游区、黄河上游的重要生态安全屏障区和各民族共同团结奋斗共同繁荣发展的示范区。

（1）坚持集中攻坚，提高扶贫成效，坚决打赢脱贫攻坚战

把脱贫攻坚作为"一号工程"，按照中共中央、国务院《关于打赢脱贫攻坚战的决定》和全省"1236"部署要求，认真落实精准扶贫"1＋17"工作方案，按照"教育生态打基础、解难盯住水路房、羊（洋）果劳务育产业、餐饮旅游创新路、流域推进求突破、力争同步进小康"的工作思路，咬定目标，攻坚拔寨，力争早日实现脱贫，到 2020 年全面建

成"小康东乡"。一是认真落实精准扶贫措施。按照"六个精准"要求，制定并实施脱贫攻坚专项规划，全面落实省上"853"挂图作业实施意见，完善精准扶贫大数据平台，实行实名制管理和动态管理，通过产业扶持、转移就业、易地搬迁、教育支持、医疗救助"五个一批"脱贫措施，不断加大民生投入力度，全县按期实现整体脱贫，到2020年底，实现现行标准下农村贫困人口全部脱贫，与全州、全省、全国同步进入小康社会。二是改善发展基础条件。坚持一体规划、集中攻坚、一步到位的原则，积极借鉴复制高山布楞沟、关卜梅滩等成功模式，每年在最贫困区域推进实施一批集中连片扶贫项目，以点带面，整体推进。实施农村供水巩固提升工程，确保贫困群众饮水方便、稳定、安全。加快农网升级改造，实现自然村动力电全覆盖。实施新一轮易地扶贫搬迁工程，到2017年底完成2.42万名建档立卡贫困群众的搬迁安置。基本完成全县农村危房改造，农村住房抗震减灾能力显著增强。大力推进"美丽乡村"示范村、生态文明小康村创建工作，整治村容村貌，营造干净整洁的人居环境。三是发展富民多元产业。坚持把富民产业培育作为核心任务，全面落实县上《关于加快特色富民产业发展的意见》，按照"黑（黑枸杞）红（红枸杞）白（羊、洋芋）+餐饮+劳务+培训"的模式，引导群众走好"挣枸杞钱、发餐饮财、兴两羊（洋）业、走劳务路、帮贫困户"的产业精准脱贫路子。重点支持贫困村、贫困户因地制宜发展畜牧养殖、经济林果等富民产业，强化"公司+基地+合作社+农户"的利益联结机制，努力提高产品附加值。加大农村实用技术和就业技能培训力度，加快农产品销售渠道和流通体系建设，积极发展电子商务、家政服务、物流配送、养老服务等现代服务业，拓宽群众就业增收渠道。四是创新扶贫机制模式。继续推进开发式扶贫，强化政府责任，引领市场、社会协同发力，构建专项扶贫、行业扶贫、社会扶贫互为补充的大扶贫格局。积极对接中石化、厦门湖里区等定点帮扶企业单位，进一步完善省、州、县三级双联单位帮扶机制，激励各类企业、社会组织、个人自愿采取包干方式参与扶贫。严格执行脱贫攻坚一把手负责制，层层签订脱贫攻坚责任书，落实工作责任，真正形成县、乡、村三级齐抓共管的工作格局。

（2）坚持夯实基础，增强发展后劲，提升经济发展支撑力

抢抓政策机遇，大力推进交通、水利、能源等领域的基础设施建设，

拓展对外交流渠道，着力打造"开放东乡"。一是打造内连外通的交通网络。深入实施全省"6873"交通突破行动，不断优化交通网络布局，重点建设折红二级公路工程、祁家黄河大桥至折桥一级公路改建工程等环县公路，大力实施农村公路建制村通畅工程，加大县乡干线公路升级改造力度，形成县乡村一体、内联外通、高效便捷的大交通格局。二是建立稳定的能源供应体系。大力发展水电开发、风能发电和光伏扶贫等项目，优化加油站、加气站布局，扩大天然气服务站覆盖范围，实现全县各乡镇天然气普及化利用。三是加快水利基础设施建设。深入实施全省"6363"水利保障行动，加快小型电灌群、中小型泵站更新改造等工程，着力完善水利基础设施体系，努力实现供水安全、饮水安全、防洪安全、水生态安全等目标。

（3）坚持提质增效，壮大特色产业，构建产业发展新格局

以特色富民产业发展为抓手，深入实施创新驱动发展战略，强化政策扶持和引导，加大产业培育力度，增强经济社会发展的内生动力，着力打造"实力东乡"。一是明晰产业定位。努力扩大养殖规模，加快形成生产、加工、销售一体化的发展模式，到 2020 年，全县肉羊饲养量达到 220 万只，建成省级标准化养殖场 4 个、州级 20 个，畜牧业收入占农民可支配收入的 30% 以上，力争将我县打造成为全州乃至全省畜牧产业全产业链建设示范县。继续加大基地建设力度，新建花椒、大接杏、枸杞等精深加工企业，力争到 2020 年，林果面积达到 22 万亩，林果业纯收入达到人均 1500 元以上。加快发展商贸流通、清真餐饮和民族风情旅游，不断提升服务业发展水平。二是加快农业现代化。大力发展全膜玉米、脱毒马铃薯、特色经济林果和高效设施农业，引导群众规模化种植、产业化经营，到 2020 年，全县脱毒马铃薯种植面积稳定在 30 万亩以上，种植全膜玉米 33 万亩以上，种植业收入占农民可支配收入的 25% 以上。大力支持产业化龙头企业和农民专业合作组织，到 2020 年，全县农业产业化龙头企业达到 5 家以上。三是发展壮大劳务产业。建立县、乡、村三级劳务信息网络平台，强化技能培训和协调服务，重点打造枸杞种植、规模养殖、清真餐饮等基地，扩大劳务总量，提升产业效益，力争劳务输出人均收入达到 1.4 万元，占农民可支配收入的 28.5%。四是加快工业化步伐。引进、培育、壮大一批骨干企业，大力发展精深加工，提升产品附加值，到

2020 年，马铃薯、玉米加工量达到 15 万吨以上；以位于达板镇的东乡经济开发区为重点，进一步配套完善基础设施和公共服务，到 2020 年，将园区建成集生产、生活、商贸、物流于一体的现代化生态工业园。五是大力发展现代服务业。着力构筑县城商业圈，积极培育发展农村电子商务，加快乡镇物流、快递服务网络体系建设。以县城为中心，以沿河、沿库、环县公路为环形区域，打造集生态观光、民俗体验、田园休闲为一体的旅游发展新格局。大力实施东乡特色餐饮服务业"百千万"工程，力争用 3—5 年的时间，在全国百座城市发展东乡特色餐饮 5000 家，带动 5 万人就业致富，年创劳务收入 10 亿元。

（4）坚持中心带动，完善服务功能，加快推进城乡建设进程

围绕把县城建成地质安全、风格独特、功能完善的"东乡故里、陇上明珠"和全县行政文化中心、民俗旅游基地，不断配套完善城市基础设施，着力打造"美丽东乡"。一是全面加快县城新区开发。按照打造县城新的商业贸易聚集区、休闲旅游度假区和清真餐饮品味区的目标定位，全力加快新区项目建设进度，不断提高县城聚集产业、吸纳就业的功能，增强发展活力。深入开展市容市貌综合整治，建立健全常态化管理机制，营造整洁、方便、舒心、安全的工作生活环境。二是坚持规划引领。牢固树立规划红线意识，严格执行县城三版总体规划和各个项目建设性详规，全面加快小城镇和"五园"开发建设进程，不断提升辐射带动能力。按照循序渐进、节约土地、集约发展、合理布局的原则，加强重点集镇基础设施建设，推进城乡协调发展，力争到"十三五"末，全县建制乡镇生活污水处理率达到 50% 以上，基本实现垃圾无害化处理。三是实施以城带乡战略。深入推进易地搬迁、乡村道路、教育医疗、生态环境保护、农村清洁能源开发等基础设施建设，全面改善农村生产生活条件。加强农村劳动力技能培训，拓宽就业渠道，切实增强农村发展后劲，不断推动城市基础设施逐步向农村延伸、公共服务向农村覆盖，促进城乡公共资源均衡配置，有序推进户籍制度改革，加快城乡一体融合发展。

（5）坚持绿色发展，加强环境保护，全面推进生态文明建设

牢牢把握绿色发展理念，大力推进生态立县战略，加强生态环境保护和流域综合治理，努力创建黄河流域生态综合治理示范县，着力打造"生态东乡"。一是加强流域综合治理。以小流域水土流失治理为中心，

以基本农田结构优化和高效利用及植被建设为重点，提高生态环境保护和经济社会可持续发展，建立具有水土保持兼高效生态经济功能的山区小流域综合治理模式。二是保护和改良农田生态系统。发展高效生态旱作农业，重点推进锁南、汪集、百和、高山、大树等乡镇基本农田整理项目，加强土地整治，推广节水灌溉，切实提高耕地质量和农田生态功能，稳定提高粮食产量。三是深入推进生态工程。把生态建设作为夯实旅游产业基础的重要举措，结合旅游精品线路和特色旅游景点的打造，持续深化推进"2215"生态工程，以林草植被建设与保护为重点，力争通过 5 年的努力，完成退耕还林退耕地造林 9.57 万亩、退耕还草 6 万亩、荒山造林 10 万亩、经济林 7.5 万亩、种草 22 万亩，使全县生态环境和整体形象有一个大的变化提升，促进生态与旅游资源共享、优势互补，真正使生态建设的成果变成东乡长远发展的金山银山。四是加大环境资源保护力度。切实加强饮用水源地保护，严格地下水资源管理，实施东乡县地下水保护工程和六大饮用水源地保护工程，统筹推进以大气、水、土壤为重点的环境污染综合治理。加大环境执法力度，抓好农村环境综合整治，促进环境保护与经济社会的协调发展。五是狠抓国土资源开发与保护。积极开发利用荒山、荒滩等未利用土地，增加有效耕地面积，实现耕地总量动态平衡，狠抓地质灾害隐患排查治理，健全完善防灾减灾体系。

（6）坚持协调共进，优化公共服务，促进社会事业全面发展

坚持普惠性、保基本、均等化、可持续方向，全力加快社会各项事业发展，切实解决群众关注的热点、难点问题，提高公共服务共建能力和共享水平，着力打造"幸福东乡"。一是加快教育事业发展。继续深化"教育立县"战略，狠抓提高教育教学质量和加强控辍保学工作两个决定（《关于进一步提高教育教学质量的决定》和《关于进一步加强控辍保学工作的决定》）的落实，不断加大教育投入，进一步优化教育基础条件，逐步实现城乡教育资源的均衡配置。狠抓校长和教师队伍培训，突出控辍保学，普及高中阶段教育，大力发展职业教育，确保"十三五"期间九年义务教育巩固率达到 95% 以上，人均受教育年限达到 10.5 年，力争 5 年内使东乡族自治县的教育教学质量达到全州中等水平。二是提升医疗保障水平。按照"突出县级、提升乡级、加强村级"的思路，以公共卫生体系建设、医药卫生体制改革为重点，全面加强医疗卫生基础设施配备和

业务管理工作，狠抓医疗卫生队伍建设，进一步健全完善县、乡、村三级医疗卫生网络，不断提高全民健康水平。实施大病保险和分级诊疗制度，强化免疫规划工作，全面开展健康教育、预防接种等基本公共卫生服务项目，确保新农合参合率稳定在95%以上。巩固完善基本药物制度，加快推动公立医院改革，破除以药补医机制，完善公立医院药品零差率销售制度。三是发展公共文化事业和旅游产业。加强文化遗产的申报、保护、传承和运用，加快推进民族博物馆和甘肃东乡彩陶文化产业园项目建设，实施好行政村文化室项目，重视各种形式的文艺创作，加强宣传推介，扩大影响力，不断丰富群众文化生活。加快推进广播电视城乡联网，逐步实现全县城乡广播电影电视全覆盖。认真实施《关于进一步加快旅游产业发展的意见》，依托沿川沿线的优势资源挖掘打造新的景区景点，尽快搭建起覆盖全县、辐射周边的旅游产业基本框架，为激发东乡旅游潜能奠定坚实基础。

（7）坚持民生优先，健全保障体系，营造和谐稳定社会大局

始终把增进人民福祉作为政府工作的首要任务，以更大的决心、更大的力度保障和改善民生，不断推进和谐社会建设，努力提高群众生活的幸福感和满意度，着力打造"和谐东乡"。一是狠抓惠民政策落实。严格执行各项强农惠农政策措施，不断健全完善公开、公平、透明的长效落实机制，确保资金规范到位。加大民生项目投入，持续改善群众出行、上学、就医、饮水等生产生活条件，让改革发展的成果更多地惠及于民。二是健全社会保障体系。完善城乡贫困人口最低生活保障，全面推行新型农村社会养老保险制度。建立管理制度化、操作规范化的城乡医疗救助制度，切实保障特殊困难群体的生产生活。加强基层残疾人组织建设，提高基层残疾人服务能力和水平。认真落实各项就业创业扶持政策，积极开发就业岗位，加大对重点人群的职业技能培训，千方百计扩大就业。三是加强公共安全保障。认真落实社会稳定风险评估和预警机制，有效预防和妥善化解各类矛盾纠纷，最大限度地减少不和谐因素。加强社会综合管控，严厉打击各类违法犯罪活动，不断提升社会治安保障水平。把禁毒作为一场事关全局的攻坚战役来打，坚持"预防为主、综合治理，禁种、禁制、禁贩、禁吸并举"的工作思路，创新禁毒工作体制机制，完善毒品问题整治体系，做到精准打击、精准管控、精准考核，力争3年之内打出一片禁毒整

治工作的新天地。全面落实安全生产责任制，加强安全监管和隐患排查整治，严防重特大安全事故的发生。积极推进防灾减灾体系建设，不断提高综合防范和抵御灾害的能力。深入开展民族团结进步创建，依法加强民族宗教事务管理，全力维护社会和谐的良好局面。

第十三节　积石山保安族东乡族撒拉族自治县

积石山保安族东乡族撒拉族自治县隶属甘肃省临夏回族自治州，是甘肃省唯一的多民族自治县，位于甘肃省西南部，临夏州西北角小积石山东麓，处于东经 120°41′—103°05′，北纬 35°34′—35°52′，东南与临夏县接壤，西与青海省循化撒拉族自治县毗邻，北与青海省民和县隔河相望，东北部与永靖县以黄河为界，南北宽约 33 公里，东西长约 37 公里，总面积 909.97 平方公里。截至 2011 年，积石山保安族东乡族撒拉族自治县辖 4 个镇、13 个乡，共 145 个行政村、6 个社区、1296 个村民小组，总人口为 25.8 万人，有汉族、回族、保安族、东乡族、撒拉族、土族等 10 个民族。

一　国民经济运行情况

"十二五"期间，全县经济总量翻了一番，生产总值从 2010 年的 6.94 亿元增加到 2015 年的 13.31 亿元，年均增长 13.91%，分别比全省、全州平均增速高 3.41 个和 1.51 个百分点，人均生产总值从 2887 元增加到 6070 元。人民生活水平显著提高，累计减少贫困人口 8.75 万人，贫困面由 57.17% 下降到 19.35%，下降了 37.82 个百分点；城镇居民人均可支配收入从 7980 元增加到 16255 元，年均增长 15.29%，农民人均纯收入从"十二五"初的 2011 元增加到 2015 年的 4639 元。基础条件大幅度改善，实现了县境主干道通二级公路、所有乡镇和行政村通沥青（水泥）路，易地扶贫搬迁 1864 户，改造农村危旧房 19360 户，全县自来水入户率达到 98%，群众的行路、饮水、住房等生产生活条件得到大幅度改善。实施了县城东西区开发建设和大河家新区开发，县城和重点集镇面貌焕然一新。

二　社会事业发展情况

"十二五"时期，通过实施"教育强县"战略，投资1.03亿元加强教育基础设施建设，建成了9所乡镇中心幼儿园和19所村幼儿园。坚持改善医疗卫生条件和提升医疗服务水平相结合，完成了安集等7所乡镇卫生院改扩建和20所标准化村卫生室建设。围绕华夏文明传承创新区建设，突出地域和民族特色，加快保安族特色村寨、乡村舞台、村文化广场和文化室建设，建成村文化室10个、乡村舞台38个。成立了积石山县艺术团，组织开展送文化下乡活动，丰富了群众精神文化生活。

三　"十三五"目标及发展战略

（1）全力打赢脱贫攻坚战

坚持把脱贫攻坚作为"十三五"期间的头等大事和"一号工程"，以脱贫攻坚统揽经济社会发展全局，认真贯彻精准扶贫、精准脱贫基本方略和中央关于打赢精准脱贫攻坚战的决定，深化拓展"1236"扶贫攻坚行动，全面落实"1＋17"精准脱贫方案，紧盯53个贫困村、9678户、4.45万名贫困人口精准脱贫目标，举全县之力集中攻坚，确保如期实现整县脱贫和全面建成小康社会目标。

（2）努力破除制约瓶颈

多渠道争取项目投资，以市场化的方法激活社会资本、民间资本，加大交通、水利、电力、信息等重点领域基础设施建设力度，不断改善经济社会发展的基础条件，努力破除制约发展瓶颈。

（3）着力打造富民产业

实施产业推进行动，围绕"草畜、花椒、核桃"三大产业建设生产基地，扶持发展科技含量高、竞争力强、带动面广的龙头企业，推进种养加、产供销、农工贸一体化，提高产业化水平。把发展服务业与增强城镇功能、促进就业紧密结合起来，重点发展文化旅游和商贸物流业，带动服务业发展升级，做大做活第三产业，努力把积石山县打造成临夏州及甘青毗邻县的商贸物流中心和高原生态民俗文化游览胜地，着力培育新的经济增长点。

（4）统筹推进城乡协调发展

深入实施新型城镇化发展战略，按照"一心、三点、两轴"的城镇体系，积极推进小城镇发展，加快农村人口向城镇转移，加强城乡基础设施建设，提升城镇综合服务功能，增强辐射带动能力，从根本上改善镇容村貌。力争到"十三五"末县城及大河家等重点集镇服务功能全面提升，产业培育基本完备，与全省、全州同步实现城乡一体化。

（5）提高公共服务共建能力

加大民生投入，致力于补齐民生短板。深入实施"教育强县"战略，优先发展教育事业，全面提高教育教学质量，实现义务教育均衡发展。着力提高公共卫生、公共文化等基本公共服务均等化水平，基本公共服务实现常住人口全覆盖，基本社会保障实现全民覆盖，努力提高居民收入，全面提升人民群众的幸福感。加快推进生态立县战略，加强重点区域生态治理，大力发展循环经济，全面节约和高效利用资源，倡导绿色生产和生活方式，促进生态保护与经济发展、民生改善相协调，推动绿色富县、绿色惠民。

第十四节　合作市

合作市地处青藏高原的东南端，甘、青、川三省交界处，东连卓尼县，南靠碌曲县，西接夏河县，北临临夏州和政县、临夏县。国道213线和省道306线贯城而过，是内地通往青海、西藏的交通要道，距省会兰州226公里，是甘南藏族自治州州府所在地，也是全州政治、经济、文化、科技和金融中心。合作藏语音译为"黑错"，意为羚羊出没的地方，1956年成立合作镇，属夏河县管辖。1996年5月经国务院批准成立合作市，1997年筹建，1998年1月1日正式挂牌运作。全市现辖6乡4个街道、39个村民委员会、8个社区、249个村民小组。全市有藏、汉、回等18个民族，总人口9.03万人，其中藏族人口4.97万人，占总人口的55.04%；城镇人口5.59万人，占总人口的61.9%；农村人口3.44万人，占总人口的38.1%。全市国土总面积2670平方公里，其中牧业用地261万亩、农业用地15.36万亩、林业用地77.87万亩。城区新版规划面积

17.10 平方公里，建成区面积 10.4 平方公里。

一 国民经济运行情况

"十二五"时期完成地区生产总值 27 亿元，增长 7.5%；完成全社会固定资产投资 35 亿元，减少 20.4%；实现工业增加值 5.3 亿元，增长 9.8%；实现社会消费品零售总额 11.5 亿元，增长 14%；完成大口径财政收入 4.3 亿元，增长 16%；完成一般预算收入 1.8 亿元，增长 21%；城镇居民人均可支配收入达到 1.7 万元，增长 14.2%；农民人均纯收入达到 4850 元，增长 16.4%；居民消费价格指数控制在 103% 以内，城镇登记失业率控制在 3.6% 以内。

二 社会事业发展情况

优先发展教育事业，全面启动幼儿园全覆盖工程，开工建设那吾乡、伊合昂街道等 14 所"双语"幼儿园，市第二幼儿园和 5 所乡村幼儿园、加茂贡中心小学、勒秀乡中心小学和仁多玛小学教学楼、宿舍楼等教育项目建成并投入使用。落实义务教育阶段"两免一补"、高中免费教育和营养改善计划专项资金 2493 万元。全市教育教学质量管理提高三年行动计划全面完成，教育质量稳步提高，九年义务教育巩固率达到 78.6%，高中阶段毛入学率达到 76.6%。城乡医疗卫生服务能力不断提升，基本公共卫生服务均等化项目规范实施，疫病控制、妇幼保健、卫生监督等工作成效明显。积极改善基层医疗卫生条件，新建和维修村级卫生室 29 个，市中藏医院建设项目开工建设。新农合"一卡通"实现全覆盖，参合率达到 98.8%，累计报销医疗费 985 万元，完成农牧民"三病"普查 1.2 万人。落实计划生育奖励优惠政策，优质服务能力明显提升，人口自然增长率控制在 7.3‰ 以内。积极开展群众性文体活动，文化资源普查和分类分级评估工作顺利完成，实施广播电视"舍舍通"845 户，公共文化服务水平不断提升。国家科技富民强县专项行动计划深入推进，防灾减灾能力建设不断加强，"双拥"模范市创建工作稳步推进，第三次全国经济普查任务全面完成。同时，妇女儿童、国防动员、人民防空、市志编纂、档案管理、气象地震、外事侨务等各项事业都有了新的发展和进步。

三 "十三五"目标及发展战略

（1）加快推进扶贫攻坚，全面完成消贫任务

打好基本消除贫困攻坚战。深入推进"1236"扶贫攻坚行动，以持续增加贫困人口收入为核心任务，确保贫困人口人均纯收入增长 20%。瞄准最贫困的乡村、最困难的群体、最迫切需要解决的问题，加大资金整合力度，继续实施好整村推进项目，建立和完善精准扶贫工作机制，加快培育发展富民增收产业，稳定实现扶贫对象不愁吃、不愁穿，义务教育、基本医疗和住房有保障，大力改善贫困乡村水、电、路、房等基本生产生活条件。年内减少贫困人口 4000 人，全面完成基本消除贫困目标任务。

（2）加强生态环境保护，构筑生态安全屏障

启动合作市生态文明建设示范工程试点实施方案，将国家生态功能区转移支付资金的 60% 以上用于生态保护与建设。加快推进甘南黄河重要水源补给生态功能区生态保护与建设项目，投资 4157 万元实施天保二期、退耕还林、面山绿化、绿色长廊、退牧还草、黑土滩综合治理等重点生态工程建设。认真落实草原生态保护补奖机制政策，建设人工饲草基地，扩大草畜平衡区、草原禁牧区面积，缓解草原超载过牧压力。加强湿地及野生动植物保护，认真做好森林草原防火工作，维护生态资源安全。

（3）壮大特色优势产业，提升产业支撑能力

加快生态畜牧业示范区建设。全力实施好"128"现代农牧业发展行动计划，进一步优化调整畜种、畜群结构，加快犏牛繁育、犏雌牛（奶牛）养殖产业带棚、草、水、电、路、机和防疫设施配套建设，培育壮大一批农牧民专业合作社向规模化、集约化发展，促进畜牧业增效、农牧民增收。年内新建养畜暖棚 580 座、奶牛养殖小区 4 个，组建犏牛繁育核心群 6 个。积极发展优质高产青稞、藏中药材、高原夏菜、苗木培育等特色种植产业，推广规模经营，提高特色种植业综合效益。积极支持畜产品加工业发展。依托生态畜产品资源优势，大力扶持高原牦牛、藏羊肉精细制品等畜产品加工企业入园发展，力争华羚公司酪蛋白营养粉精深加工、燎原公司乳制品生产线改扩建项目建成投产，不断扩大畜产品产量和市场销售量，强化产品创新，延伸产业链条，逐步将园区打造成为高原生态畜产品加工基地。实现绿色环保矿产业提质增效。坚持资源开发与环境保护

并举，围绕实现矿产资源利用集约化、开采方式科学化、生产工艺环保化、企业管理规范化、闭坑矿区生态化的标准和要求，加快推进早子沟、辰州等矿山企业采选技术升级改造和矿山生态恢复治理建设，全力打造绿色生态环保矿山。

（4）深入挖掘文化内涵，加快旅游资源开发

紧紧围绕构建大香格里拉北线旅游集散中心和高原特色文化生态旅游目的地，着力打造米拉日巴佛阁、当周草原国家级生态旅游示范区两个重点景区，加快推进当周神山藏文化国际生态旅游体验区基础设施项目建设，全面完成步行木栈道、景区水上景观和植被恢复工程，推动安多部落、旅游商品一条街、甘南民族马队驿站等项目建设，逐步实施彩尔隆沟、海螺沟观光区水、电、路等基础设施建设项目。加强旅游业招商引资工作，吸引国内外旅游企业和投资机构参与当周神山藏文化国际生态旅游体验区建设开发。

坚持以藏文化、原生态旅游为中心的发展理念，推动旅游文化融合发展。加快推进羚城藏文化产业园区建设，大力扶持旅游文化产品加工企业发展。着力开发勒秀乡洮河美丽藏乡生态旅游区、美仁大草原、佐盖曼玛乡岗岔溶洞等风景旅游区。深入开展当周神山、米拉日巴佛阁和"南木特"藏戏等合作特色民族文化的整理挖掘和宣传开发工作。建设景区旅游文化产品销售街区，引导周边群众发展藏族文化体验和旅游产品销售等产业。积极鼓励小型演出、娱乐活动进景区，与观光游览融为一体，大力发展城市近郊型、景区依托型、传统民俗型等类型的乡村旅游，增强旅游的趣味性、娱乐性和参与性，培育新的旅游消费热点，延长游客停留时间。创新旅游宣传促销方式，不断提高合作市旅游知名度和影响力。

第十五节　临潭县

临潭，古称洮州，位于甘肃省南部，甘南藏族自治州东部，地处青藏高原东北边缘，是农区与牧区、藏区与汉区的接合部。总面积 1557.68 平方公里，境内属高山丘陵地带，海拔在 2209—3926 米，平均海拔 2825 米。全县辖 16 个乡（镇）、141 个行政村，总人口 15 万人，有汉族、回

族、藏族、蒙古族等 10 个民族，少数民族人口占总人口的 26%。

一　国民经济运行情况

"十二五"期末，全县完成国民生产总值 12.1 亿元，年均增长 14.2%。固定资产投资 16.1 亿元，年均增长 28%。实现大口径财政收入 7297 万元，年均增长 26.51%；地方财政收入 3669 万元，年均增长 32.69%；财政支出 12.38 亿元，年均增长 25.11%。全社会消费品零售总额完成 2.87 亿元，年均增长 19.5%。城镇居民人均可支配收入 13557 元，净增 2021 元，年均增长 17.5%；农民人均纯收入 3524 元，净增 723 元，年均增长 25.8%。居民消费价格指数控制在 104 左右。金融运行平稳，年末各类存款余额达 20.3 亿元，年均增长 18.6%；各项贷款余额达 11.2 亿元，年均增长 32.9%。

二　社会事业发展情况

"十二五"期间，临潭县社会事业发展迅速，民生方面的投入占到县级财政支出的 81% 以上，落实民生实事 127 件，解决了 2586 名大中专毕业生就业问题。全面实施城乡居民最低生活保障制度，农村低保年平均保障标准达到 1723 元，人均月补助水平达到 144 元，城市低保月平均保障标准达到 328 元。争取保障性安居工程 8122 套（户）、39.67 万平方米，总投资 6.4 亿元。实施农村危房改造 12830 户，总投资 5.98 亿元；全县城镇居民人均住房建筑面积达到 31 平方米，比"十一五"末增加近 12.1 平方米，城镇化率达到 20.4%。新建、改扩建学校 88 所，九年义务教育巩固率达到 79% 以上，高中毛入学率达到 77%，农牧民职业技能年培训 2000 人次以上，年均职业技能鉴定 2000 人次以上，中小学现代化远程教育覆盖面达到 100%。引进、招考、聘用紧缺学科教师 549 名，教师队伍的数量、结构更趋合理。完善卫生计生服务体系，新扩建县级医院 3 所，新建村卫生室 120 所，新改建乡镇卫生院 12 所。"十二五"末，有 12.6 万名农牧民参加了合作医疗，参合率达 99.1%。累计建设乡镇综合文化站 16 个、农牧民书屋 131 个、寺庙书屋 45 个、乡村舞台 98 个，"三馆一站"免费开放，广播电视"户户通""村村通"工程扎实推进，综合覆盖率达到 100%。统计、地震、气象、外事侨务、地方志、档案、信访、老龄、红十字、妇女儿童及双拥共建等工作成效显著。

三 "十三五"目标及发展战略

（1）坚持项目带动，着力增强经济发展后劲。充分发挥投资的拉动作用，紧紧围绕省州"3341"项目工程，加大招商引资力度，全力推进项目工作。

（2）坚持结构调整，着力加快特色产业发展。充分发挥临潭县特色产业优势，把发展特色优势产业作为拉动经济发展和促进经济结构调整的重大举措来抓，加快改造升级，全面提高特色优势产业发展的整体水平，逐步把临潭县建成全州特色优势产业示范县。

（3）坚持扶贫攻坚，着力加快脱贫致富步伐。抢抓新十年农村扶贫开发纲要政策机遇和天津市、兰州市对口帮扶和"双联"帮扶有利条件，深入实施"1236"扶贫攻坚行动计划，坚持不懈推进扶贫开发，整合资金，向贫困乡村、边远山区倾斜，确保全年贫困人口减少1.5万人。

（4）坚持融合发展，着力加快旅游文化产业发展。深入贯彻落实全省旅游产业发展大会和全州旅游产业发展研讨会精神，依托临潭得天独厚的旅游文化资源，突出旅游文化产业在第三产业中的首位产业地位，强化旅游宣传推介，加快旅游产业培育，加大旅游基础设施建设，把提升文化内涵和旅游文化深度融合发展贯穿到旅游业发展全过程，全面推进旅游文化产业快速发展。

（5）坚持统筹城乡，着力推进新型城镇化建设。全面准确把握新型城镇化的内涵，坚持统筹城乡、因地制宜，切实推进新型城镇化建设，城镇化水平提高2.1%，达到21%。

（6）坚持生态立县，着力改善人居和生态环境。全面实施"生态立县"战略，抓住甘南州被列入全国生态文明示范工程试点、国家生态文明先行示范区、甘肃国家级生态安全屏障综合试验区建设等重大机遇，大力推进生态文化、生态环境、生态经济、生态人居、生态制度"五大体系"建设，加快重点生态项目建设，统筹推进节能减排工作，切实改善人居和生态环境。

（7）坚持民生为本，着力保障和改善民生。坚持把保障和改善民生摆在更加突出的位置，全面落实好中央和省上出台的一系列惠民政策，千方百计解决好群众关心的就业、看病、上学、行路、饮水、住房和社会保障等问题。

第十六节　卓尼县

卓尼县位于甘肃省南部、甘南藏族自治州东南部，总面积 5419.68 平方公里，境内海拔 2000—4972 米，年均气温 5.9℃，年平均降水量 548 毫米。全县辖 3 镇 12 乡、97 个行政村、461 个村民小组，总人口 10.29 万人，其中藏族人口占总人口 63%。卓尼县自然资源丰富，森林、草场、旅游、水能和矿产是全县经济社会发展的五大优势资源。

一　国民经济运行情况

卓尼县始终坚持稳中求进的总基调，着力抓项目、稳增长、强基础、转方式、惠民生，全县经济社会取得了长足发展。截至 2015 年年底，完成地区生产总值 14.17 亿元，同比增长 4.6%。完成工业增加值 2.2 亿元，其中规模以上工业增加值完成 0.88 亿元，规模以下工业增加值完成 1.29 亿元。完成大口径财政收入 15182 万元，同比下降 19.8%；完成公共财政预算收入 12329 万元，同比增长 7.49%。实现社会消费品零售总额 3.02 亿元，同比增长 5.2%。城镇居民人均可支配收入达到 19515 元，同比增长 9.17%。农牧民人均纯收入达到 5802 元，同比增长 12.6%，居民消费价格指数为 103.2。

二　社会事业发展情况

始终把发展社会事业作为解决群众热点难点问题的根本举措，全面落实党和国家的各项政策，不断加大本级投入，社会事业建设稳步推进。

坚持把教育摆在优先发展的战略地位，教育体制改革有序推进，"两基"成果全面巩固提升，教育管理逐步规范，教育质量稳步提高，城乡教育差距逐步缩小。"两免一补"政策得到全面落实，共发放补助资金 1963.36 万元；全面实施农村义务教育阶段营养改善计划，发放营养改善补助资金 726 万元，使 11000 多名学生受益；严格执行普通高中国家助学金发放工作，为890名困难家庭学生发放助学金133万元；进一步规范生源地助学贷款工作，为503名学生发放助学贷款249万元。

坚持把提高人民健康水平摆在突出位置，继续深入实施医疗卫生改革制度，公共卫生服务体系逐步健全，县乡医疗服务设施明显改善，服务水平稳步提升，新农合参合率达98.24%，群众看病难、看病贵等问题逐步缓解。

坚持把人口和计划生育工作纳入可持续发展战略，全力做好人口和计划生育创国优工作，加大经费投入力度，按照创国优标准，全年共投入817万元用于改善基层计生基础设施建设和设备购置，着力提升计生服务水平，为今年创国优奠定了坚实的基础。全县人口出生率16.14‰，农村符合政策生育率达到96.49%，人口自增率9.3‰。全面落实计划生育奖励扶助、少生快富、特别扶助和特困家庭救助政策，落实奖励资金168.7万元。

坚持把宣传思想和文化事业作为精神文明建设的主阵地，大力实施文化"八个一"工程，不断加大文化市场监管和文化遗产保护力度。全面完成了文化体制改革工作，成立了卓尼县五彩藏族风情演艺有限公司和甘肃广电网络有限责任公司卓尼县分公司。筹措资金新建了演艺大厅，有线电视网络双向改造已进入入户安装调试阶段，土司纪念馆布展全面完成并投入使用。

三 "十三五"目标及发展战略

（1）加快旅游产业发展，增强经济转型发展推动力

卓尼县资源禀赋小而全，农林牧兼营，但都形不成比较优势，唯有旅游产业前景广阔。我们要认真贯彻落实全省、全州旅游发展大会精神，进一步加大旅游产业发展力度，以大峪沟为龙头，四沟两峡协调推进，以车巴沟被列为风景名胜区、地质公园、森林公园为契机，加大项目争取和财政投入，今年开工的大峪沟景区旗布林卡——一线天—月亮门旅游环线基础设施项目和"杨土司烈士"纪念馆，并全力做好车巴地区旅游景区的发展规划，使项目能够尽早落地建设。

（2）全力推进农村工作，切实增加农牧民群众收入

为到2020年与全国、全省同步全面建成小康社会，卓尼县面临的任

务十分艰巨，要实现这一宏伟目标，一定要在农牧业经济提质增效上下工夫，在调整产业结构上下工夫，在特色产业开发上下工夫，在强农惠农政策落实上下工夫，转变农村生产方式和经营模式，通过采取强有力的措施，扎实细致地工作，使农村经济得到健康有序发展，着力提高农牧民群众的生产生活水平。

（3）以项目建设为抓手，促进经济社会转型跨越发展

项目建设是全县经济社会发展的基础，要实现全县经济转型跨越发展，必须要有重大项目的支撑和带动，集中建设一批科技含量高、市场前景好、带动能力强的大项目和好项目。2015 年全县的固定资产投资任务为 24.91 亿元，要全面完成今年固定资产投资目标任务，必须在项目争取和前期工作上下工夫，在项目建设进度和管理上下工夫，在招商引资上下工夫，确保全年的项目建设有序推进，为全县经济转型跨越发展奠定坚实的基础。

（4）深入实施扶贫攻坚计划，全力打好扶贫攻坚硬仗

受县域地理条件和资源的限制，全县的扶贫攻坚工作既是全省全州的主战场，又是全县经济社会发展最难啃的硬骨头，要坚持扶贫开发重中之重不动摇，到 2016 年实现全县整体脱贫目标任务。按照"1236"扶贫攻坚目标和"333"扶贫攻坚计划，我们要在基础设施建设上下工夫，在富民产业培育上下工夫，在金融支持力度上下工夫，今年继续整合各类涉农资金 2.29 亿元，全县减贫 1 万人以上，全力做好中部 5 乡扶贫攻坚工作，巩固北部 6 乡扶贫攻坚成果，打好农牧民群众增收的硬仗。

第十七节　舟曲县

舟曲县位于甘肃南部，地处西秦岭岷、迭山系与青藏高原边缘，东接陇南，西连迭部，北邻宕昌，南通四川九寨沟。全县总面积 3010 平方公里，辖 4 个镇、15 个乡，208 个行政村，403 个自然村，总人口 14.2 万人，其中藏族人口 5.04 万人，占 35.8%，是国家级扶贫重点县、"5·12"特大地震和"8·8"泥石流灾害重灾县。这里历史悠久，资源富集，风光灵秀，潜力巨大，享有"藏乡江南"之美誉。

一 国民经济运行情况

"十二五"期间，舟曲县经济发展各项指标平稳，大量的经济数据展示了舟曲发展的业绩，金融政策有力支撑了舟曲脱贫攻坚，农牧产业培育和旅游人数、旅游收入攀升呈现了舟曲产业的前景，项目建设规模、质量、成效赢得了群众的满意。2016 年全县实现地区生产总值 15.42 亿元，是 2011 年的 1.72 倍，年均增长 11.4%；三次产业结构由 2011 年的 29.8：16.6：53.6 调整为 25.2：15.2：59.6；完成社会消费品零售总额 3.55 亿元，是 2011 年的 1.71 倍，年均增长 11.3%；城乡居民人均可支配收入分别达到 21011 元、6365 元，分别是 2011 年的 1.67 倍、2.09 倍，年均增长 11.7%、15.3%；金融机构存贷款余额分别达到 56 亿元、35 亿元，比 2011 年末增加 6.37 亿元、25.43 亿元。五年来，累计签约招商引资项目 29 个，签约资金 35.36 亿元，完成投资 18.63 亿元；完成本级财政收入 4.86 亿元，完成固定资产投资 137.4 亿元；非公经济市场主体由 3106 家增加到 6144 家，非公经济占地区生产总值比重由 45.4% 增加到 57.8%。

二 社会事业发展情况

全县卫生教育等社会事业取得新突破，民生政策全面落实，营养改善计划、"两免一补"、免除学前教育幼儿保教费、乡村教师生活补助、班主任岗位津贴提标等政策惠及广大师生，进城务工人员随迁子女全部就近入学，留守儿童得到普遍关爱，三类残疾儿童少年入学率达到 80% 以上。社会助学蔚然成风，成立了振兴教育促进会，筹集资金 739.2 万元，资助奖励贫困学生和优秀师生 2028 人次。各机关单位捐资助学 110 万元，全县尊师重教、支持教育、关心教育的氛围日益浓厚。学前三年毛入园率、九年义务教育巩固率、高中阶段毛入学率分别达到 62.18%、86.04%、89.98%。卫生计生工作呈现新气象，卫生计生和食品药品监督管理体制改革全面完成，健康促进模式改革与县级公立医院综合改革全面启动。在全州率先实现"先治疗、后付费"诊疗模式，"新农合"筹资标准由 2011 年的 230 元提高到 530 元，参合率保持在 99% 以上。标准化卫生院和卫生室基本实现全覆盖，重症监护室、血液透析室、舟曲储血点、"120"急救调度指挥体系建成投用。天津市眼科医院对口帮扶舟曲县技术协作医院挂牌成立，医疗人才"组团式"援藏和兰大一院、二院等省级医疗机构对口支医工作受到群众广泛好评。投入计划生育事业费1600万元，落实各项优惠奖励资金799万元，全面二孩政策正式启动，人口和计划生育各项指标控制在目标范围之内。就业创业工作取得新成效，招录大中专毕业生1386名，解决城镇就业3199人，发放创业贷款5625万元，城镇登记失业率始终控制在4%以内。安全监管工作得到新加强，县乡村食品药品监管网络体系不断健全，检验检测能力和信息化水平大幅度提升，群众饮食用药安全得到有力保障。全面落实安全生产"党政同责、一岗双责、失职追责"制度，加强重点行业、重点领域监管，安全生产形势持续稳定。社会管理工作开创新局面，深入推进禁毒重点整治，实现毒品原植物"零种植"。全国民族团结进步示范县创建工作扎实推进。大力开展"法制大宣传""感恩教育"等系列活动，不断加强社会治安防控体系建设，积极排查化解矛盾纠纷，信访量逐年下降，社会大局和谐稳定。

三　"十三五"目标及发展战略

"十三五"时期是加快推进经济社会发展的关键期，也是全面打赢脱贫攻坚战、如期实现全面小康目标的决胜期。既面临艰难爬坡、经济下行、矛盾叠加的严峻挑战，也将迎来精准脱贫、生态建设、文化旅游、全面小康等千载难逢的发展机遇。

（1）以打赢脱贫攻坚战役为总揽，全面建成小康社会

始终把脱贫攻坚作为最大的政治任务、最大的民生工程、最大的发展机遇，坚持导向不变、重点不移、靶向不偏，以更大的决心、更明确的思路、更精准的举措、超常规的力度，全力推进"1236"扶贫攻坚行动和"五个一批"工程，严格按照"56344"精准扶贫、精准脱贫总体工作思路，深入实施"1＋17＋1＋2"方案，坚决打赢脱贫攻坚战，为全面小康奠定基础。通过因村施策、因户施法，确保现行标准下建档立卡贫困人口全部稳定脱贫，农民人均可支配收入增幅高于全省平均水平，基本公共服务主要领域指标接近全省平均水平，如期实现全面小康目标。

（2）加快生态经济建设，稳步提高居民收入水平

始终把生态建设作为经济社会发展的底线，把环境卫生综合整治作为

转变观念、移风易俗、根除陋习、拔掉穷根的历史性革命，打"生态牌"，端"生态碗"，吃"生态饭"，促进生态优势向经济优势转变，加快生态经济发展。瞄准全县产业布局和发展方向，以林下种养殖业为主导，加快舟曲土鸡、土蜂、中藏药材、核桃、大果樱桃、羊肚菌、桑蚕等种养业发展，打造电子商务服务平台，完善物流服务体系，规范有序发展农产品加工业，积极推进农产品"互联网＋"行动，延长产业链条，拓宽销售渠道，提高产品附加值，通过生态经济发展提高居民收入水平。

（3）推动旅游文化产业发展，提升旅游文化产业内涵

以壮大文化旅游首位产业为驱动，在全力提升全域旅游内涵上乘势而为。努力推进文化旅游产业发展的"九大转变""十个跨越"，着力打造全域旅游典范。从景区景点建设向综合经济统筹发展转变，从个体经营经济向文化旅游产业经济转变，从粗放低效旅游向精细高效文化旅游转变，从简单景区开发建设向原生态文化旅游品牌转变，从县域小旅游循环向周边旅游景区连线发展转变，从文化旅游企业单打独斗向全民共建共享转变，从单一观景文化旅游向多元康体文化旅游转变，从行业部门低层次文化旅游创业向党政主导全民文化旅游创业转变，从低层次景区景点服务向中高端接待服务转变。通过九大转变，最终实现从小文化旅游向大文化旅游、低效益向高效益、低品质向高品质的根本转变。

（4）推动教育事业发展，提高教育教学质量

始终把发展教育事业作为富民强县的优先战略，把提高教育教学质量作为增强全民素质的重要手段，把办好人民满意教育作为实现社会公平的有效举措。一是稳步推进基础教育。全面推进学前教育，加快发展义务教育，努力提升高中阶段教育，大力支持职业教育，争取实行15年免费教育。加大教育投入，调整优化教育布局，均衡配置各类资源，实现人口500人以上行政村幼儿园全覆盖，争取新建1所示范性高中，积极鼓励和支持社会资本兴办高中教育，全面启动舟曲县职业技术综合培训中心建设工作。二是推动教育公平发展。藏族聚居乡镇双语教育实现全覆盖，三类残疾儿童少年入学率达85%以上，开展家庭教育大讲堂活动，加大留守儿童和单亲家庭儿童关爱力度。全面落实教育各项优惠政策，加快教师周转房建设，切实改善师生学习生活和工作条件。三是大力实施"智力扶贫十大工程"。以创新人才机制、优化人才环境为切入点，抓住培养、使

用、吸引、留住等关键环节，形成完善的人才工作机制，使人才结构和数量能够适应经济发展需要，为加快全面建成小康社会提供坚强的人才保障和智力支持。四是深入推进大众创业万众创新。坚持"引外""培内""育苗"并举，通过实施招才引智、大学生创业带动、"草根"回归创业三大行动，形成多元化人才群落，充分发挥人才在全面小康中的核心作用。

（5）统筹城乡发展，加快城乡一体化建设

以统筹城乡创新发展为依托，在加快推进城乡建设步伐上齐头并进。坚持把生态文明小康村建设作为破解贫困瓶颈的最佳路径，作为开拓乡村旅游经济发展的创新空间，作为加快培育民族特色村镇的有力抓手，作为推动精准扶贫、精准脱贫的有效举措。一是全力推进生态文明小康村建设。始终坚持规划引领，严格按照"965356"生态文明小康村建设标准，因地制宜编制建设规划和方案，统筹各方力量，发挥群众主力军作用，围绕基础设施建设、产业培育发展、公共服务和社会保障、基层组织建设、精神文明建设等重点内容，紧密结合易地扶贫搬迁、旅游村镇打造、环境卫生整治，深入推进"生态人居、生态经济、生态环境、生态文化"四大工程，进一步完善目标体系、考核体系、督导体系和保障措施，突出特色、盯住进度、严把质量，全面建成 300 个生态文明小康村。二是持续加大保障房建设。加快危旧房改造，实施好棚户区改造项目，稳步推进商品房建设，全面消除农村危房，改造各类棚户区 7500 户，建成商品住房1000 套，城乡人均居住面积达到 35 平方米，逐步形成符合县域发展的住房保障体系。三是大力夯实基础设施。完善道路、电力、供水、供气、污水处理等市政基础和公共服务设施，乡镇行政中心实现集中供暖，城镇污水集中处理率、农村生活垃圾收集率均达到 90% 以上，城镇生活垃圾无害化处理率、农村生活垃圾处理率均达到 70% 以上。不断提升新老城区供水能力，扩大集中供暖供气范围。四是着力打造特色小城镇。加快曲告纳丁字河口、立节桃树坝、峰迭狼岔坝小集镇建设，推动立节、大川、东山、曲告纳、博峪等乡镇向生态型小城镇发展，通过配套生态文明小康村建设、人居环境改善等项目，充分发挥舟曲气候、海拔、民俗、文化等特色优势，建设一批集养生、休闲、度假为一体的养老公寓，完善服务功能，加快乡村旅游发展，全力打造旅游和商贸集镇，提升小城镇发展活力，促进区域经济加快发展。

第十八节 迭部县

迭部县位于甘肃省甘南藏族自治州东南部。地处秦岭西延岷、迭山山系之间的高山峡谷之中，青藏高原东部边缘甘川交界处。北靠卓尼，东连舟曲，东北与宕昌哈达铺毗邻，西南分别和四川若尔盖县、九寨沟县接壤。东经 102°55′—104°05′，北纬 33°39′—34°20′，海拔高度 1600—4920米。东西长 110 公里，南北宽 75 公里，总面积为 5108.3 平方公里。全县辖 12 个乡，52 个行政村，243 个村民小组，总人口 5.63 万人，县城位于县境西部白龙江北岸电尕镇，是 1962 年建县后垦荒拓建的山区新城。现已建成道路、供电、供排水、通信等设施齐备，商贾云集，店铺林立的林区重镇，成为迭部地区政治、经济、文化、工商、交通中心。

一 国民经济运行情况

截至 2015 年底，全县地区生产总值（GDP）达到 10.92 亿元，是"十一五"末的 2.1 倍，年均增长 13.39%，其中第一产业实现增加值2.45 亿元，是"十一五"末的 1.8 倍，年均增长 12.6%；第二产业实现增加值 2.75 亿元，是"十一五"末的 1.5 倍，年均增长 14.1%；第三产业实现增加值 5.72 亿元，是"十一五"末的 2.4 倍，年均增长 19%。三次产业结构由"十一五"末的 24∶29∶47 调整为 22∶25∶53。地方本级财政收入完成 9135 万元，是"十一五"末的 2.7 倍，年均增长 19.8%；规模以上工业增加值完成 7136 万元，是"十一五"末的 1.6 倍，年均增长12.4%；城镇人均可支配收入 19358 元，是"十一五"末的 1.9 倍，年均增长 9.8%；农牧民人均纯收入 5636 元，是"十一五"末的 1.9 倍，年均增长 12.4%；万元 GDP 能耗以每年 2.52% 的速度递减。

二 社会事业发展情况

始终坚持教育优先发展战略。"十二五"期间共投入资金 2.03 亿元，改善 47 所学校办学条件，新建"双语"幼儿园 28 所。积极筹措 981.96

万元，实施了"普通高中免费教育""农村学前教育营养改善计划及公用经费补助"和"班主任岗位津贴"等教育民生实事。学前教育一、二、三年毛入园率分别达到88.5%、68.4%、67.5%；九年义务教育巩固率达到85.5%。通过"三支一扶"、"特岗"计划、事业单位招考共补充教师394名。有效巩固"两基"成果并通过国家验收，完成了国家三类城市语言文字达标评估工作。全面完成了县人民医院和县高级中学整体搬迁工程。县人民医院与乌镇互联网医院成功对接，开创了县级医院利用互联网与大城市三甲医院专家会诊的先河。全面落实国家计划生育政策，不断提高计生服务水平，保障全县人口均衡健康发展，2014年被评为"全国计划生育优质服务先进县"。全面实施国家基本药物制度，大力开展"三病"普查，全县12个乡镇（站）卫生院设立中藏医科。安装广播电视"户户通"8000余户，建成"乡村舞台"42个，举办了形式多样的文体活动，极大地丰富了农牧民群众的精神文化生活。此外，审计、统计、工会、妇女儿童、物价、档案、通信、石油、烟草、邮政、气象、老龄、外事侨务等其他社会事业和人民防空、民兵预备役、双拥工作都有新进步，呈现新面貌。

三　"十三五"目标及发展战略

"十三五"时期的发展目标，到2020年，全县地区生产总值达到16.55亿元，年均增长9%以上，人均地区生产总值达到2.77万元；大口径财政收入达到2.75亿元，县级公共财政收入达到1.61亿元；城镇居民可支配收入达到3.26万元，年均增长11%以上；农民人均纯收入达到9932元，年均增长12%以上；第三产业比重调整为64.6%，全社会固定资产投资年均增长10%以上，社会消费品零售总额年均增长10%以上，城镇化率达到45%，单位地区生产总值能耗达到省州要求。

（1）大力实施精准扶贫脱贫，坚决打赢脱贫攻坚战

深化拓展"1236"扶贫攻坚行动，扎实落实全县"1+17+2"① 精准扶贫精准脱贫方案，强化"853"挂图作业，着力实施"七个一批"工

---

① "1+17+2"："1+17"为甘肃省精准扶贫方案，即1个目标，17个专项精确扶贫工作方案，1个甘南州专项精准扶贫工作方案和1个迭部县专项精准扶贫工作方案。

程，真正做到发展生产脱贫一批、转移就业脱贫一批、易地搬迁脱贫一批、生态补偿脱贫一批、发展教育脱贫一批、医疗救助脱贫一批、社会保障兜底一批。全面扎实推进脱贫攻坚"一号工程"，以更有力的举措，深入发动群众，全力促进精准扶持政策落实。

（2）坚持绿色发展不动摇，加快生态文明建设步伐

积极推进绿色能源示范县和西部地区生态文明示范工程试点县建设。争取将迭部列入甘肃省国家生态安全屏障综合试验区，深入实施天然林资源保护、退耕还林、退牧还草、公益林补偿等工程，继续争取实施森林生态效益补偿、第二轮草原生态保护补助奖励政策。积极争取农村"以电代薪"生态补偿政策，建立健全以转变农牧民生产生活方式、置换农牧民身份为目标的生态保护和建设体系，积极探索建立生态保护和开发并重的长效机制，将水利资源以股份形式入股水电企业，逐步建立水电资源开发有偿使用和补偿机制。整合各类补助资金和自有财力开展生态综合补偿试点，争取将天然林纳入森林生态效益补偿政策支持范围，力争将林地、湿地纳入生态奖补范围。完善并落实环境治理和生态修复制度，尽最大努力保护生态环境，还子孙绿水青山。

（3）全力打造扎尕那旅游品牌，促进文化旅游融合发展

抢抓"一带一路"建设机遇，深度融入华夏文明传承创新区建设，以推进扎尕那大景区建设为重点，大力推进旅游服务标准化示范区建设，构建旅游服务标准化体系，完善旅游基础设施，开发特色旅游产品，优化旅游发展环境，拓展旅游发展空间，提升旅游品牌，打造一批具有历史、地域、民族特色特点的旅游名乡名村。发展乡村旅游，支持旅游集散中心、农家乐、牧家乐等建设，扶持发展智慧旅游、休闲旅游，积极培育发展旅游新业态。

（4）优化农牧产业结构，拓宽农牧民增收渠道

大力实施标准化发展战略，构建农业标准化生产体系，推进农业标准化示范园区建设，支持特色养殖和规模养殖。优化种植结构，发展特色种植业，积极发展林下经济、藏中药材、经济林果、设施蔬菜和青稞等产业，延伸产业链条，壮大发展规模。树立精品意识，进一步推进品牌战略，盘活羊肚菌、木耳、蕨麻猪、腊子土蜂蜜、花园苹果、卡坝珍珠马铃薯等优势资源，积极申报国家地理标志保护产品，努力将资源优势转化为

经济优势。继续加大无公害农畜产品、绿色和有机食品认证力度，树立3—5 个无公害绿色农畜产品品牌，积极引导和扶持夏涛菌业、天然食品公司等企业申报绿色食品认证，提升产品质量，提高市场份额，促进产业化发展、标准化生产、品牌化经营。

第十九节 玛曲县

　　玛曲县位于青藏高原东端，甘南藏族自治州西南部，地处甘青川三省接合部。东北以西倾山为界与碌曲县接壤，东南与四川省阿坝藏族羌族自治州若尔盖县、阿坝县为邻，西南、西北分别与青海省果洛藏族自治州久治县、甘德县、玛沁县毗邻，北接青海省黄南藏族自治州河南蒙古族自治县。全县总面积 10190 平方公里，海拔 3300—4806 米，年平均气温 1.2℃，平均降水量为 611.9 毫米，气候寒冷阴湿，无绝对无霜期。全县辖 7 乡 1 镇 1 场 1 站 41 个行政村，总人口 5.64 万人，其中藏族人口占 89% 以上。拥有集中连片的天然优质草场 1288 万亩，是甘肃省主要的牧区和唯一的纯牧业县。境内畜牧、矿产、水电、旅游、藏药材、风能、太阳能等资源丰富，是河曲马、阿万仓牦牛、欧拉羊和河曲藏獒四大优良畜种的产地，"天下黄河第一弯""世界最大最美湿地草场""格萨尔发祥地""中国赛马之乡""藏民歌弹唱故里"等旅游品牌享誉海内外。生态地位突出，黄河环流县境 433 公里，境内有 560 万亩的湿地资源，构成黄河上游完整的水源体系，具有很强的水源涵养和水土保持功能，是维系黄河中下游地区生态安全的天然屏障，素有"中华水塔"之称，被誉为"地球之肾"和"天然蓄水池"。

一　国民经济运行情况

　　2015 年底，完成地区生产总值 12.8 亿元，是 2010 年的 1.34 倍；完成财政收入 1.47 亿元；完成财政支出 11.32 亿元，是 2010 年的 2.6 倍；完成社会固定资产投资 14.55 亿元，是 2010 年的 2.21 倍；完成社会消费品零售总额 3.08 亿元，是 2010 年的 1.73 倍；城镇居民可支配收入达到 20167 元，牧民人均纯收入达到 6615 元，分别是 2010 年的 1.71 倍和

1.77 倍。

二 社会事业发展情况

"十二五"时期累计完成省州为民办实事项目 107 件。新增城镇就业 2032 人，发放社会保障资金和公益性岗位补贴 1.65 亿元。减少牧村贫困人口 1.81 万人，贫困面由 2011 年的 45.2% 下降到 2015 年的 2.4%。发放各类社会救济救助资金 2890 万元，城乡低保人口覆盖面达到 21%。新农合报销医疗费 4630 万元，发放医疗救助金 530 万元。发放僧人生活补贴 2900 多万元。"少生快富"和"奖励扶助"政策受益 1229 户 8322 人。发放 37 项惠农资金 5.68 亿元、双联贷款 3.19 亿元。投资 2.17 亿元改善 14 所学校办学条件，新建 13 所"双语"幼儿园。新建或维修 28 所乡镇卫生院和村级卫生室。新建 38 个牧村综合服务中心、4 个乡镇敬老院。牧村广播电视实现"户户通""舍舍通"，宣侠父纪念馆、文化馆、图书馆和博物馆建成并投入使用。

三 "十三五"目标及发展战略

全县地区生产总值年均增长 7%；固定资产投资年均增长 15% 以上；公共财政收入略高于经济增长速度；城镇居民人均可支配收入和牧村居民人均收入年均增长 15% 左右；城镇化率达到 42%，城镇登记失业率控制在 4% 以内；城市污水集中处理率、生活垃圾无害化处理率达到 80% 以上。努力把玛曲建设成为国家级生态安全屏障试验区、国家级高原生态畜牧业可持续发展示范区、黄河首曲生态旅游体验区和"两个共同"示范县。

（1）坚持保护优先，推动绿色发展

加快建设国家安全屏障综合试验区，加大草原、湿地、饮用水源、野生动植物等保护力度，全面推行基本草场保护、草畜平衡、轮牧休牧制度，加强环境保护、节能减排和污染防治。继续推进退牧还草配套工程和人工草地建设，争取实施川西北甘南玛曲段沙化草地综合治理、矿区生态修复、地质灾害防治、黄河塌岸治理、固体废物处理及综合利用项目。实施森林防火、天然林资源保护、防沙治沙等工程。加快生态文明示范村建设。大力发展绿色低碳可持续的特色产业，打响"中国赛马之乡"和

"天下黄河第一弯"等五大文化旅游品牌，打造特色旅游景区和旅游乡镇，构建精品旅游线路，创建国家级文化旅游产业示范区。加快饲草料基地、动物疫病防控、良种繁育体系、专业合作组织、牧民技能培训、畜产品市场体系建设，发展有机畜产品和地理标志认证，做大牦牛藏羊产业。加快工业园区基础设施建设，引导组建畜产品加工产业集团，在乳制品、毛绒、皮革等加工方面取得突破。

（2）坚持统筹兼顾，推进协调发展

统筹城乡发展，加快县城棚户区改造力度，完善城区水、电、路、气、暖等功能配套，加强公用服务、地下管网和污水垃圾处理等设施建设，持续实施绿化、美化、亮化、硬化、净化工程，进一步加强城区市场体系建设。统筹经济社会发展，在加强基础设施建设，加快特色产业开发的同时，优先发展教育事业，推动九年义务教育均衡发展，普及高中阶段免费教育，加快发展学前教育，逐步实现15年免费教育。

（3）坚持优化环境，推进开放发展

加快实施"6613"交通突破行动，争取铁路过境、高速路进城，打通断头路、联网路和黄河水运航线，形成开放、畅通的交通网络。改善水利基础条件，实施黄河玛曲段塌岸综合治理、县城供水、牧区节水灌溉和小流域治理等工程。建设330千伏玛曲至合作送变电线路、太阳能光伏电站和风能基地、户用型太阳能光伏电源、10千伏以下牧村无电地区电力设施，形成多能互补的能源保障体系。

（4）坚持民生为本，推进共享发展

把精准扶贫脱贫作为最大的政治任务和民生工程，以15个贫困村为主战场，按照"缺什么、补什么"的原则，重点实施乡村道路交通、动力用电、产业培育、教育文化、医疗卫生等项目，着力改变玛曲"群众收入水平高，而生活质量差、住房条件差、基础条件差"的状况。坚持"发展产业致富一批、劳务打工输转一批、易地搬迁脱贫一批、低保政策兜底一批"的思路，完善精准扶贫措施，到2020年现有贫困人口和历年返贫人口全部脱贫。

第二十节　碌曲县

碌曲县，隶属甘肃省甘南藏族自治州，位于甘肃省西南部，青藏高原东边缘，甘、青、川三省交界处。地理坐标为东经 101°35′36″—102°58′15″，北纬 33°58′21″—34°48′48″。碌曲县下辖 2 个镇、5 个乡，总面积 5298 平方公里，总人口 3.65 万人。2013 年，碌曲县完成农林牧渔业增加值 24815 万元，增长 5.5%。碌曲县著名的特产主要有藏獒和蕨麻猪。碌曲县的则岔石林是全县的三大著名旅游景区之一，也是甘南自治州乃至甘肃省著名的旅游胜地，1998 年，则岔石林与尕海湖一起被列为国家级自然保护区。

一　国民经济运行情况

2015 年，全县实现地区生产总值 13.46 亿元，按可比价计算，年均增长 7%；实现大口径财政收入 12646 万元，比上年减少 8838 万元。下降 41.1%，社会消费品零售总额 2.48 亿元，年均增长 15%；城镇居民人均可支配收入 31827 元，农牧民人均纯收入 7139 元，比 2010 年分别增加 1716 元、756 元。

二　社会事业发展情况

"十二五"时期碌曲县学前一年入园率达到 65.2%，小学适龄儿童入学率达到 100%，九年义务教育巩固率达到 80.67%，高中阶段毛入学率达到 85%，高考升学率达到 81%。全县在校中小学生 6639 人，其中：高中在校生 1101 人，初中在校生 1651 人，小学在校生 3887 人。寄宿制学校 19 所，寄宿学生 5714 人，其中：小学 3185 人，初中 1541 人，高中 988 人。全县有各类学校 30 所，其中：完全中学 2 所，小学 21 所，幼儿园 7 所（其中民办幼儿园 1 所）。全县各类学校有专任教师 800 名，其中：小学专任教师 567 名，初中专任教师 116 名，高中专任教师 89 名，幼儿园专任教师 28 名，小学、初中、高中专任教师学历合格率分别为 100%、100%、97.6%；全县小学和初中校长均参加岗位培训并取得合格证书，合格率为 97.6%。全县小学占地面积 228634 平方米，校舍建筑面积 39005 平方米，生均 10.3 平方米；初中占地面积 75812 平方米，校舍建筑面积 11103 平方米，生均 6.7 平方米。

"十二五"末全县有综合医院 1 个，民族医院 1 个，妇幼保健站 1 个，疾病预防控制中心 1 个，卫生监督机构 1 个，新型农村合作医疗办公室 1 个，社区服务中心 1 个，乡镇卫生院 6 个，村卫生室 17 个。卫生机构实有床位 263 张，其中县城 233 张，乡镇卫生院 30 张。全县拥有卫生技术人员 343 人，其中中医师（含藏医、藏药专业）170 人，西医师 34 人，护士 78 人，其他技术人员 61 人。儿童基础免疫"五苗"合格接种率达 98% 以上，建卡率为 100%。婴儿死亡率 30.0‰；5 岁以下儿童死亡率 34.0‰。县藏医院制剂品种达 198 种，已注册 89 个品种，年产量 2000 余千克，产值达 46 万元；结合临床研制出肝胆病专科方剂 12 种，风湿专科方剂 6 种。

三　"十三五"目标及发展战略

坚持保护、发展、稳定并重，坚决贯彻中央和省委关于藏区工作的大政方针，以推进社会治理体系和治理能力现代化为引领，以全面深化改革创新为动力，以经济发展和民生改善为基础，以提高发展质量和效益为中心，以促进民族团结和维护社会稳定为重点，以全面推进依法治县和加强党的建设为保障，增加人民福祉，厚植发展优势，主动适应把握引领经济发展新常态，培育发展新动力。围绕"一个目标"，抓好"两项工作"，强化"三个责任"，加快"五个碌曲"建设，实施"五大策略"，实现"六个突破"，即"123556"发展思路，实现经济社会转型跨越发展和长治久安，确保到 2020 年，碌曲县和全国人民一同进入全面小康社会。

地区生产总值平均增速达 8%，固定资产投资平均增速达 15%，社会消费品零售总额年均增长 10% 左右；公共财政收入平均增速略高于经济增长速度；城镇居民和农牧民人均可支配收入年均分别增长 10% 和 11% 左右；城镇化率达到 35%；城镇登记失业率控制在 4% 以内；单位生产总值能耗与"十二五"末持平；主要污染物排放量达到省州控制目标。

"十三五"期间的发展目标：一是坚持生态保护优先原则，打造黄河长江上游生态安全屏障。二是推动创新驱动发展，加快产业转型升级。三是实施精准扶贫精准脱贫，着力保障和改善民生。四是加大基础设施建设力度，进一步夯实发展基础。五是加强公共服务能力建设，推进民生改善和社会发展。六是推进城镇化建设，筑牢维护社会稳定根基。

第二十一节　夏河县

夏河因大夏河横贯县境，县城濒河而得名。位于东经 101°54′—103°25′，北纬 34°32′—35°34′。地处甘肃省西南部、甘南藏族自治州西北部。东与州府合作市接壤；南枕洮水，与碌曲县相滨；西眺河首，与青海省同仁县、泽库县、河南蒙古族自治县为邻；北依太子山、达里加诸峰，与临夏回族自治州和政县、临夏县及青海省循化撒拉族自治县为邻。下辖拉卜楞、王格尔塘、阿木去乎 3 个镇，桑科、甘加、达麦、麻当、曲奥、唐尕昂、扎油、吉仓、博拉、科才 10 个乡，4 个社区，共 65 个村委会、438 个村民小组。

一　国民经济运行情况

2015 年全县实现地区生产总值 15.13 亿元，是 2011 年 10.5 亿元的 1.43 倍，年均递增 8.4%。大口径财政收入 2.34 亿元，是 2011 年 6797 万元的 3.44 倍，年均递增 29.8%。社会消费品零售总额 5.9 亿元，是 2011 年 3.28 亿元的 1.8 倍，年均递增 10%。农牧民人均可支配收入 5974 元，是 2011 年 3195 元的 1.9 倍，净增 2779 元，年均递增 9%。城镇居民人均可支配收入 19589 元，是 2011 年 11350 元的 1.73 倍，净增 8239 元，年均递增 11%，全县上下呈现出政治安定、经济发展、社会稳定、民族团结、宗教和顺、人民安居乐业的良好局面，夏河的发展已经站在了一个新的历史起点上。

二　社会事业发展情况

2015 年全县城乡居民参加各项社会保险人数 7.6 万人。其中：年末全县城镇基本养老保险参保人数 0.8 万人，增长 1%，覆盖率为 95%。城镇职工基本医疗保险参保人数 0.7 万人，增长 4.4%，覆盖率为 98%。城镇居民基本医疗保险参保人数 0.9 万人，增长 0%，参保率为 95%。失业保险参保人数 0.3 万人，增长 4%，覆盖率为 100%。工伤保险参保人数 0.6 万人，增长 1.5 倍，覆盖率为 100%。生育保险参保人数 0.2 万人，增长 1.02 倍，参保率为 98%。全年各项社会保险基金征缴 0.79 亿元，增长 6%；各项社会保险费支出 0.61 亿元，增长 4%。年末新型农村社会养老保险参保人数 4.1 万人，参保率 97%，全年征缴个人养老保险费 335 万元，有 0.9 万人领取养老金 1191 万元。

"十二五"末全县共有中小学幼儿园 53 所，其中中学 4 所（完全中学 2 所，独立初中 2 所），初中在校学生 2579 名，高中在校生 1741 名；小学 33 所（县镇小学 2 所，农村小学 31 所），小学在校生 7373 名。全县幼儿园 16 所（县城 2 所，乡镇 14 所），在园幼儿 1076 名。全县教职员工 1267 名，专任教师 1211 名，其中高中专任教师 165 人，初中专任教师 198 人，小学专任教师 775 名，幼儿教师 73 名。

三　"十三五"目标及发展战略

"十三五"时期地区生产总值年均递增 7.5%；工业增加值年均递增 5.6%；大口径财政收入年均递增 9%；地方财政收入年均递增 8%；固定资产投资年均递增 18.3%；社会消费品零售总额年均递增 9%；城镇居民人均可支配收入年均递增 9%；农牧民人均可支配收入年均递增 10%；人口自然增长率控制在 9.5‰以内；城镇人口登记失业率控制在 4% 以内；城镇化率提高到 56% 以上。

第 八 章

促进甘肃民族地区"十三五"时期
又好又快发展的保障措施
和实施机制

"十三五"时期,甘肃民族地区将迎来诸多新的发展机遇:"一带一路"、西部大开发、打赢脱贫攻坚战、创新驱动发展等战略的实施,进一步加速了全面建成小康社会的进程,为民族地区经济社会加快发展、群众增收致富带来了千载难逢的契机;党中央、国务院和省委、省政府高度重视少数民族和民族地区发展,制定了一系列扶持政策,政策叠加效应逐步凸显,为确保"十三五"时期发展目标的顺利实施,全面落实党的十八大和十八届三中、四中、五中全会精神,深入贯彻习近平总书记系列重要讲话精神,紧紧围绕各民族共同团结奋斗、共同繁荣发展的主题,坚持发展是第一要务,牢牢把握创新、协调、绿色、开放、共享五大发展理念,全面深化改革,加大政策扶持力度和执行力度,推进甘肃民族地区经济社会又好又快发展。

第一节 保障措施

政府强有力的保障措施是保证"十三五"时期各类经济社会发展措施实施的关键,加强和完善各类体制机制保障措施,贯彻执行经济社会发展政策,为实现"十三五"时期的发展目标奠定基础。

一 全面从严治党，加强党的领导

党的领导始终是经济和社会各项事业健康发展的坚强政治保证，是"四个全面"战略布局的重大内容。坚持以党的执政能力建设和先进性建设为主线，以改革创新精神加强和改进党的建设，为经济转型、跨越发展提供坚强的组织保障。贯彻落实全面从严治党"内容无死角、主体全覆盖、劲头不松懈"三个层面的要求，党的各级组织都必须落实管党治党主体责任，把从严治党常态化、制度化，使党建工作涵盖各个领域。从严治党，切实加强党的思想、组织、作风和党风廉政建设，不断提高各级党组织领导发展的能力和水平，努力在提高党的建设科学化水平上取得新成效。坚持把抓好党建作为最大政绩，坚决贯彻落实从严治党的各项要求，坚决执行党的政治纪律和组织纪律，确保政令畅通。扎实开展"三严三实"专题教育，进一步巩固和拓展群众路线教育实践活动成果。以服务型党组织建设为抓手，坚持"抓两头、带中间"，全面提升基层党建工作整体水平。各级领导班子结构不断优化，党员干部队伍综合素质明显提高，基础党组织的号召力、凝聚力和创造力不断增强。不折不扣地执行中央八项规定精神，持之以恒整治"四风"，持续推进作风建设，使得广大党员干部作风明显改进。全面落实党风廉政建设"两个责任"，强化执纪问责，努力营造风清气正的创业环境。

二 全面依法治国，创新社会管理

按照党的十八届四中全会关于全面推进依法治国的战略部署，深入落实《中共甘肃省委贯彻落实〈中共中央关于全面推进依法治国若干重大问题的决定〉的意见》，深刻认识全面推进依法治国的重大意义，始终坚持依法行政的正确方向，牢牢把握依法行政的基本原则，明确全面推进民族地区发展的总体目标。

全面落实民族地区法治建设任务，充分发挥法治的引领、规范和保障作用。加强民族地方立法工作，完善民族地方立法机制，依法履行民族自治权利。推进依法执政和依法行政，加快法治政府建设。依法全面履行政府职能，规范依法决策机制，优化行政执法体制，规范行政执法行为，全面推行政务公开。切实维护宪法法律权威，严格公正司法，维护社会公平正义。保障司法机关依法独立公正行使职权，优化司法职权配置，推进严格司法。强化基层基础，推进法治社会建设。深入推进民族地区和谐稳定建设，依法预防化解社会矛盾，依法解决突出信访问题，推进多层次多领域依法治理，稳妥做好民族宗教工作。加强法治宣传教育和法律服务，培育社会法律信仰。突出重点对象法治教育，强化社会法治宣传教育，创新法治宣传教育体制机制，加强社会诚信建设，加强公民道德教育，健全公共法律服务体系。健全完善监督机制，强化权力运行制约，加强党内、人大、政协民主监督，加强行政、审计监督，加强对司法活动的监督，加强社会舆论监督，加大问责力度。

深化行政体制改革，转变政府职能，不断推进治理体系和治理能力现代化建设。要加强党委领导，发挥政府主导作用，鼓励和支持社会各方面参与，实现政府治理和社会自我调节、居民自治良性互动，形成政府、市场、社会等多元主体在社会治理中协同协作、相辅相成的新局面。创新行政管理方式，进一步简政放权，最大限度减少政府对微观事务的管理，充分发挥市场调节作用，激发市场主体的创造活力，创造良好的营商环境。加强县乡基层组织建设，积极培育志愿服务组织，鼓励群众性组织进入社区，实现公民的自主参与、自我管理。加快推进事业单位、行业协会、商会的"去行政化"，使行业协会商会真正回归民间，成为服务会员、沟通协商、自律互律的服务型组织。

三 加强组织领导，推进规划落实

充分认识加强组织领导在规划实施中的重要作用，成立州县市各级政府主要领导为成员的国民经济和社会发展"十三五"规划实施工作领导小组，负责协调规划实施过程中出现的各类问题和困难，推进规划顺利实施。强化任务分解，把规划的目标任务和重点项目逐年分解，作为硬指标落实到各单位、各部门，要求各部门严格认真执行规划，确保落实到位。抓好规划实施管理，要求在规划实施和项目建设过程中，各级各单位和地区要密切配合，切实打破单位封锁、地方割据的现象，共同推进规划实施。加强政府督察，采取绩效考核、稽查、监测评估、经常性监督检查、重点解剖等多种手段，定期或不定期地检查规划实施进度，全力抓好规划管理和监督检查工作，确保规划任务全面完成。

四　突破思维定式，拓宽融资渠道

积极尝试多元化融资渠道和应用新型融资工具，不断扩大融资规模，努力添补民族地区经济社会发展资金缺口，促进经济稳中求进：一是争取加大信贷支持力度。围绕重点项目，积极与各金融机构加强交流沟通，特别是与政策性银行的联系和沟通，争取贷款规模保持较快增长。整合优质资源，注入融资平台，提高融资平台资质，以满足商业银行信贷要求，降低信贷风险。加大力度引进境内外金融机构入驻，扩大金融总量，运用财政贴息等方式为信贷融资给予政策支持，组建担保基金以促进信贷，并以税收优惠、偿债补贴等差异化政策吸引金融机构。努力争取国际金融机构贷款，开发符合世界银行、亚投行等国际金融组织扶持条件的工程项目，争取低利率、长期限金融贷款支持，同时也引进国际金融机构先进的管理理念与办法。二是持续加大招商引资力度。积极应对严峻形势，下大力气开发一批民族地区精品项目，重点抓好民族特色产业招商、主题园区招商和委托招商等工作，注重引进投资规模大、科技含量高、经济效益好、带动能力强、对财政贡献大的优势项目，形成一个有梯度、有深度、有高度的多层次招商格局。三是积极尝试混合经营机制。鼓励民营企业发展，积极引导民间资本进入各行各业。尝试政府和社会资本合作（PPP）新模式，增强公共产品和服务供给能力，提高供给效率，通过特许经营、购买服务、股权合作等方式，与社会资本建立利益共享、风险分担及长期合作关系。积极推进上市融资，加强企业上市资源培育和储备，按照"储备一批，改制一批，培育一批，申报一批"的工作思路，在民族地区培育和筛选有上市潜力的优质企业实行重点培育，分批逐步推向主板、中小板、创业板市场。

五　加强沟通衔接，强化项目支撑

抓住国家加大对生态、农业、水利、民生、文化、社会事业等领域投入力度的有利时机，以生态保护、基础设施、产业发展、民生项目为重点，在更大范围内精心谋划，争取项目支持。抢抓"丝绸之路经济带"建设的重大机遇，科学谋划一批重大产业和基础设施项目，积极融入"丝绸之路经济带"建设；积极主动加强与上级部门的沟通对接，及时了解上级部门重大项目的投向动态，并积极争取。按照下级规划服从上级规划的要求，加强与市级、省级总体规划、专项规划之间的衔接，确保在发展目标、空间布局、重大项目建设方面的相互协调。一些重大项目作为专项向上级部门汇报，争取立项实施。加强与周边地区的合作与联动，联合申请涉及面广、影响力大、效益突出的重大项目；完善公共财政体制，加强存量整合，优化增量安排，健全财政支出对项目的配套机制，重点加大对公共产品、公共服务及重大项目等领域的财政投入。

六　实施精准扶贫，提高民族地区帮扶效果

建立健全民族地区精准扶贫的工作机制，精准帮扶内容、目标、资金和项目，创新帮扶方式，落实帮扶责任，完善教育、卫生、科技等部门对口精准帮扶民族地区机制。做好中央和国家机关及企事业单位、发达省市对口支援和帮扶我省民族地区的争取和对接工作，特别是争取在资金、项目、人才、技术等方面加大帮扶力度。统筹省对民族地区帮扶工作，明确帮扶对象、帮扶内容、帮扶方式和帮扶要求，根据实事求是的原则，以科学标准确认贫困人口，把贫困人口、贫困程度等搞清楚，以便精准定位、精准发力和精准施策，并实行精准帮扶责任制，确保帮扶工作落到实处。

七　加强生态环境保护，建立生态和资源开发补偿机制

坚持开发与保护并重，认真贯彻落实国家公益林、草原等生态补偿机制。将民族地区的生态环境保护建设项目列入全省重点建设项目。支持民族地区的江河源头及国家级特殊生态功能保护区、湖泊、湿地和水库周边、荒漠化及水土流失严重地区的生态保护建设项目。将水源涵养林区和重点流域源头的自治州、县列为生态移民的重点地区，加大移民搬迁资金支持力度，加强对临夏州刘家峡、盐锅峡、八盘峡库区的生态保护。在民族地区征收的水资源费省级部分全额返还，由省财政专项划拨，用于民族地区的生态保护建设。将林区和生态保护区范围内的民族县优先列入国家沼气建设国债项目县。继续延长天然林保护、退耕还林、退牧还草等生态建设工程，提高补助标准。加快民族地区矿产资源勘察、开发步伐。在民族地区开发矿产资源时，既要在省级规划的指导下依法实施，又要兼顾自治州、县市和当地群众的利益。在民族地区收取的新增建设用地有偿使用

费、矿产资源补偿费、矿产使用权费、矿产权价款，省级留成部分通过土地开发整理、矿产资源勘测、地质环境治理、地质遗迹保护等开发项目全额返还；上缴中央部分积极争取国家土地开发整理项目。省级财政在民族自治地方收取的森林植被恢复费和育林基金，主要用于民族地区森林植被恢复和生态环境保护建设。国家和省政府在民族地区批准征收、征用农用土地的有关费用，按项目全额返还民族地区，用于土地开发整理和中低产田改造。

八　促进民族和谐，营造稳定环境

切实加强民族团结，全力维护社会稳定，更加注重民族和睦、宗教和顺、邻边和谐，保持政治稳定和社会长治久安，我们才能聚精会神搞建设、一心一意谋发展。认真贯彻落实中央民族工作会议精神，努力营造民族团结进步和谐稳定环境。坚持以科学发展观为指导，紧紧围绕最大限度激发社会活力、最大限度增加和谐因素、最大限度减少不和谐因素的总要求，以解决影响社会和谐稳定的突出问题为重点，全面推进社会管理任务落实，为维护社会和谐稳定，促进全县经济发展，保障人民群众安居乐业创造良好的社会环境。以预防化解社会矛盾纠纷为重点，深入推进维护和谐稳定机制建设；以构建防控一体化体系为重点，深入推进现代治安防控机制建设；以深化平安创建活动为重点，深入推进公共安全监管机制建设；以切实维护社会政治稳定为重点，深入推进国家安全工作机制建设。经过努力，使得维护稳定的源头治理基础工程更加稳固、社会治安形势保持平稳、公共安全防控体系更加严密、公众安全感不断增强、群众维护权益制度更加健全、人口服务管理手段更加先进、新经济组织和社会组织管理更加规范、信息网络管控措施更加有力、基层基础建设更加坚实、齐抓共管工作格局更加完善，基本形成既有活力又有秩序、既有效率又有公平、既有发展又有和谐的社会环境。

第二节　实施机制

"十三五"时期发展目标的有效实现，离不开健全的实施机制和监督机制，只有加强各地、各部门的组织领导，完善工作机制，加强宣传和动员，认真组织规划实施，定期检查，强化落实，明确责任要求，才能够确保"十三五"时期各类发展规划目标和任务的顺利实施。

一　强化保障机制

"十三五"规划是今后 5 年甘肃省民族地区经济和社会发展的总体战略部署，与民族地区的州县发展规划和各类专项规划是一个整体，是制定民族地区年度计划和相关政策的重要依据。各地、各相关部门要自觉维护规划严肃性，宣传和动员全省各族人民群众，调动一切积极因素，认真贯彻实施。引导各类市场主体和社会群体为实现本规划提出的各项任务和目标做出积极贡献。为了保障规划目标的顺利实现，根据国家宏观政策和发展形势，及时采取应对措施，适时调整政策方向和力度。

二　强化统筹衔接

认真谋划对民族地区经济社会发展和转型升级带动性强的重大项目、重大工程、重大政策，积极争取民族地区的重大项目工程纳入国家和省"十三五"规划。认真做好各州县市及专项规划工作，强化对民族地区总体规划的支撑，加强民族地区国民经济和社会发展规划与各州县市及专项规划的衔接配合，在总体要求、空间配置、时序安排等方面协调一致，确保规划的整体性和协调性。

三　抓好协调实施

省直机关各有关部门要按照职责分工，将本规划确定的各项任务纳入本部门年度计划，明确责任和进度要求，及时将进展情况向省政府报告。各地、各有关部门要按照规划提出的约束性指标，建立重大项目责任制，对规划确定的重大项目分解落实，切实加快工作进度，确保重大项目和重点工程的实施。

四　实施评估制度

建立规划实施情况跟踪监测、检查和评估制度。通过制订和实施国民经济和社会发展的年度计划，定期推行规划实施信息公开制度，加强社会对规划实施的监督，健全规划实施中期评估制度，分析实施效果，如遇发生重大变化或其他重要原因导致实际运行与规划目标发生重大偏离时，应及时提出调整方案，上报省委省政府。

五 凝聚工作合力

进一步强化合作意识，加强统筹协调。充分调动和发挥各方面的积极性，形成合力，努力推动本规划顺利实施。进一步简化审批手续，积极主动地帮助民族地区解决规划项目建设中存在的困难和问题，提供有效服务，营造良好的环境。

六 加强效果监测评估

健全民族事业发展绩效评估与行政问责制度，建立规划实施情况跟踪监测、检查制度，各级政府以本规划确定的经济指标、产业体系、基础设施、民生保障为主确定重点评估内容，明确分时序、差别化的评估指标，切实强化重大项目包抓责任制、重点项目督察落实机制和捆绑考核考评机制，指导各州、县规划落到实处。组织开展规划中期评估和末期评估，全面分析和评估规划实施过程中存在的问题和取得的成绩，提出意见和建议。

参考文献

曹征海、马飚：《起飞前的战略构想——中国少数民族经济长期发展研究》，民族出版社 1990 年版。

黄健英、萨如拉：《少数民族经济发展战略》，中央民族大学出版社 1996 年版。

金炳镐：《民族理论与民族政策概论》（修订本），中央民族大学出版社 2006 年版。

李忠斌：《民族经济发展新论》，民族出版社 2004 年版。

刘大志、马林：《中国少数民族自治州经济社会发展蓝皮书（206—2010)》，民族出版社 2014 年版。

刘永佶：《中国少数民族经济发展研究》，中央民族大学出版社 2006 年版。

龙远蔚：《中国少数民族经济研究导论》，民族出版社 2004 年版。

张积良：《甘肃民族地区科学发展与和谐社会建设问题研究》，民族出版社 2010 年版。

张友、庄万禄：《西部民族地区经济发展研究》，民族出版社 2007 年版。

包玉山：《中国少数民族经济：核心概念、概念体系及理论意义》，《民族研究》2010 年第 5 期。

保承军、岳桂杰：《甘肃民族地区发展职业教育与消除贫困的思考》，《职业教育研究》2016 年第 10 期。

程弘、赵俊：《对甘肃少数民族地区扶贫问题的思考——以临夏回族自治州和政县为例》，《发展》2012 年第 5 期。

戴永华：《发展特色产业，实现经济飞跃》，《中国城乡桥》2013年第
　　2期。

范鹏：《甘肃民族地区教育发展对策研究》，《甘肃社会科学》2011年第
　　6期。

范永明：《中国民族地区扶贫开发面临的问题及解决对策》，《经济研究导
　　刊》2010年第10期。

冯等田、何欣：《中国西部民族地区市场化进程与经济增长》，《兰州大学
　　学报》2007年第3期。

甘南藏族自治州旅游局：《甘南旅游产业发展现状》，2016年5月。

龚霄侠：《甘肃省民族地区经济跨越式发展探析》，《兰州大学学报》（社
　　会科学版）2015年第5期。

何晋武：《甘肃少数民族地区农业发展存在的问题与对策建议》，《中国农
　　业资源与区划祈》2009年第1期。

胡恒松：《建设社会主义新农村和民族地区经济发展》，《北方经济》2005
　　年第12期。

奂平清：《民族地区经济社会发展的制约素》，《甘肃社会科学》2013年
　　第2期。

黄建英：《论少数民族经济与少数民族地区经济》，《学术探索》2009年
　　第1期。

黄健英：《论少数民族经济与少数民族地区》，《经济探索》2014年第
　　8期。

黄健英：《论少数民族经济与少数民族地区经济》，《学术探索》2009年第
　　1期。

黄云：《论中国少数民族经济学的逻辑起点与学理价值》，《云南民族大学
　　学报》（哲学社会科学版）2010年第2期。

贾小波：《甘肃民族地区经济可持续发展研究》，《西北民族大学学报》
　　2013年第3期。

金琦琳：《甘南州职业教育探析》，《现代企业教育》2012年第21期。

经大忠：《民族地区经济发展的几个关键环节》，《西南民族大学学报》
　　2008年第4期。

李杰：《对少数民族地区医疗状况的分析——以甘南州为例》，《甘肃农

业》2007 年第 8 期。

李俊杰:《民族自治地方经济差距的实证分析及对策研究》,《中央民族大学学报》2008 年第 1 期。

李泉:《中国西部少数民族地区经济增长与制度创新的特殊性研究》,《兰州大学学报》2002 年第 4 期。

临夏州农牧局:《临夏州关于促进农业与旅游业融合发展的意见》,2016 年 6 月。

刘安全:《民族地区旅游研究综述》,《边疆经济与文化》2008 年第 5 期。

刘澈元、王凯宏:《欠发达民族区域工业结构调整研究——以甘肃民族地区为例》,《河西学院学报》2011 年第 1 期。

刘婷:《广西民族文化资源评估与文化产业发展研究》,《广西社会科学》2011 年第 2 期。

刘晓春:《民族经济与民族地区经济发展问题探讨——以牧区城镇化为议题》,《贵州民族大学学报》(哲学社会科学版)2015 年第 6 期。

刘宥延、巩建锋、段淇斌:《甘肃少数民族地区生态环境与农牧民贫困的关系及反贫困对策》,《草业科学》2014 年第 8 期。

刘云、石磊、李佳凝:《甘肃民族聚居地区经济发展策略分析——以临夏经济发展为视角》,《社科纵横》2012 年第 5 期。

罗添元、龙少波:《我国民族地区产业结构优化与经济增长关系实证分析》,《新疆农垦经济》2010 年第 10 期。

马慧芳、吴冰:《甘肃省民族地区卫生事业发展的问题及对策》,《中国初级卫生保健》2007 年第 5 期。

马征、润泽:《丝绸之路经济带建设带动沿线民族地区经济活力——以甘肃省肃北、阿克塞两县为例》,《商》2015 年第 12 期。

纳慧:《甘肃少数族地区产业结构现状分析》,《西北民族大学学报》2013 年第 1 期。

祁永安:《甘肃民族地区经济发展的再思考》,《兰州大学学报》(社会科学版)2003 年第 3 期。

钱力、韩燕:《甘肃少数民族地区扶贫开发绩效分析》,《西南民族大学学报》(人文社会科学版)2012 年第 4 期。

乔志霞、张艳荣、苏小凤:《西部民族地区县域经济发展分类与比较研究——以甘肃省为例》，《中国农业资源与区划》2013 年第 6 期。

尚雪英、李佳凝：《基于生态理念的甘肃民族地区旅游产业发展模式研究》，《兰州文理学院学报》（社会科学版）2014 年第 6 期。

司睿、韩旭峰：《甘肃民族地区农村社会保障体系构建》，《山西农业大学学报》（社会科学版）2011 年第 3 期。

孙杏花、解亚萍、陆怀平：《甘肃少数民族地区文化产业的发展战略——以甘南、临夏为例》，《漯河职业技术学院学报》2016 年第 4 期。

万国威、唐思思、王子琦：《西部民族地区精准扶贫机制研究：来自甘肃的实证调查》，《甘肃行政学院学报》2016 年第 2 期。

王洪章：《民族地区经济发展的金融支持问题研究》，《西南金融》2012 年第 5 期。

王生荣：《甘肃民族地区特色农牧业发展创新研究——以甘南藏族自治州为例》，《未来与发展》2011 年第 7 期。

王生荣：《甘肃少数民族地区特色农牧业发展创新研究综述》，《未来与发展》2009 年第 4 期。

王晓涵、陆凤英：《甘肃主要少数民族妇女就业问题研究》，《西北人口》2014 年第 3 期。

王玉芳、祁永安：《西部民族地区经济增长和环境污染的实证研究——基于 CO_2 排放量的面板数据测度》，《淮海工学院学报》2011 年第 2 期。

吴小红：《民族地区医疗卫生事业发展困境与突破》，《贵州民族研究》2015 年第 2 期。

杨胜丽：《西部民族地区金融支持不足原因及对策》，《合作经济与科技》2012 年第 3 期。

余吉玲：《甘肃集中连片贫困地区少数民族反贫困问题研究》，《经济研究导刊》2016 年第 3 期。

云秀清、张春梅：《对少数民族经济共性特征及发展思路的分析》，《阴山学刊》2006 年第 4 期。

张丽君、韩笑妍、王菲：《中国民族经济政策回顾及其评价》，《民族研究》2010 年第 4 期。

张丽君、韩笑妍、王菲：《中国民族经济政策回顾及其评价》，《民族研究》2010 年第 4 期。

张千友、王兴华：《民族地区：自然资源、经济增长与经济发展方式的转变研究——基于 2000—2009 年省际面板数据的实证分析》，《中央民族大学学报》2011 年第 7 期。

郑长德：《中国少数民族地区经济发展方式转变研究》，《西南民族大学学报》2009 年第 10 期。

郑长德：《中国少数民族地区经济发展质量研究》，《民族学刊》2011 年第 1 期。

周克全：《甘肃民族地区生态与经济社会发展基本问题研究——基于甘肃省甘南藏族自治州的调查》，《开发研究》2014 年第 6 期。

周民良：《论民族地区经济发展方式的转变》，《民族研究》2008 年第 4 期。

周民良：《论民族地区经济发展方式的转变》，《民族研究》2008 年第 4 期。

周运兰：《民族地区金融市场与民族企业融资问题研究》，《中南民族大学学报》（人文社会科学版）2014 年第 6 期。

黎花：《民族地区经济与少数民族经济的协调发展研究》，硕士学位论文，内蒙古师范大学，2007 年。

《甘南藏族自治州国民经济和社会发展第十三个五年规划纲要》，http：//www. gn. gansu. gov. cn/index. php? m = content&c = tag&catid = 40&tag = % E7% 94% 98% E5% 8D% 97% E8% 97% 8F% E6% 97% 8F% E8% 87% AA% E6% B2% BB% E5% B7% 9E。

《甘肃省国民经济和社会发展第十三个五年规划纲要》，http：//www. gsdrc. gov. cn/News/search/key/% E5% 8D% 81% E4% B8% 89% E4% BA% 94/p/2/。

《甘肃省"十三五"民族地区经济和社会发展规划》，http：//www. gansu. gov. cn/art/2016/8/29/art_ 4786_ 284615. html。

《临夏回族自治州国民经济和社会发展第十三个五年规划纲要》，http：//www. linxia. gov. cn/List. php? V = Article&C = Tsearch&Other = yq7I/c7l&Page = 2。

《"十三五"促进民族地区和人口较少民族发展规划》，http：//www. gov. cn/zhengce/content/2017 – 01/24/content_ 5162950. htm。

后 记

我国是一个统一的多民族国家，共有 55 个少数民族、155 个民族自治地方，少数民族人口占全国总人口的 8.5%，民族自治地方面积占全国国土总面积的 64%。"十三五"时期，把加快少数民族和民族地区发展摆到更加突出的战略位置，对于补齐少数民族和民族地区发展短板，保障少数民族合法权益，提升各族人民福祉，增进民族团结进步，促进各民族交流交往交融，维护社会和谐稳定，确保国家长治久安，实现全面建成小康社会和中华民族伟大复兴中国梦，具有重要意义。

由于历史、自然和地理等原因，少数民族和民族地区发展仍面临一些突出问题和特殊困难。经济社会发展总体滞后，供给侧结构性改革任务艰巨，产业发展层次水平偏低，新旧动能转换难度较大。城乡区域发展不平衡，基本公共服务供给不足，基础设施建设欠账多，资源环境约束大，创新发展能力弱，对内对外开放水平不高。少数民族和民族地区人口整体素质有待提高，少数民族传统文化传承发展亟待加强，贫困问题依然严峻，维护社会和谐稳定任务繁重，缩小与全国发展差距仍然任重道远。而以上问题与存在的困难同样存在于甘肃民族地区，破解多重问题和困难，必须加快少数民族和民族地区发展。在此背景下，对民族地区自治县的经济社会发展开展深入研究，提出有利于民族地区县域经济社会可持续发展的政策建议具有重要的理论价值与现实意义。

近年来，学术界对民族地区经济社会发展研究较多，但从民族地区县域层面进行深入研究仍然较少，其中一个重要的原因就是研究人员难以获得完整的、系统的民族地区县域经济社会发展数据。为此，西北民族大学甘肃省人文社会科学重点研究基地——民族地区经济社会发展研究中心结合自身学科优势，积极与甘肃民族地区各州县政府及统计部门进行合作与调研，在各州县政府的大力支持下，本书才得以完成。由于本书是甘肃省人文社会科学重点研究基地——民族地区经济社会发展研究中心的系列成果的第一部，不足之处在所难免，恳请专家和学者给予批评指正！

毛锦凰　孙光慧

2017 年 2 月 1 日于西北民族大学